TCG TANABE CONSULTING

DX戦略の成功メソッド

取り除くべき障壁は何か

タナベコンサルティンググループ

タナベコンサルティング
デジタルコンサルティング事業部

奥村格／武政大貴 著
戦略総合研究所 監修

ダイヤモンド社

はじめに

DXへの取り組みは、もはや待ったなし

「生産管理と販売管理のデータを連動させたい」
「顧客管理システムと、MA（マーケティングオートメーション）ツールを連携させるべきだ」
「子会社化したグループ企業の基幹システムと、本社のシステムを統合する必要がある」
「いや、管理会計の仕組みを見直すほうが先だ」

さまざまな声が社内を飛び交うなか、どれも必要性を感じるものの、どこから手を付ければよいのか誰にもわからず、途方に暮れたことはないだろうか。

結局、どのシステムを導入すればよいのか。投資額はどれくらい必要なのか。これらのことを、誰に聞けば教えてくれるのか。何も見当を付けられずに時間ばかりが経過する――、心当たりがあれば危険信号だ。世界のデジタル改革の動きは、日進月歩を超えて〝秒進分歩〟のスピードレベルに達している。にもかかわらず、デジタル化に迷い続けるというのはあまりにもリスクが大きい。

二〇二〇年の新型コロナウイルス感染症の拡大を機に、日本では企業のデジタル化が一気に進んだといわれた。しかし、他の先進国に比べると、デジタル化の取り組みは明らかに見劣りするといわざるを得ない。スイスのビジネススクールであるIMD（国際経営開発研究所）が例年発表している「世界デジタル競争力ランキング」を見ると、日本は六三カ国中二九位（二〇二二年時点）。過去最高位でも二〇位（二〇一三年）に過ぎない。

また帝国データバンクの調査（二〇二三年六月）によると、「DXへの取り組みに対応済み」と答えた企業は一六パーセントにとどまり、八割以上の企業が「未対応」だった。売上高一〇〇億円以上の企業でも、DXに対応済みの割合は五〇パーセントと半数程度である。

二〇一八年に経済産業省が「デジタルトランスフォーメーション（DX）を推進するためのガイドライン」（現「デジタルガバナンス・コード2・0」）を取りまとめて以降、日本でのDXに対する社会的認知度が広まった。また、DX戦略や投資・実装促進に関する経営者の理解度も深まった。ところが、人口減少に伴う人手不足で生産性向上が大きな経営課題になっているにもかかわらず、DXへの企業の取り組みが遅々として進んでいないのが現状である。

昨今は「チャットGPT」（オープンAI）を筆頭に、文章や画像、ソースコードなどを自動生成するAI（人工知能）技術が急速に進展している。多くの知識労働者（ホワイトカラー）の仕事を代替することが見込まれ、グーテンベルクの活版印刷技術や産業革命期の蒸気機関車に匹敵するほどの劇的なイノベーションを社会にもたらすともいわれている。今まさにＤＸは、これまでと次元の異なる段階へと移行しつつある。

データとデジタル技術を活用して事業の競争力を高めるＤＸへの取り組みは、もはや待ったなしの状況だ。日本企業は自社のデジタルレベルを客観的に押さえ、それに基づいたＤＸ戦略をしっかりと描くとともに、経営者やデジタル部門リーダーがリスクを恐れず果敢に決断していく必要がある。

本書は、タナベコンサルティンググループ（ＴＣＧ）が長年の経営コンサルティングを通じて体系化した、ＤＸ戦略の策定・推進のポイントを経営視点からまとめたものだ。

ＴＣＧは一九五七年の創業以来、六五年以上にわたり日本の経営コンサルティングファームのパイオニアとして常に経営者と向き合ってきた。企業が抱える本質的な経営課題を直視し、高度な専門性を持つコンサルタントチームが解決に導く点が大きな特徴である。これを私たちは「チームコンサルティング」と呼び、支援企業は約一万七〇〇〇社に上る。本書を通じて、そのＴＣＧが現場で培ってきたＤＸ戦略の方法論を、初めて本格的にＤＸに取り組む企業や、思うような成果を出せていない企業、「デジタルリーダーシップの発揮に悩んでいる」企業の方々にもご覧いただきたい。

第１章では、新しいテクノロジーも含めたＤＸの潮流を紹介し、実装度合いが今後の企業の優勝劣敗につながる理由などを解説していく。IT化とデジタル化の違い、DXとデジタルディスラプション（新たなデジタル技術の登場で既存の市場・製品・サービスが破壊されること）の関係など、網羅的に潮流を押さえる。

第2章は、DX戦略を描く前に押さえるべきポイントと、取り除くべき障壁について論じる。方法論の前にデジタルで何ができるのか、そしてその先にどんな付加価値が得られるのか。さらには多くの企業がDXの実装時に直面する〝五つの壁〟を実例とともに紹介する。

第3章は、DXリーダーと推進組織、DXへの投資について解説する。デジタルは手段であり、導入しただけで成果は出せない。運営体制の構築とDXを推進するリーダーが、その成否を握っているといっても過言ではない。この章では、DX人材の類型と育成のポイント、そしてDXカルチャー（風土）を醸成するための組織体制の設計について解説する。また、経営者にとって大きな決断となる投資についても、その目安を明示する。

第4章では、DXビジョンの策定と、課題解決のステップの組み立て方について紹介する。経営理念に基づくDXビジョンとテーマ別の戦略（ビジネスモデル、マーケティング、マネジメント、オペレーション、ヒューマンリソース〈HR〉）を取り上げる。

第5章は、第4章で述べたテーマごとのDX戦略について解説している。各戦略における成果獲得のポイントとデジタル実装で成果を上げた事例を示す。なお、本書で紹介しきれなかったＤＸ戦略の策定事例やよくある課題と対策については、ＴＣＧのデジタルコンサルティングサイト※に数多く掲載しているので、そちらもぜひご一読いただきたい。

そして第6章は、ＤＸ活動のブランディングについてまとめている。自社がＤＸとどう向き合っているのかを外部へ発信することも重要である。デジタル推進が緒に就いたばかりの業界では自社の優位性を示す格好の機会になるし、採用においては「Ｚ世代」（一九九〇年代後半〜二〇〇〇年代生まれのデジタルネイティブ世代）への訴求にもなる。また、コーポレートブランドのリ・デザインや、コーポレートアイデンティティー（ＣＩ）を志向している企業の方々にも参考にしていただけるだろう。

本書が、ＤＸ推進の問題解決の糸口をつかむ一助になれば幸いである。

二〇二三年一二月

タナベコンサルティング 常務取締役　奥村 格

※ＴＣＧ「デジタル・ＤＸの戦略・実装情報サイト」

DX戦略の成功メソッド◎目次

CONTENTS

第4章 DXビジョンと解決ステップ――DXで何を実現するか ― 101

第5章 テーマ別DX戦略の要諦 ― 143

CONTENTS

第6章 DXブランディング——DXを推進し企業イメージを刷新する —— 233

第1章

「戦略なきDXは成功しない」

1 なぜ「戦略」が求められるのか

ＴＣＧ（タナベコンサルティンググループ）が行ったアンケート調査（二〇二三年二月）によると、自社が来期（二〇二三年度）に取り組むべきＤＸの課題について「ＤＸビジョン・戦略」と回答した企業が最も多く、全体の半数近く（四七・八パーセント、複数回答）を占めた**【図表1－1】**。

ＤＸといえば、従来は業務の効率化やウェブマーケティングなど、導入効果がわかりやすい「手段」への関心が強かった。だが現在は、そもそもの「目的」であるビジョン・戦略レベルから見直しを図る傾向が強くなっている。こうした戦略回帰傾向は、これまで自社が推進してきたデジタル改革で思ったような成果が出ず、試行錯誤した上に行きついた経営課題であるといえる。つまり「戦略なきＤＸは成功しない」という企業の危機感の表れと見てとれる。

新型コロナウイルス感染症のパンデミック（世界的流行）が起きた二〇二〇年以降、約三年にもわたる行動制限（非対面・非接触）を機に、企業のデジタル化が進んだ。もはや「デジタル」は企業経営の前提になった感があり、経営判断そのものに大きく影響を及ぼす力を有している。特に、デジタルを活用してビジネスモデルを変革するＤＸへの投資決断の遅れが、そのまま経営リスクにつながるといっても過言ではない。

図表 1-1　来期に取り組むべき DX の課題（複数回答）

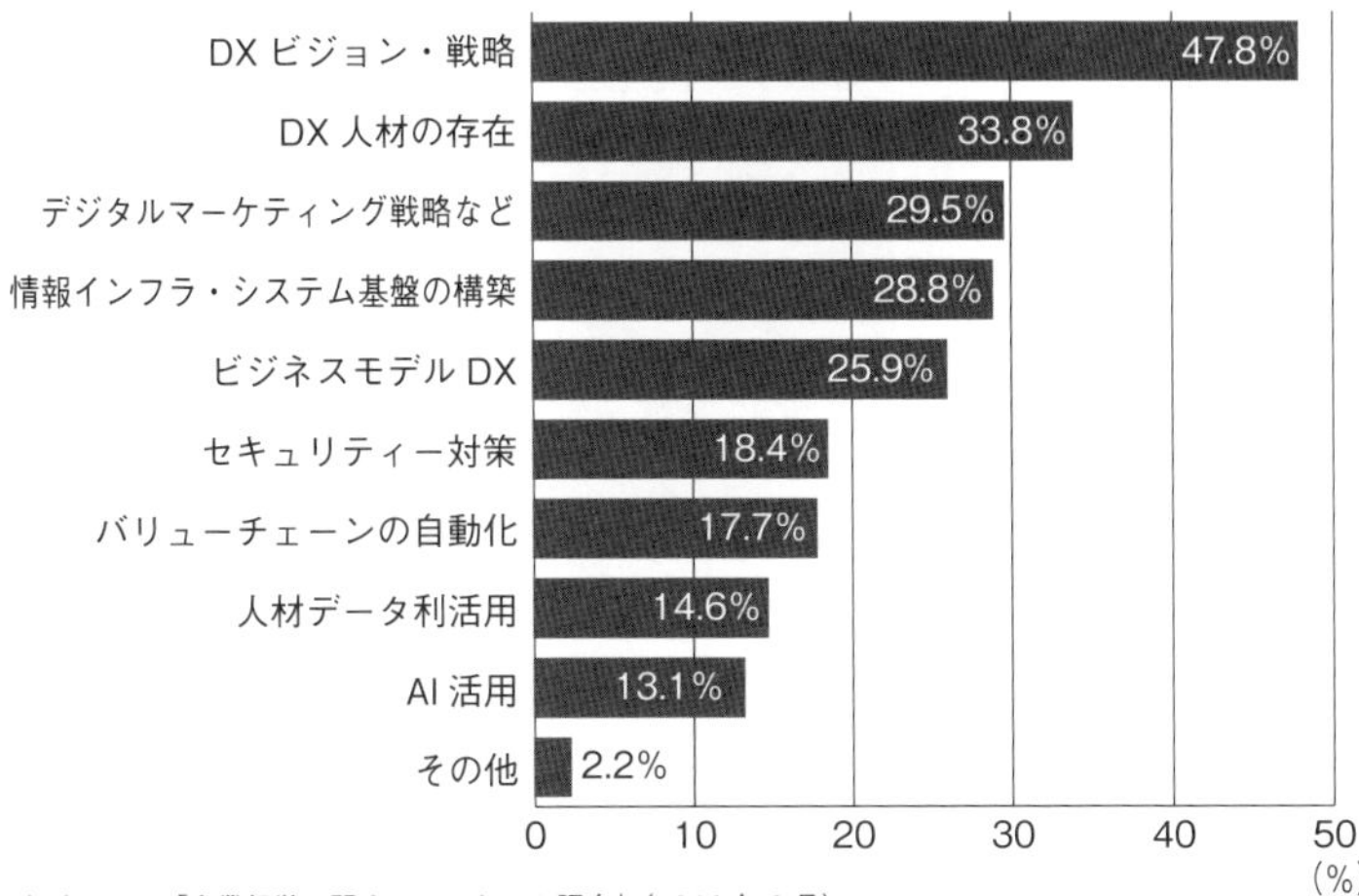

出所：TCG「企業経営に関するアンケート調査」（2023 年 2 月）

二〇二二年に経済産業省が示した「ＤＸレポート２・２」によれば、日本企業のＤＸ投資は主に既存ビジネスの効率化に振り向けられており、バリューアップ（製品やサービスの創造・革新）への投資割合が低いという。この事実に対し同レポートでは、「（企業がＤＸの）目指す姿やアクションを具体化できていないため成果に至らず、バリューアップへの投資が増えていかないのではないか」との仮説を示している。

事実、日本企業の多くはＤＸ投資でバリューアップという成果を獲得できていない。ＩＰＡ（情報処理推進機構）の「ＤＸ白書２０２３」によると、日本企業は「アナログ・物理データのデジタル化」や「業務の効率化による生産性の向上」などツールとしての運

図表 1-2　DXの成果の日米比較

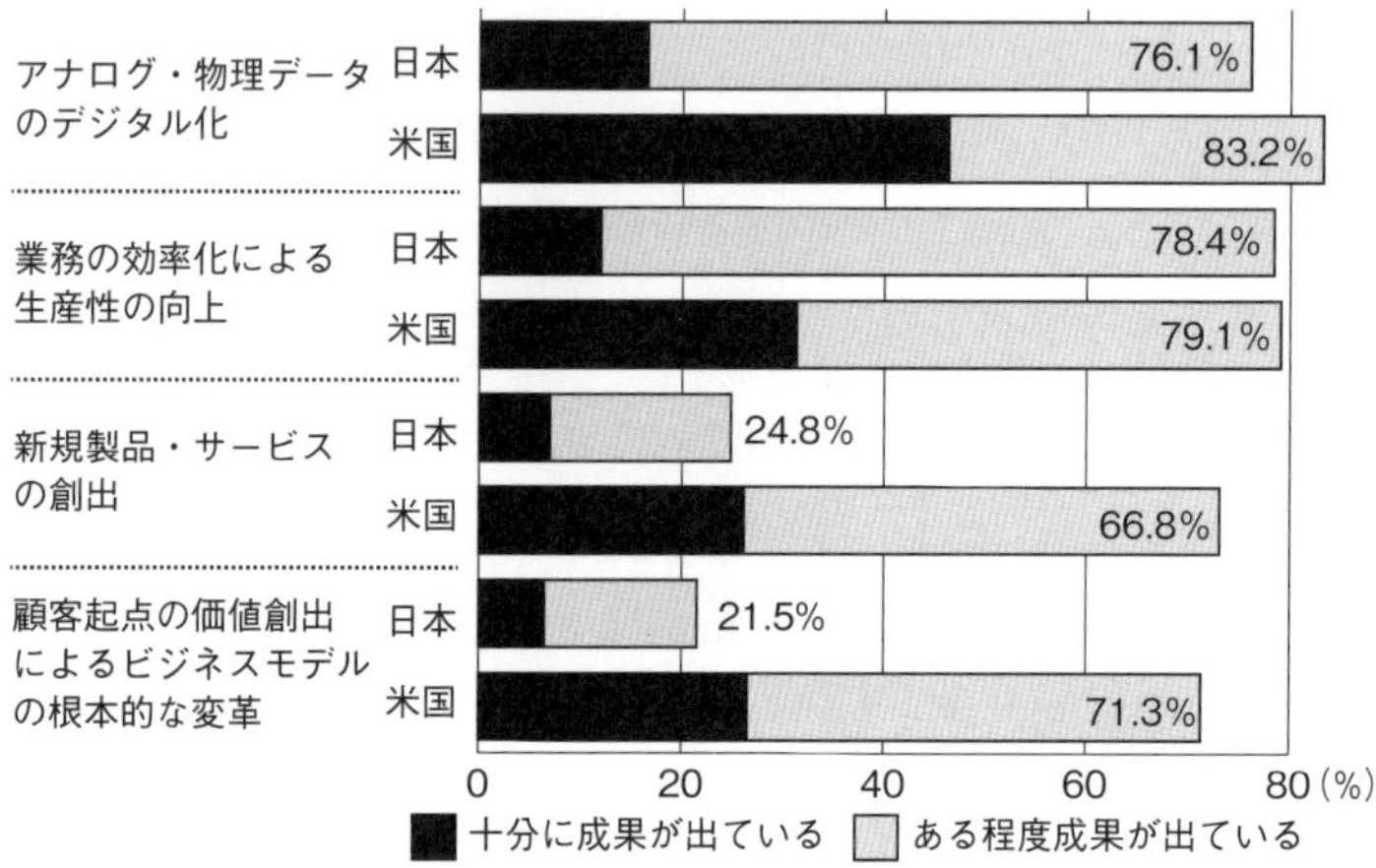

出所：IPA「DX白書2023」をもとにTCG加工・作成

用については、なんらかの成果が出ているとした回答が七〜八割に達する一方、「新規製品・サービスの創出」や「顧客起点の価値創出によるビジネスモデルの根本的な変革」など、肝心なイノベーションで成果を出している回答は二割にとどまり、「十分な成果が出ている」企業に至っては一割にも満たない【図表1-2】。

DX投資とひと口にいっても、領域が広いゆえ一気に着手するのは不可能である。とはいえ、できるところから部分的に進めても全体像や目的が不明確だと収拾がつかなくなる。例えば、設備投資費を抑えるため、更新期を迎えた古い業務システムの一部だけ更新し、どうにかごまかしながら使い続けているうちに深刻なトラブルが起きてしまい、全面更新した場合の投資額を大きく上回る損害額が出てしまったというケース。また、ウェブ広告を始めて自社の商品サイトの閲覧数は伸びているのに、問い合わせ件数がほとんど増えず、そもそも広告運用の目的は何だったのかという議論が社内に渦巻くというケースもある。

戦略は、投資の前提となるものだ。戦略なき投資は運頼みの〝投機〟に等しく、相当な確率で損を出す。DX投資においても同じであり、戦略が必要である。

そのDX戦略が必要な理由は大きく二つある。一つは、目指すべき姿に向かうための「羅針盤機能」。もう一つは、目指すべき姿に近づくため自社は何をすればよいかを示す「決断促進機能」である。

〝目指す姿〟とは、DXによって何を実現したいのか、目的地はどこなのかをまとめたもの（DXビジョン）である。ただ、DXで成果を上げるためには、これだけでは足りない。

目的地が定まっても「航路」を描かないと、そこにたどり着けないからだ。実現への具体的な道筋を示さないと、局所的なデジタルの導入を散発するにとどまってしまう。結局どこに向かおうとしているのか、いつまでにどのくらいのデジタルレベルに到達すればよいのか、ライバル企業と比べてどの程度のデジタルアドバンテージを獲得すればよいのかがわからない。とりあえず出航したものの、大海原で風に身を任せて漂うことになってしまう。となれば、待っているのは「遭難」である。

図表1-3 DXビジョンとDX戦略

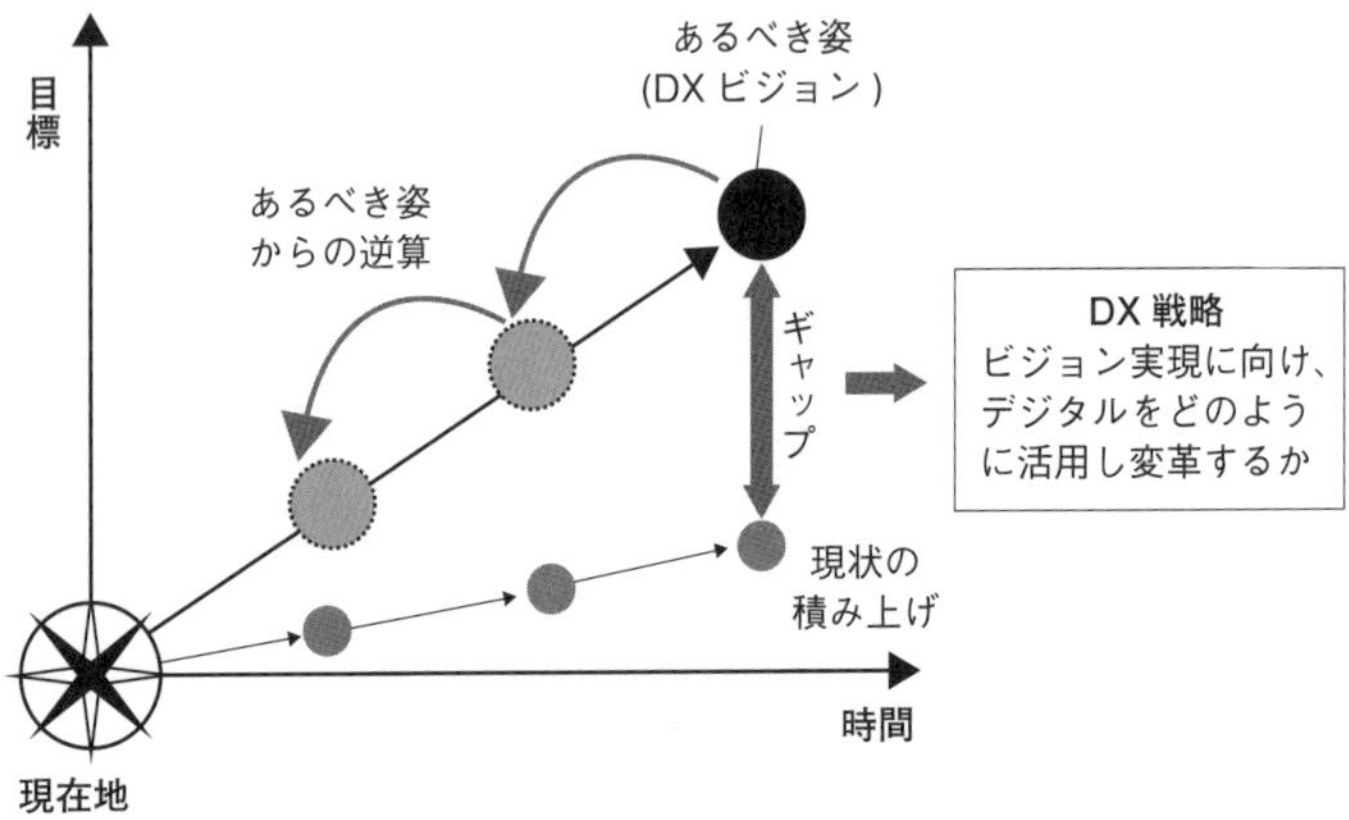

出所：経済産業省「第3回 デジタル産業への変革に向けた研究会」資料（2022年3月）をもとに
TCG加工・作成

したがって経営者は、船長として明確なDXビジョンを掲げるとともに、その羅針盤として、取るべきアクションを具体化したDX戦略の策定・発信が求められるのである。また、目先の損得や情勢の変化などにとらわれず、現状とビジョンのギャップをつかみ、正しく決断していくことが重要である【図表1-3】。

例えば、ある中堅メーカーで基幹システムが老朽化し、リプレースを迫られた。業務改善による生産性向上を中期ビジョンの一つに掲げていた同社は、基幹システムの置き換えと同時に業務システムも見直し、全社的な生産性向上を図ろうと考えた。社長はさっそく情報システム責任者に指示を出し、各システムを管掌している部門に今の課題をまとめてもらった。すると、さまざまな課題が次々と噴出し、やるべきことだけで山積みになってしまった。社長は結局、リプレースの決断を先送りした。レガシーシステム（老朽システム）を使い続けた結果、同社は度重なる不具合の発生で保守運用コストが増大したほか、取引先の最新システムとの連携も図れず、会社全体の生産性が大きく低下した。

ＤＸ投資は時として、判断材料がそろわない状態のなかで決めざるを得ない。とはいえ、自社の戦略や経営資源に見合った投資を実行しなければ、「帯に短し襷（たすき）に長し」で中途半端な投資に終わる。デジタル化を進める業務で一部アナログが残ったり、システム稼働率が低くなったりして、結局なんの変革も実感できなくなってしまう。すると、社長に対する猜疑心すら生まれかねない。

成功事例のつまみ食い的なＤＸになってはいけない。経営的視点からデジタルを見つめ、自社のアイデンティティーに即したＤＸ戦略をつくることが重要なのである。

2 「ＩＴ戦略」と「ＤＸ戦略」の違い

ＤＸの明確な定義は存在しないが、経済産業省の「デジタルガバナンス・コード２・０」では、

「企業がビジネス環境の激しい変化に対応し、データとデジタル技術を活用して、顧客や社会のニーズを基に、製品やサービス、ビジネスモデルを変革するとともに、業務そのものや、組織、プロセス、企業文化・風土を変革し、競争上の優位性を確立すること」だと定義されている。このデジタルガバナンス・コードとは、DXを推進する上で企業経営者が実践すべきことについて、経済産業省が取りまとめたものである。

DXの〝X〟は「変革」を意味するトランスフォーメーションの略号（接頭語のトランスは「交差する（X）」との意味を持つ）であり、改善の域を超える取り組みとなる。したがって、デジタル化の代名詞としてよく用いられる「IT（Information Technology）」は、DXとニュアンスが異なる。ITとは、ネットワークとコンピューターを介して情報を取得、作成、発信、保存する技術をいう。つまり情報処理技術である。業務改善のレベルにとどまるデジタルツールの活用（IT化）を〝DX〟とは呼べない。

衆議院調査局の調べ（二〇二三年二月）によると、IT化とDXの両方に積極的に取り組んでいる企業の割合は一割程度（一〇・三パーセント）で、この両方にまったく取り組んでいない企業（六・五パーセント）と大きな違いがない。最も多い組み合わせは、IT化とDXのどちらにも「一部取り組んでいる」という中途半端な企業（三〇・六パーセント）で、次いで多いのはIT化に一部取り組むものの、DXにはまったく取り組んでいない企業（一九・五パーセント）である【図表1-4】。

図表1-4 IT化およびDXへの取り組み状況（回答企業1万1510社）

		IT化			
		積極的に取り組んでいる（3079社）	一部取り組んでいる（6739社）	まったく取り組んでいない（814社）	わからない（878社）
DX	積極的に取り組んでいる（1288社）	1188社（10.3%）	99社（0.9%）	0社（0.0%）	1社（0.0%）
	一部取り組んでいる（4875社）	1309社（11.4%）	**3518社（30.6%）**	40社（0.3%）	8社（0.1%）
	まったく取り組んでいない（3369社）	349社（3.0%）	**2242社（19.5%）**	751社（6.5%）	27社（0.2%）
	わからない（1978社）	233社（2.0%）	880社（7.6%）	23社（0.2%）	842社（7.3%）

出所：衆議院調査局経済産業調査室「最近の企業動向等に関する実態調査」（2023年2月）

しかし、多くの日本企業ではＩＴとＤＸの語句の違いが明確に認識されていることは少ない。どれも同じ意味の言葉として現場で使用されている。ＤＸ戦略の策定時や投資の意思決定においても言葉の使い分けが曖昧なまま同じ文脈で語られるために、戦略や投資の実行時で解釈の違いが生まれ、意思統一に時間を要したり、実行手順を間違えたり、ピントのずれた施策が行われたりなどして混乱をきたすことも少なくない。そこで、本論に入る前に言葉の定義を整理しておきたい。

これはきわめて瑣末なことのように思われるかもしれないが、ネイティブに通用しない和製英語が感覚的に使われる日本では（そもそも「ＤＸ」自体が米国では使われない言葉である）、意外に大きな落とし穴になることがある。特にデジタル関連用語は、意味合いや定義などがはっきりしないまま独自の解釈がなされるケースもあり、人によって意味が微妙に違っていることも多い。

DXの目的は、ITを活用して新たな価値を創造することで企業やビジネスモデルを変革し、競争力を維持・強化することにある。したがって、現在の業務を効率化して生産性向上を図るIT化とは似て非なるものである。IT化はDXの手段であり、DXはIT化の目的なのである。デジタル技術を用いた改革・変革で自社は何を実現するのか。現状の経営課題とDXで実現したい未来（DXビジョン）の過程にDXが介在することで、「何を、どこまで、いつまでに、誰が」がクリアになる。

そして、その決断をするのがトップマネジメントなのである。

ただ、DXは企業を変革するだけでなく、業界やマーケット、あるいは日本社会や世界全体まで大きく変えてしまうこともある。新興企業が起こしたDXの影響から、既存の企業のビジネスモデルが破壊され、マーケットそのものが消失してしまう事例も多い。こうしたデジタルによる既存ビジネスの破壊を「デジタルディスラプション」という。革新的なデジタル技術を武器に異業種から市場参入するディスラプター（破壊者）は、自身の技術によって新たなコスト構造に適した形のビジネスモデルを構築し、従来型のビジネスモデルや商習慣に風穴を開けることで、既存企業の事業継続を困難にさせている。

図表1-5 デジタルディスラプションの事例（音楽産業）

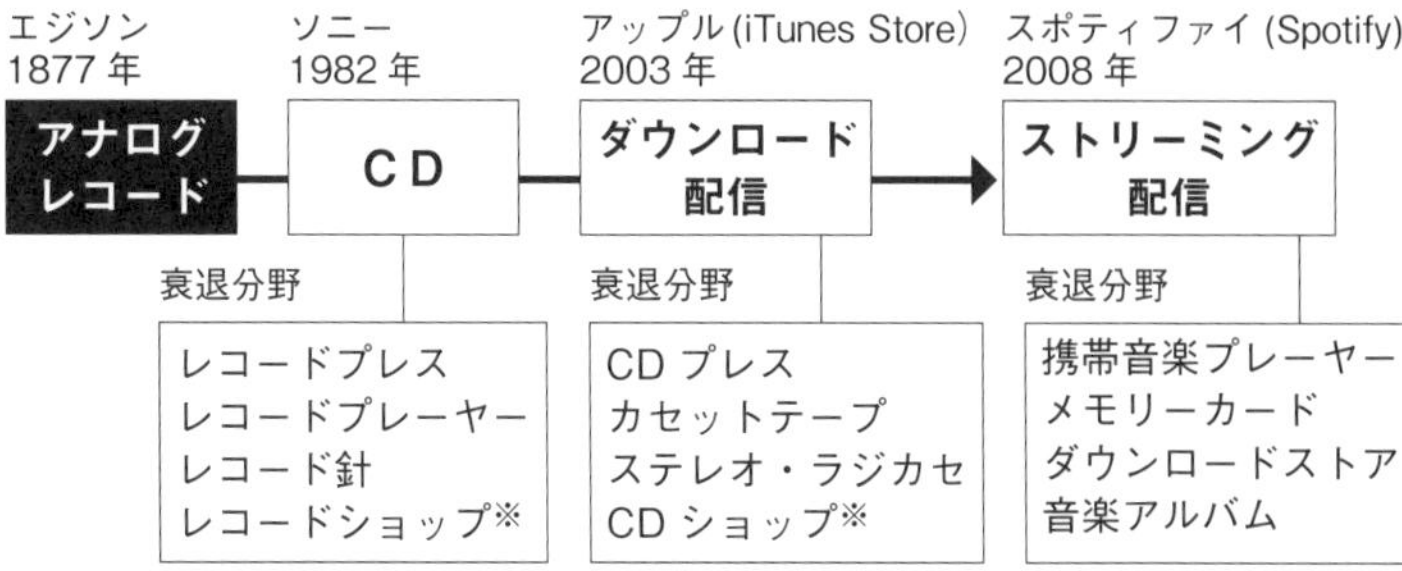

※新譜・中古・レンタル店を含む

その代表例が「音楽産業」であろう**【図表1-5】**。一八七七年にトーマス・エジソンが発明したアナログレコード（当時の名称は「フォノグラフ」）は長く音楽メディアを支配したが、誕生して約一〇〇年後に「CD（コンパクトディスク）」というデジタルディスラプターが現れた。アナログ音源をデジタルデータで記録し、赤外線レーザーで再生する光ディスク技術が開発され、一九八二年に世界で初めて商用の音楽CDがリリースされたのである。生産・発売したのは、コロンビアやRCA、EMI、デッカといった当時のメジャーレコード会社ではなく、電機メーカーのソニーだった。CDは瞬く間に普及し、それとともにレコードプレーヤーやレコード針、アンプ、スピーカーなどの市場が急激に縮小、レコード店やレンタル店も次々と閉店・業態転換を余儀なくされた。

そのCDを音楽メディアのトップから追い落としたのが、インターネットを介したダウンロード配信サービスである。

二〇〇三年にパソコンメーカーのアップルコンピュータ（現・アップル）がデジタルオーディオプレーヤー「ｉＰｏｄ（アイポッド）」向けのサービスとして、「iTunes Music Store」の名称で始めたものだった。ユーザーは一曲単位で音楽ファイルを購入し、デバイスにデータをダウンロードして保存する。

音楽のダウンロード配信が主流になると、ＣＤのダビング（複製）用メディアだったカセットテープの市場が一気に衰退し、小売店も新譜・中古・レンタルと業態に関係なく街から消えていった。ステレオやラジオカセット（ラジカセ）も店頭の片隅に追いやられた。音楽の聴き方に革命を起こし、成功する日本企業の代名詞的存在だったソニーの「ウォークマン」も、デジタル音楽プレーヤーの開発では先行していたにもかかわらず、後発のｉＰｏｄに市場を席巻されて〝ネット時代の失敗例〟とメディアに取り上げられるようになってしまった。

ところが二〇〇八年に、スウェーデンの新興企業であるスポティファイ・テクノロジーが、音楽をデバイスにファイル保存することなく、スマートフォンやパソコンで直接ネットから視聴できる「ストリーミング配信」を開始。大容量・高速通信回線の整備が進んだことを背景に、現在ではダウンロード配信に代わる音楽視聴スタイルの主流となっている。

ストリーミング配信の多くは、同社を含めて定額制・聴き放題の「サブスクリプションサービス」で提供しているため（スポティファイは有料版もあるが基本的に無料）、その影響で音楽データのダウンロードストア市場が大きく縮小している。また、音楽データをデバイスに取り込む必要性がなくなったため、携帯音楽プレーヤーやメモリーカードなどが影響を受けている（アップルは二〇二二年にｉＰｏｄの生産終了を決めた）。

そして現在、指示を与えるだけで文章や音楽、動画などを自動的につくり出せる生成ＡＩの技術が著しく進歩している。今後は個人が生成ＡＩで制作した楽曲を、アバター（仮想空間上の分身）を使ってライブストリーミング配信する事例も増えるとみられる。こうした生成ＡＩ音楽市場が世界規模で拡大すると、既存の音楽産業が大きな打撃を受けることも予想される。

3 二〇三〇年に向けたデジタルの潮流

日本でＤＸが注目される契機となったのが、二〇一八年に経済産業省が発表した「ＤＸレポート」である。経済産業省は「二〇二五年の崖」に警鐘を鳴らし、企業の危機感が高まった。二〇二五年の崖とは、企業が既存システムの複雑化・老朽化・ブラックボックス化を放置した場合、ＤＸが進まずデジタル競争の敗者となり、二〇二五年以降、日本全体で年間最大一二兆円の経済損失が生じる可能性があるというものだ。

一方で、二〇二五年までの間に複雑化・ブラックボックス化した既存システムについて、廃

図表1-6　DX推進のシナリオ（2025～2030年）

放置シナリオ	2025年 → 2030年	DX実現シナリオ
ユーザー ①爆発的に増加するデータを活用しきれず、デジタル競争の敗者に ②多くの技術的負債を抱え、業務基盤そのものの維持・継承が困難に ③サイバーセキュリティーや事故・災害によるシステムトラブルやデータ滅失・流出等のリスクの高まり **ベンダー** ①技術的負債の保守・運用にリソースを割かざるを得ず、最先端のデジタル技術を担う人材を確保できず ②レガシーシステムサポートに伴う人月商売の受託型業務から脱却できない ③クラウドベースのサービス開発・提供という世界の主戦場を攻めあぐねる状態に		**ユーザー** ①技術的負債を解消し、人材・資金を維持・保守業務から新たなデジタル技術の活用にシフト ②データ活用等を通じて、スピーディーな方針転換やグローバル展開への対応を可能に ③デジタルネイティブ世代の人材を中心とした新ビジネス創出へ **ベンダー** ①既存システムの維持・保守業務から、最先端のデジタル技術分野に人材・資金をシフト ②受託型から、AI、アジャイル、マイクロサービス等の最先端技術を駆使したクラウドベースのアプリケーション提供型ビジネスモデルに転換 ③ユーザーにおける開発サポートにおいては、プロフィットシェアできるパートナーの関係に
2025年以降 最大12兆円／年の 経済損失が生じる可能性		**2030年に 実質GDPを130兆円超 押し上げ**

出所：経済産業省「DXレポート（サマリー）」（2018年9月）をもとにTCG加工・作成

棄や塩漬けにするものを仕分けしながら、必要なものについて集中的に刷新すれば、二〇三〇年には実質GDP（国内総生産）を一三〇兆円超押し上げる効果が見込まれている【図表1-6】。

経済産業省が二〇二一年に発表した同レポートの追補版（DXレポート2・2）によると、DX推進で成功している企業は、方向性として「効率化・省力化」ではなく、「新規デジタルビジネスの創出」や「既存ビジネスの付加価値向上（強みの明確化・再定義）」を目指していたという。またビジョンや戦略だけでなく、全社員がとるべきアクションとして「行動指針」も具体的に示していた。その結果、全社的な収益向上を達成しているという【図表1-7】。

図表 1-7 DXを成功させるための方向性

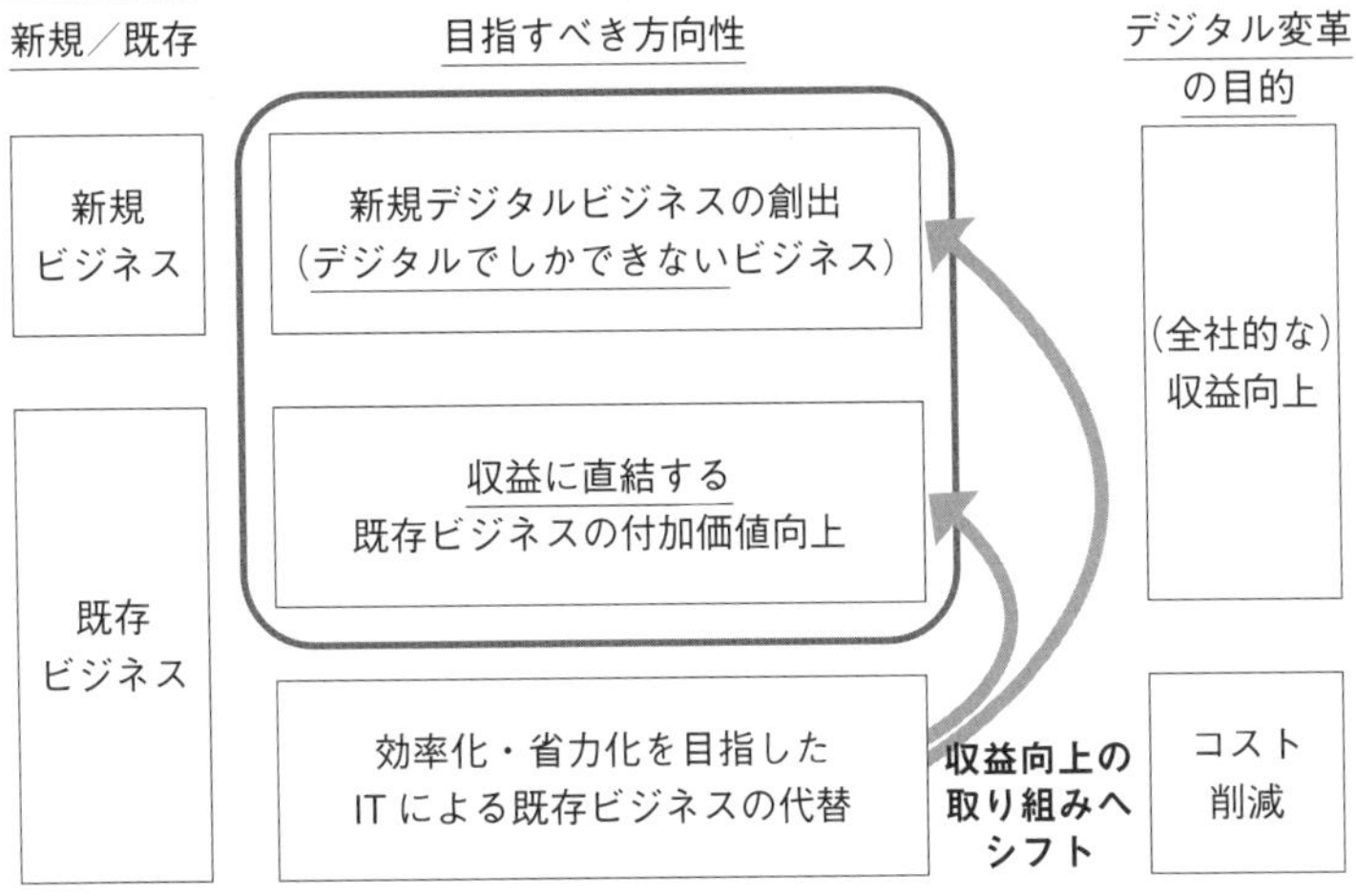

出所：経済産業省「DXレポート2.2（概要）」（2022年7月）

このため同省は、ＤＸで収益向上を達成するための決意表明として「ビジョン駆動」「価値重視」「オープンマインド」「継続的な挑戦」「経営者中心」など五項目で構成される「デジタル産業宣言」の策定を企業に呼び掛けている。

いずれにせよ、企業は二〇三〇年に向けて、コスト削減のためではなく、付加価値向上のためにＤＸを進めることが求められている。

ここで、日本企業のＤＸへの具体的な取り組み状況を確認してみよう。

【図表１‐８】は、ＤＸ関連ソリューション国内市場（＝国内企業のＤＸ投資額）の現状規模と二〇三〇年度時点の予測額である（富士キメラ総研調べ）。それによると、ＤＸ市場は二〇二二年度で二兆七二七七億円

図表 1-8 DX関連の国内市場（投資額）

	2022年度見込	2021年度比	2030年度予測	2021年度比
全体	2兆7277億円	117.5%	6兆5195億円	2.8倍
製造	2990億円	115.4%	8130億円	3.1倍
流通／小売	669億円	129.4%	1852億円	3.6倍
金融	3020億円	122.5%	8880億円	3.6倍
交通／運輸／物流	3842億円	119.5%	1兆1795億円	3.7倍
不動産／建設	502億円	115.4%	1514億円	3.5倍
バックオフィス（業種共通）	2789億円	117.2%	6515億円	2.7倍

出所：富士キメラ総研／プレスリリース（2023年3月17日付）

（二〇二一年度比一一七・五パーセント）が見込まれ、二〇三〇年度には六兆五一九五億円（同二・八倍）へと急ピッチで拡大すると予測されている。

富士キメラ総研のプレスリリースによると、「製造」分野では技能継承や人材不足対策、脱炭素化への取り組みを軸に進められ、特にスマートファクトリーへの投資規模が大きいという。MES（製造実行システム）の更新や新規投資が増えており、中小企業でもIoT（モノのインターネット）による設備・機械監視への投資が活発化している。今後は大企業を中心に調達・購買DXが大きく伸びると予想している。有事の際のBCP（事業継続計画）対策に加え、グリーン調達の一環でサプライヤーの管理ニーズが高まっていることとが理由である。政府は二〇二四年度予算の概算要求で「GX（グリーントランスフォーメーション＝脱炭素化により経済社会システム全体を変革する取り組み）」の分野に二兆円超を求めるなど、環境にやさしいものづくり企業を集中支援する方針である。

「流通・小売」分野では、ショッピング体験の拡充に向けたAR（拡張現実）／VR（仮想現実）技術の活用、フルセルフレジやタブレット端末付きショッピングカートの導入などが進んでおり、今後は無人店舗の伸びも期待されるという。また自動発注システムの採用が広がっているほか、廃棄ロス削減やSDGs対応を背景に需要予測システムの導入が大手リテーラーで進んでいる。

「交通・運輸・物流」分野は、あらゆる移動手段（路面バス、鉄道、タクシー、航空機、旅客船、ライドシェア、シェアサイクルなど）をITでシームレスにつなげるMaaS（マース／Mobility as a Service）やコネクテッド（クルマとインターネットを常時接続する仕組み）への投資規模が大きい。MaaSはタクシー配車サービスなど都市型を中心に投資が活発化。コネクテッドは車両の走行状態や位置情報、運転情報を収集し、運行状況などの管理データをダッシュボード化するための投資が多い。CRM（顧客管理システム）と連携し、フィールドサービスの営業実績の可視化や運転技術のスコアリング化による保険料の削減などでの活用も見られるという。

「バックオフィス」については、経理ではペーパーレス化による業務効率化・テレワーク対応などの需要が底堅いという。今後は請求書のデジタル化やデジタルマネー（電子通貨）による給与支払い解禁などへの対応で伸びると見込まれている。デジタル技術を用いて定型業務や非付加価値業務の効率化、経営判断のスピードを上げるといった投資も、経営上で重要な変革といえる。また人事では、人的資本経営への取り組みや社員のリスキリング（職業能力の再開発・再教育）などを目的とした投資増加が予想されている。特に近年は、企業に人的資本情報の開示を求める機運が高まっていることから、採用・育成・活躍・定着・退職など、人材に関するあらゆるデータの蓄積と活用を進める必要がある。

　このように、企業のＤＸに対する投資意欲はかつてなく旺盛で、かつ継続的に拡大していくことが見込まれている。ただ、「光が強ければ影もまた濃い」（ゲーテ）というように、企業のＤＸへの注目度が高まるほど抱える課題も大きくなる。総務省の「情報通信白書」（二〇二二年版）によると、デジタル化を進める上での課題・障壁として、日本企業は「人材不足」の回答（六七・六パーセント）が米国・中国・ドイツの三カ国に比べて際立って高い。また、次いで「デジタル技術の知識・リテラシー不足」（四四・八パーセント）の回答も多く、人材に関する課題・障壁が目立つ**【図表1-9】**。

　白書によると、日本企業はＣＩＯ（最高情報責任者）・ＣＤＯ（最高デジタル責任者）などの「デ

図表1-9 デジタル化を進める上での課題や障壁（国別）

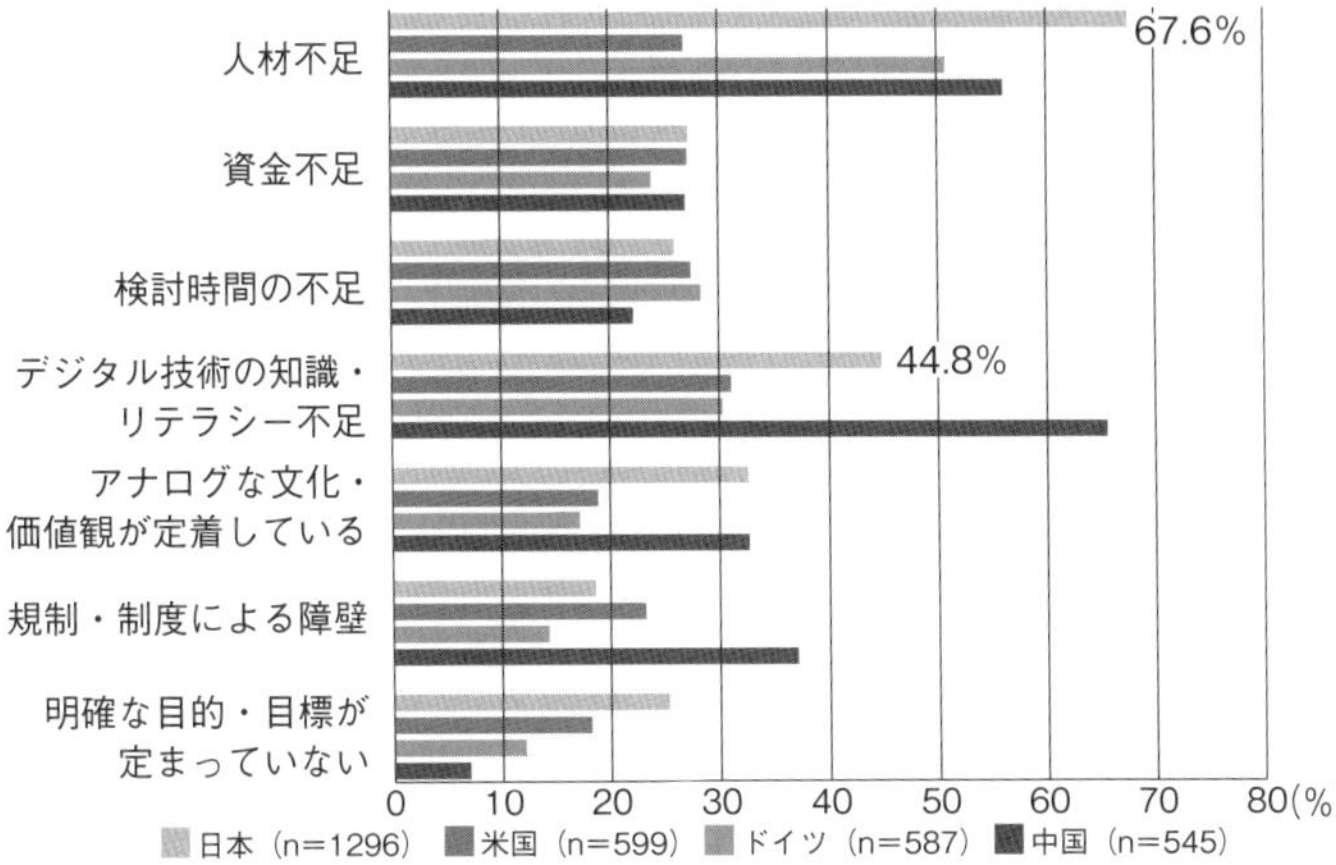

※便宜上、「その他」を除いている
出所：総務省「国内外における最新の情報通信技術の研究開発及びデジタル活用の動向に関する調査研究」（2022）
資料：総務省「情報通信白書」（2022年版）

ジタル化の主導者」や「ＡＩ・データ解析の専門家」といったデジタル人材が「不足している」（「大いに」と「多少」の合計）という回答が五〇パーセントを超え、特に後者（ＡＩ・データ解析の専門家）の人材については「大いに不足している」が三〇パーセント超となり、米国やドイツより不足状況が深刻だった。デジタル人材が不足する理由について、日本企業は「採用する体制が整っていない」と「育成する体制が整っていない」が約四〇パーセントと多かった。

経済産業省、厚生労働省、文部科学省の三省が将来のＩＴ人材の需給ギャップを試算（二〇一九年四月）したところ、二〇三〇年に最大で約七九万人が不足するという結果が出た。この「ＩＴ人材二〇三〇年問題」に対し、政府はデジタル人材を二〇二六年度までに二三〇万人を育成することなどを柱とした「デジタル田園都市国家構想」を始動させたほか、二〇二二年にはすべてのビジネスパーソンが身に付けるべきＤＸの基礎的能力やマインド・スキルの学びの指針となる「ＤＸリテラシー標準」、ＤＸ推進人材として習得すべきスキルを可視化した「ＤＸ推進スキル標準」を取りまとめるなど、デジタル分野の人材不足の解消に向け本腰を入れ始めている。

政府は〝影〟に対する戦略的投資として、個人のリスキリング支援のため五年間で一兆円を投じる方針を発表し、スキルのアップデートに対する社会ニーズが強まっている。企業においても、社内研修を通じて社員全員をデジタル人材に育成しようとする動きが広まっており、人材不足に対する充足が進みつつある。とはいえ、いくら人数的には足りていても、会社が求めるスキルが足りていなければ意味がない。ますます高度化するデジタル技術に適応できる人材をどれだけ育成できるかがカギを握る。

4 日本が直面する「リテラシー」問題

ＤＸ戦略を構想する上では、「デジタル技術の知識・リテラシー」が欠かせない。デジタル技術の知識や必要性を理解し、ITツールを駆使して自社のDXを推進する能力を「DXリテラシー」という。DX戦略を推進する上で人材のDXリテラシーは必須である。一人一人がDXリテラシーを身に付けることで、DXを自分事と捉えて変革に向け行動できるようになる。

二〇二二年三月、経済産業省とIPAは経営者を含むすべてのビジネスパーソンが身に付けるべきDXの基本的な知識やスキル、マインドの指針として「DXリテラシー標準」を策定、公表した**【図表1-10】**。具体的には、「Why（なぜ）」（DXの背景）、「What（何を）」（DXで活用されるデータ・技術）、「How（どのように）」（データ・技術の活用）、「マインド・スタンス」（組織・企業がDX推進や持続的成長を実現するため、社員に求める意識・姿勢・行動）という四項目で構成する。

Whyは「DXの重要性を理解するために必要な、社会、顧客・ユーザー、競争環境の変化に関する知識」。メガトレンド（時代の趨勢）や社会課題、国内・海外のDXの取り組み、顧客価値の変化、デジタル技術による競争環境変化の具体的事例の理解などである。またWhatは「ビジネスの場で活用されているデータやデジタル技術に関する知識」であり、データの種類や基礎的な統計知識と分析手法、AIやクラウドサービス、ハードウエアなどに関する知識とスキルである。そして、Howは「ビジネスの場でデータやデジタル技術を活用する方法や留意点に関する知識」、データやデジタル技術のビジネス活用事例、セキュリティー対策、コンプライアンス（プライバシー、知的財産権、著作権など）に関する知識といったことである。

図表 1-10 DX リテラシー標準

Why DX の背景	What DX で活用される データ・技術	How データ・技術の活用
DX の重要性を理解するために必要な、社会、顧客・ユーザー、競争環境の変化に関する知識	ビジネスの場で活用されているデータやデジタル技術に関する知識	ビジネスの場でデータやデジタル技術を活用する方法や留意点に関する知識
マインド・スタンス 社会変化のなかで新たな価値を生み出すために必要な意識・姿勢・行動 （顧客・ユーザーへの共感／常識にとらわれない発想／反復的なアプローチ／変化への適応／コラボレーション／柔軟な意思決定／事実に基づく判断）		

出所：経済産業省「DX リテラシー標準」（2022 年 3 月 29 日）をもとに TCG 加工・作成

これらの知識やスキルを習得するためには、その前提として「情報リテラシー」（情報を適切に収集・理解し、活用する能力）が重要となる。情報リテラシーとは、膨大な情報量のなかから必要なものを探し出し、信憑性や有用度などを評価して正しく利用する能力のことである。DXを理解・推進して課題解決を図る上でも、また意思決定を行う上でも土台となる重要な基礎スキルであり、企業の競争力に与える影響は非常に大きい。

しかし近年、日本人の情報リテラシーの劣化が指摘され、それが企業のDXリテラシーが高まらない理由の一つになっている。その背景にあると考えられるのが、「コミュニケーションのデジタル化」と「メディアのデジタル化」である。

(1) 劣化する情報リテラシー

米ハーバード大学ロースクールのキャス・サンス

ティーン教授によると、インターネットは同じ思考や主義を持つ人同士をつなげやすい特徴があり、閉鎖的なコミュニケーションで議論することによって極端な思想や意見が形成されていく「サイバーカスケード（多段状の小さな滝のこと）」に陥りやすいという（総務省「情報通信白書」二〇一九年版より）。

この要因とされているのが「エコーチェンバー」と「フィルターバブル」である。エコーチェンバーとは、狭い人間関係でコミュニケーションを繰り返すことにより、偏った考えが強化・増幅され、意見が先鋭化していく心理現象である。SNSで自分と似た興味・関心を持つ人をフォローし、自分の意見をSNSで発信するとそれに似た意見が返ってくる状況を、閉じた小部屋で音が反響（エコーチェンバー）する物理現象にたとえたものだ。

一方、フィルターバブルとは、ネット利用者が知らず知らずのうちに狭い情報の〝泡〟に閉じ込められ、自分が見たい情報しか見えなくなる現象のことをいう。検索エンジンのアルゴリズムが過去の検索履歴やクリック履歴を分析・学習し、利用者自身の意思にかかわらず価値観に合う情報を優先的に表示（レコメンド機能）するため、それ以外の情報からは隔離されることになる。特に、近年はテレビを視聴せず、新聞・雑誌も購読せず、情報の取得をもっぱらネットやSNSに依存する人が増えており、メディアリテラシー（多様なメディアに接して情報を精査する力）の低下が懸念されている。

図表 1-11 ファクトチェックの認知度

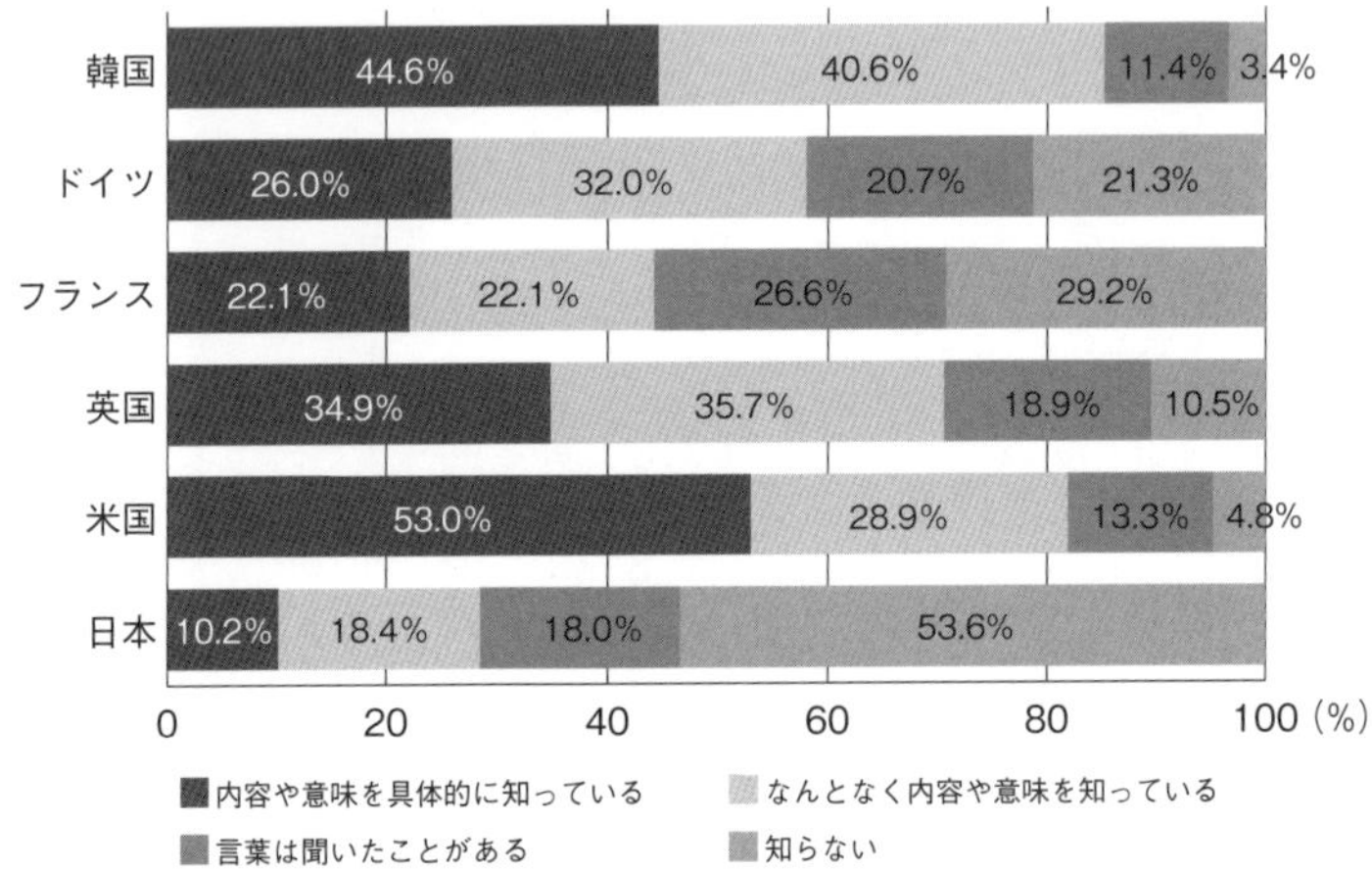

出所：総務省「情報通信白書」(2023年版）をもとにTCG作成

また、人は自分の判断に不安を覚えると「確証バイアス」に陥る傾向がある。これは自分のマインドセット（固定観念、先入観）や仮説を肯定するため、それを補強する都合のよい情報ばかりを集める傾向のことをいう。「自分の考えは間違っていないはずだ」という信念が強い人ほど陥りやすい。「地獄への道は善意で舗装されている」との格言があるように、耳当たりの良い情報ばかりに接していると、その道の先に会社の未来はない。

(2) 持たざる人はますます失う

一人一人に最適化されたデジタルコンテンツに囲まれ、自分の価値観とは異なる情報や考えが排除された閉鎖的なコミュニティーと接することで、現実とかけ離れた極端な意見が形成されていく。自分の知りたいことや関心のあることが、その人にとっての〝真実〟や〝価値観〟になる。コミュニケーションのデジタル化で情報の発信源は多極化が進む一方、情報の受信側はメディアのデジタル化により二極化（情報を活用できる人と活用できない人）が進んでいる。

したがって、新聞、雑誌、書籍やテレビ、ラジオなど既存メディアに接して情報源の幅を広げるとともに、流通する情報の質を見極める力を養うことが求められる。特に、ＳＮＳやネット上に流れる情報の場合は、その真偽や正誤を検証する「ファクトチェック」が不可欠である。だが、日本人のファクトチェックに対する認識は他国に比べて低い【図表1-11】。米国で運用されている「ＣＲＡＰ（クラップ）テスト」【図表1-12】のように一定の基準で情報を評価する仕組みが必要である。

5 ＴＣＧが提唱するＤＸ戦略

ここまで、ＤＸの潮流と企業の課題、戦略の必要性などについて述べてきた。では、これから企業はどのようなＤＸ戦略を構想し、具体的に対策を立案し推進していくべきであろうか。

図表 1-12 米国図書館協会「CRAAP（クラップ）テスト」

C	**Currency（流通）：情報の適時性** - その情報が公表または掲載されたのはいつか。 - その情報は改訂または更新されているか。 - あなたのトピックには最新の情報が必要か、それとも古い情報源でも通用するか。 ■リンクは機能しているか。
R	**Relevance（関連性）：情報の重要性** - その情報はあなたのトピックに関連しているか、またはあなたの質問に答えているか。 - 対象読者は誰か。 - 情報は適切なレベルか（あなたのニーズに対して初歩的すぎず、高度すぎないか）。 - 使用する情報源を決定する前に、さまざまな情報源に目を通したか。 - 研究論文でこの情報源を引用することに抵抗はないか。
A	**Authority（権威）：情報源** - 著者／出版社／情報源／スポンサーは誰か。 - 著者の資格や所属組織は。 - 著者はそのトピックについて書く資格があるか。 - 出版社やメールアドレスなどの連絡先はあるか。 ■ URL から著者や情報源についてわかるか。 （例：.com .edu .gov .org .net）
A	**Accuracy（正確さ）：内容の信頼性、真実性、正しさ** - 情報の出所はどこか。 - その情報は証拠によって裏付けられているか。 - その情報は批評や審査を受けたか。 - 他の情報源や個人的な知識から情報を確認できるか。 - 言葉や口調は偏りがなく、感情的でないか。 - スペルミス、文法ミス、誤字脱字はないか。
P	**Purpose（目的）：その情報が存在する理由** - 情報の目的は何か。知らせるためか、教えるためか、売るためか、楽しませるためか、説得するためか。 - 著者やスポンサーはその意図や目的を明確にしているか。 - 情報は事実か、意見か、プロパガンダか。 - 視点は客観的で公平に見えるか。 - 政治的、イデオロギー的、文化的、宗教的、組織的、個人的な偏見はないか。

出所：米カリフォルニア州立大学チコ校／メリアム図書館の Web サイトをもとに TCG 翻訳・作成

TCGでは、DX戦略は明確なDXビジョンに基づく五つの領域からアプローチすべきだと考えている。五つの領域とは、「ビジネスモデルDX」「マーケティングDX」「マネジメントDX」「オペレーションDX」「HR（ヒューマンリソース：人的資源）DX」である【図表1-13】。

①ビジネスモデルDX

デジタル技術を活用して業界構造が変わり得る商品（製品・サービス）を開発・提供する。また、そのような商品に対応する事業戦略を策定、推進する。

②マーケティングDX

デジタル技術を活用してマーケティングプロセス（売れる仕組み）を変革し、競争優位性を確立する。なお、これは〝デジタルマーケティング〟とは異なるということに注意したい。デジタルマーケティングは、SNSやウェブサイトなどITツールを用いたマーケティング手法である。これに対しマーケティングDXは、開発・価格・流通チャネル・プロモーションなど広義のマーケティングプロセスをデジタル技術で変革し、競争優位性を生み出すことである。

図表1-13 DX戦略の概要（ビジョンと5つのDX領域）

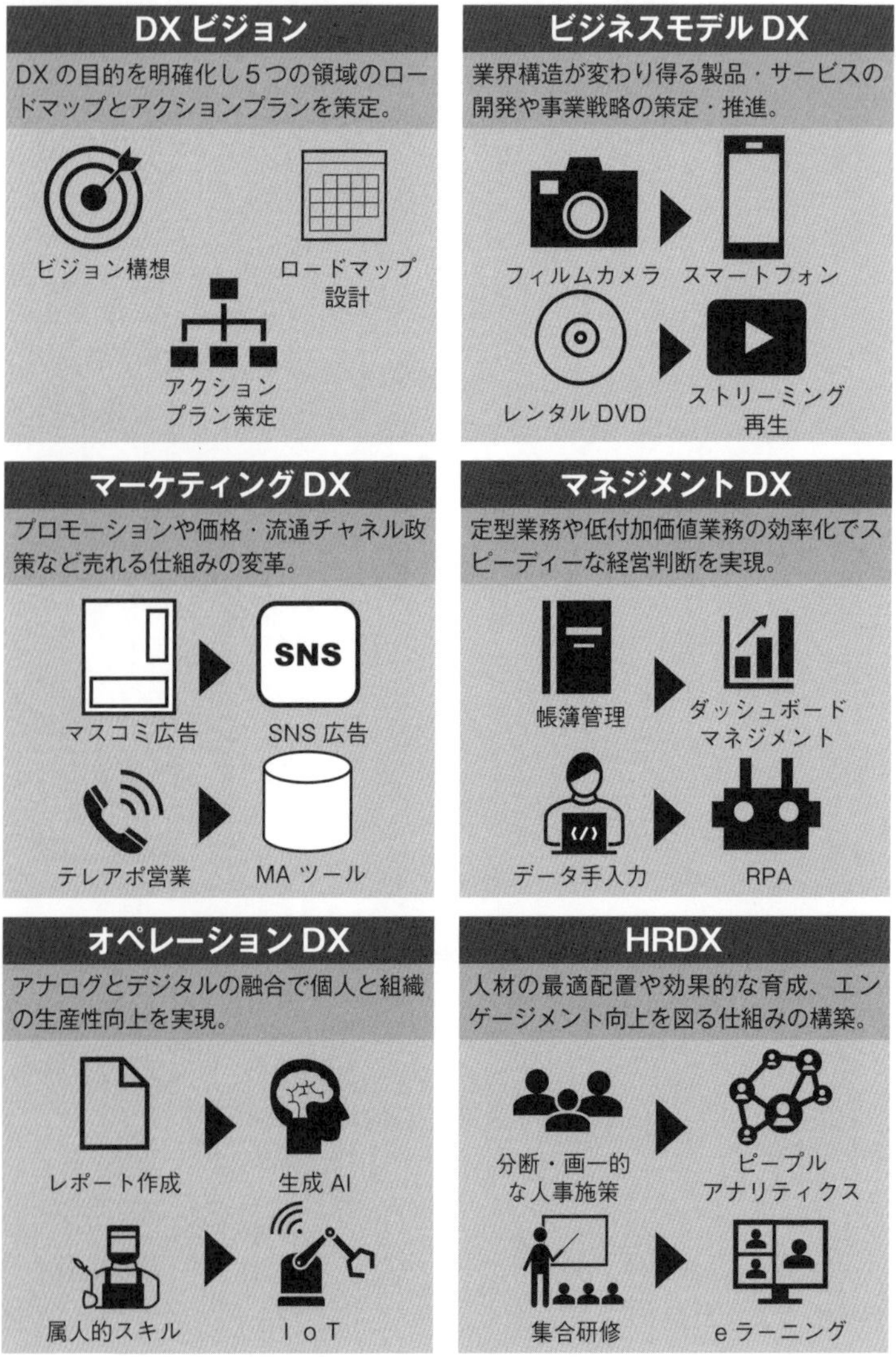

DXビジョン
DXの目的を明確化し5つの領域のロードマップとアクションプランを策定。
ビジョン構想
ロードマップ設計
アクションプラン策定
ビジネスモデルDX
業界構造が変わり得る製品・サービスの開発や事業戦略の策定・推進。
フィルムカメラ
スマートフォン
レンタルDVD
ストリーミング再生
マーケティングDX
プロモーションや価格・流通チャネル政策など売れる仕組みの変革。
マスコミ広告
SNS
SNS広告
テレアポ営業
MAツール
マネジメントDX
定型業務や低付加価値業務の効率化でスピーディーな経営判断を実現。
帳簿管理
ダッシュボードマネジメント
データ手入力
RPA
オペレーションDX
アナログとデジタルの融合で個人と組織の生産性向上を実現。
レポート作成
生成AI
属人的スキル
IoT
HRDX
人材の最適配置や効果的な育成、エンゲージメント向上を図る仕組みの構築。
分断・画一的な人事施策
ピープルアナリティクス
集合研修
eラーニング

③マネジメントDX

ITツールやシステムを活用し、定型業務や非付加価値業務の効率化を図るとともに、自社の付加価値に転換が可能な情報資産の蓄積と、情報やデータに基づいたスピーディーな経営判断の実現を目指す。

④オペレーションDX

アナログ技術とデジタルテクノロジーとの融合によるハイブリッドな戦略を策定し、具体的なオペレーション改善策を開発。ハード面はもちろん業務や社風の見直しを行うことで、個人・組織の効率化と生産性向上を図る。

⑤HRDX

人事に関わるデータの解析を通じ、人材活躍に向けた仕組みの最適化を図る。ITツール（HRテック）を用いた採用管理や人事評価など、人事業務全般の効率化を図ることとは異なる。単なる人事業務の効率化のためではなく、社員に関する情報をもとにピープルアナリティクス（分析）を行い、適正人材の採用や適性に応じた人材配置、効果的な人材育成などを行う。

五つのＤＸで忘れてはいけないことは、「なぜデジタル化しなければならないのか」「ＤＸを進めた先に自分たちはどうなるのか」という、未来に向けた問いに答えられる「ＤＸビジョン」である。そのビジョンが中核にあることで、すべての取り組みや行動に共通する一貫した意図が関係者全員に伝わり、賛同や協力が得られるからである。

ＤＸビジョンは、組織の将来像や目指す姿、未踏の目標といえる。自社は将来どうなりたいかという「ビジョン」を構想し、いつまでに何を達成するかという「ロードマップ」を設計して、これから何をすべきなのかという「アクションプラン」を策定する。それを絵空事にしないためにも、策定するビジョンはできるだけ自社の強みを土台にすることが望ましい(往々にして「やりたいこと」が先走り、未経験で実現困難な〝夢〟を掲げるケースも散見される)。

もちろん、五つすべてのＤＸを同時に展開することは困難なため、重点課題を明確化した上で取り組むことが求められる。その優先順位を付けるとともに、取り組み内容を社内外に発信すれば、それがブランディングにつながる。そしてこれらの取り組みにおいては、上流からの設計がきわめて重要であり、経営者が意思を持って決断することが不可欠となる。

第2章

押さえるべき
ポイントと
取り除くべき障壁

今や「デジタル化」と無縁の企業は、皆無といっていい。デジタルは企業が必ず実装すべき「経営技術」であり、どれだけ経営活動に活用できるかが競争優位と直結する時代である。

とはいえ、実際は興味も関心もなかったが、ITシステムやツールを必要に迫られてやむなく導入したケースも多いのではないだろうか。ウェブ会議システムにしても受発注システムにしても、導入したきっかけをたどると「コロナ禍の緊急事態宣言で誰も出勤できなくなった」「一番の得意先からの要請で断りきれなかった」「業界のプラットフォームの刷新で仕方なく対応した」といった外部環境に影響されて、しぶしぶ導入した形になっていないだろうか。

このような受動的・消極的なデジタル投資で、競争優位が築けるはずはない。デジタル技術を能動的・積極的に取り入れて、付加価値の創出や収益性の向上につなげることが重要なのである。ただ、「デジタルをどのように活用して成果を上げるのか」が社内に浸透しなければ、いくら綿密に投資計画を立てたところで「そこにシステムを入れる意味がわからない」「〇〇を変えたら現場が混乱する」などとできない理由が先行し、改革・変革は進まない。現状の自社のレベルを正しく押さえ、DXを推進する価値を認識し、「まずはどこまで進めるか」という意思を全社で持てる状況をつくる必要がある。

第2章では、自社の戦略に即したDX戦略を構築する前に、まず押さえておくべきポイントと取り除くべき障壁について、事例を交えながら解説していく**【図表2-1】**。

図表 2-1 DX戦略の体系

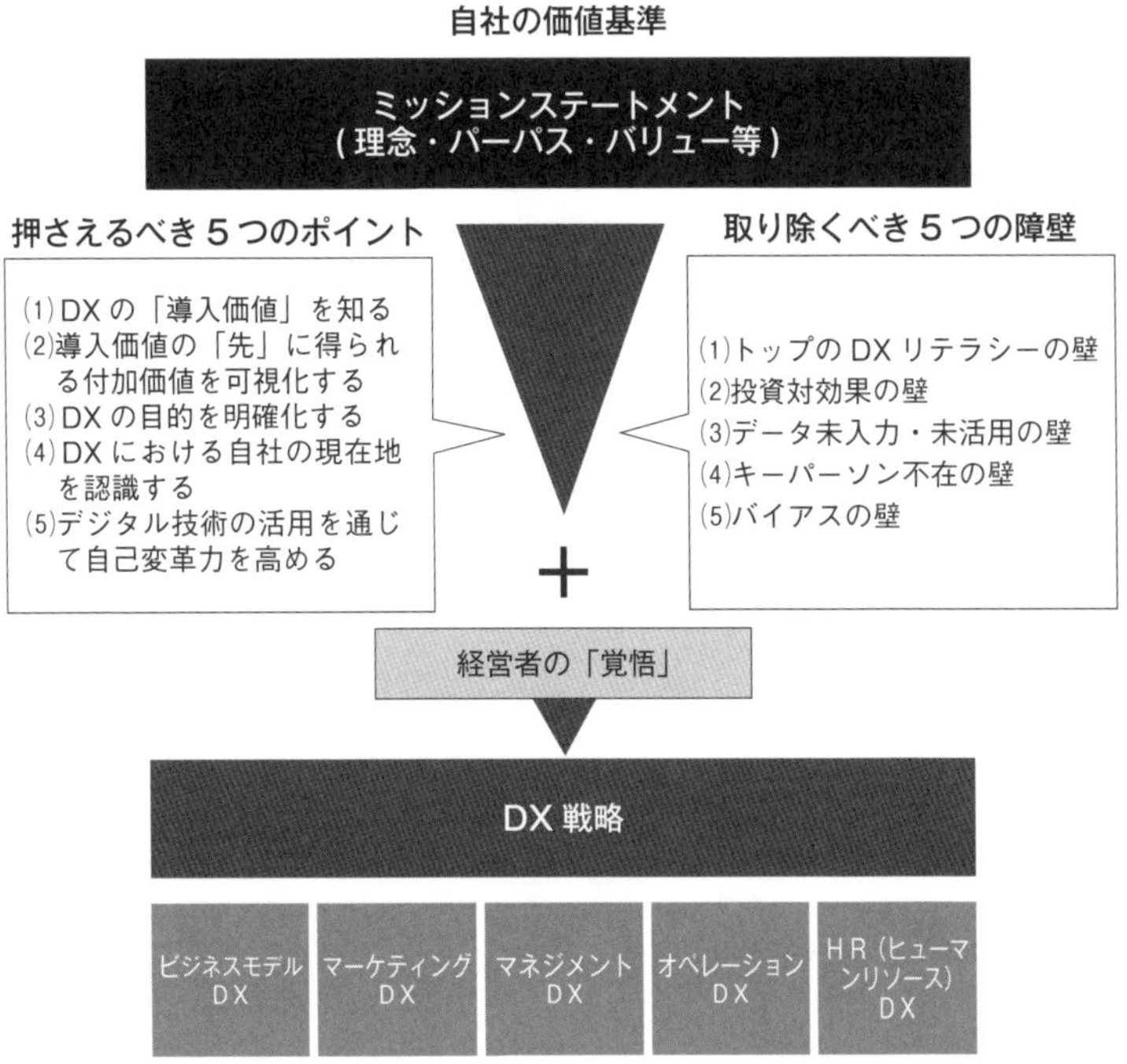

これからDX戦略を策定しようという企業は、これらを基礎知識として踏まえ、可能であれば障壁をクリアしておくと推進がスムーズになるだろう。すでにDX戦略を策定している企業も、ポイントを外していないか、取り除くべき壁に直面していないかをトップ主導で確認してみるとよいだろう。

1 押さえるべき五つのポイント

(1) DXの「導入価値」を知る

DX戦略を構築する前に押さえておくべきポイントは「DXで何ができるのか」、すなわちDXの導入価値を知ることである。「こういった仕組みをデジタル化すると、自社にとってはこんなメリットがある」という、導入後の効果を想定しておくことが必要だ。ひと口にDXといっても、どの経営領域で活用するのか、現状がどれだけDXを推進した状態にあるのか、によって得られる効果が大きく変わるからである。

得体の知れないものに投資するのは誰だって怖い。実際、何らかのシステムの導入を検討する際には、「このシステムを導入すれば三〇〇時間くらいは業務削減ができる」「今発生している人的なミスが七〇パーセントは削減できる」という目安を知り、さらに類似するシステムやツール、サービスを最低でも二、三社ほど比較検討しているはずだ。しかし、ことDXとなると、このプロセスをないがしろにしているケースも多い。デジタルリテラシーが低く、DXによる変革後の青写真が想像できないために陥りがちな状況である。

まずは、領域ごとにDXで何ができるのか。効率化、省人化、利便性の向上といった直接的価値を把握しておくことが必要だ。それをTCGは、五つのDX領域ごとに整理している**【図表2-2】**。

次の「レベル1」は、DXに未着手の状態である。必要最低限のデジタル技術やITツールは一応導入しているが、局所的な使い方にとどまっているレベルである。

「レベル2」は、DXを実装する前の段階。データ自体の蓄積はできているが活用できていない、あるいは活用に向けて準備している状況といえる。

そして「レベル3」は、コストやリスクを最小化する段階である。DX実装の初期に当たり、無駄なコストを削ったり、リスクの発生を防いだり、目に見える成果が出始めている状態だ。この段階は、DX実装プロセスで特に重要なカギを握る。DX投資の成否の分かれ目になるからだ。DX投資が失敗に終わる企業の多くは、この段階で期待したような成果を出すまでに時間がかかり、トップの熱が冷めて挫折してしまう（これはITベンダーのセールストークで導入効果の期待値が膨らみ過ぎ、少々の成果では満足できないという問題もある）。したがって、DX実装へのモチベーションを高く維持するためにも、実装現場と期待値調整（エクスペクテーションアライメント）を図りつつ、小規模で構わないので何らかの成果を早く出すことが求められる。

図表 2-2 DXレベル判定表

領域	ビジネスモデルDX	マーケティングDX	マネジメントDX	オペレーションDX	HR（ヒューマンリソース）DX
分野	製品・サービス	営業・広報・商品開発	経営システム・管理業務	生産・調達・運営業務	組織・人事
レベル1 未着手	情報収集機能なし	販売戦略なし	紙文化	属人化	人材戦略なし
	デジタルディスラプションのリスクが明確化されていない状態	中長期的な販売戦略が策定されていない状態	情報管理や情報伝達が紙で行われている状態	ノウハウやナレッジがブラックボックス化し技能継承や共有化を図れない状態	事業戦略と連動した中長期的な人材戦略が明確化されていない状態
レベル2 DX実装の前段階	ディスラプション検証	販売戦略あり	デジタル化	見える化	人材戦略あり
	自社のデジタルディスラプションのリスクを明確化し、定期的な検証を行っている状態	中長期的な販売戦略が策定・推進されている状態	情報管理、情報伝達がデジタル化されている状態	ベテラン社員の暗黙知や工程・店舗の作業負荷などの可視化に取り組む状態	事業戦略と連動した中長期的な人材戦略を明確化し、実行に移している状態
レベル3 コスト・リスクの最小化	ディスラプション対策	マーケティング業務の効率化（非効率アプローチ削減）	業務効率化実現	省力化・省人化	HRテックを活用した人事業務の効率化
	デジタルディスラプションのリスクに対する対策を戦略に組み込めている状態	デジタルツール・データ管理を通して非効率なアプローチの削減に取り組んでいる状態	業務プロセスが最適化され、自動化などのデジタル技術を活用し、業務効率化が図られている状態	技能・業務のデータ化によるロボット導入や自動化・システム化で省力化・省人化を進めている状態	デジタル技術を活用し、人材情報の可視化と業務効率化が実現している状態
レベル4 収益の最大化	デジタルサービス・製品の展開	デジタルマーケティング実施（顧客育成最適化）	ダッシュボード経営	デジタルサプライチェーン	データを活用した人材マネジメントシステム実装
	デジタルディスラプションを見据えた、デジタルサービスまたはテクノロジーを実装した製品を展開している状態	インターネットやITなどデジタル技術を活用したマーケティング手法を実行している状態	必要な情報がリアルタイムで閲覧でき、スピーディーな経営判断やマネジメントが実現できている状態	部署間・企業間でタイムリーにデータを共有し、在庫削減や需要予測の精度向上などに取り組む状態	人事データをもとに現場のマネジメント層へのフィードバックが行われ、最適なマネジメントの仕組みがつくられている状態
レベル5 企業価値の最大化	ディスラプション実行	マーケティングプロセスの変革	情報資産の付加価値化	スマートオートメーション	データサイエンスを用いた組織戦略の策定・実行
	現在の市場に対して、デジタルディスラプションを起こすビジネスモデル変革を実行している状態	デジタル技術を活用し、マーケティングプロセスを変革し、競争優位性を確立している状態	自社の蓄積した情報資産をビジネスモデルDX・マーケティングDXと連動して、付加価値に転換している状態	IoT、AI、ビッグデータとツールを活用してプロセスの無人化や全自動処理を実装する状態	人材に関するデータを複合的に解析し、人材配置や制度設計といったあらゆる組織戦略の施策へ落とし込めている状態

その次の「レベル4」は、収益の最大化を図る段階である。それぞれのDXへの取り組みを通じ、結果として会社の売上げ・利益の伸びと拡大再生産に貢献している状態だ。ここに至り、DXは〝一定の成果を得た〟といえる。

そして「レベル5」は、企業価値の最大化を実現する段階である。企業価値とは、事業活動による価値や非事業用資産（投資有価証券、遊休資産など）、財務諸表に表れない無形資産（ブランドや人的資本、知的財産など）の価値まで含めた、企業全体の経済的価値のことだ。すなわち、自社の「ステークホルダー（社員、株主、顧客、取引先、地域社会など）満足度（SS：Stakeholder Satisfaction）」の最大化に寄与している状態である。

レベル1～5の具体例をHRDXで説明しよう。

レベル1は、事業戦略と連動した中長期的な人材戦略が明確化されていない状態である。デジタルの活用については、新規採用者の適性試験をインターネット経由で実施したり、遠隔地の応募者にウェブ面接で対応したり、基本的な人材データを表計算ソフトに格納し、人事制度に基づく評価係数で給与計算しているレベルである。ただ、個々のシステムやソフトウエアでデータ処理しており、それぞれの連結度が低いために、人事部門担当者はデータのエクスポート（書き出し）とインポート（読み込み）を毎回繰り返し、ファイルにカギを付けて各部門責任者に送受信するなど無駄な手間が生じている。

レベル2は、事業戦略と連動した中長期的な人材戦略を明確化し、実行に移している状態。ただ、人材データ自体の蓄積はできているが活用できていない、あるいは活用に向けて準備している状況である。具体的には、人事システムを導入し、自社に応じたカスタマイズまでできている状態だ。一方で、蓄積されたデータは月に一度、あるいは年に一、二度確認する程度で、次の手立てを検討するなどロングターム（長期間）での使用にとどまっている場合が多い。データの保存手段が、紙や人の頭から他の手段に変わっただけという域を出ない。

レベル3は、HRテックを活用し、人事業務が効率化されている状態である。蓄積した人事データが有機的に連携し、社内人材のスキルデータ、経験タスク、評価データなどあらゆる切り口で可視化され、離職率が高い職場の傾向値を把握したり、ハイパフォーマー人材のキャリアパスをデザインしたりしている。年度末が近づくとスタッフが血眼になって働いていた人事部門の重労働が、大幅に効率化されている段階である。

レベル4は、データを駆使して人材マネジメントシステムを実装している状態。つまり、蓄積して可視化された人材データを、人的資本経営に生かしている段階だといえる。具体的には、可視化されたデータをもとにスキルギャップ（社員の現有スキルと必要スキルの差）やコミュニケーションギャップ（世代や階層別での価値観・理解度の差）の分析、あるいはエンゲージメントスコア（社員の会社に対する信頼度）を押さえ、最適配置や採用計画、社内研修のテーマ変更、部門責任者のリーダーシップ教育、人事制度の見直しなどの仕組みが整っている。経営陣へのフィードバックも仕組み化されているため、デジタル技術を用いた人的資本経営が推進できるレベルといえる。

そしてレベル5は、データサイエンスを用いて組織戦略を策定・実行している段階である。データ解析の結果が適時、人材戦略上の課題として可視化され、経営陣の下でタイムリーに共有される。タレントマネジメントシステムも有効に機能し、採用・育成・活躍・定着・退職に至るプロセスすべてがデータで管理できる状況になっている。

これは、HR領域でDXを推進した場合に得られる効果のほんの一例であるが、「DXで何ができるのか」を押さえておくことで、どこを目指すのか（DXビジョン）という目的も描きやすくなる。まずは企業経営におけるDXの導入価値を知ることが重要である。

(2) 導入価値の「先」に得られる付加価値を可視化する

DXの導入価値を知った上での次のステップは、その「先」に何を得られる（得たい）のかを明確化することである。

例えば、ウェブ会議システムの導入を検討する企業の場合、「テレワークに利用できる」「社内に不在の社員も会議に参加できる」など用途だけを見ていると、「社員の通勤時間が減ってラクに仕事ができる」「会議日程の調整がしやすくなる」といった表面的なメリットしか享受できない。企業によっては、「そんなことのためにお金は使えない」と投資自体をやめてしまうかもしれない。だが本当に大切なことは、それらのメリットを活用して、何を得るかである。

ウェブ会議システムを導入すれば、テレワークの運用により社員の通勤時間が削減され、ワーク・ライフ・バランスの向上につながり、子育て世帯の社員の離職防止や活躍の促進が期待できるほか、新卒・キャリア人材の募集時のアピールポイントにもなる。地方の企業が大都市圏や海外で働く他社のデジタル人材を、副業・兼業人材として活用することも可能である。また、通勤手当の削減や賃貸オフィスのスペース縮小などコスト圧縮にも寄与する。

さらに移動中や海外出張中の社員も会議に参加できるようになり、臨機応変かつスピーディーな合意形成と情報共有が図れるため、他社に先んじて新たな施策の同時展開が実行できる。資料がデータで共有されるようになり、紙や複写機のインクの使用量も大幅に減る。会議開催日時の設定や紙資料の配布準備作業を担当していた社員は、関係者間の調整作業や書類作成の手間を省けるため、休眠顧客の掘り起こしや新規顧客へのアフターサービスなど、後回しにされがちだった業務に時間を振り向けることもできる。

交通費・賃料・光熱費・消耗品などの削減分を人材確保や開発投資、ブランディング活動（例えばホームページリニューアルなど）に充てることで、新たな付加価値に転換していく。ＤＸのレベルとしては初歩的な段階であるが、その効果は意外に大きい。デジタル化によって得られるのは、時間や紙の削減といった直接的効果だけではない。効率化という間接的効果により人・モノ・カネ・情報といった経営資源も得られるはずだ。これらの資源をどう生かすかを考える必要がある。直接的な導入価値の先にどんな価値が生まれるのか。一歩先を見据えた発想を持つことが、DXを推進するための風土や文化を醸成していく。

一方で、デジタル化によって失われる機能をどのようにカバーするかという視点も必要である。例えば、ウェブ会議システムの導入により社内での社員同士の雑談の機会が減った。これを〝無駄話が減って生産性が高まった〟とプラス面に捉えることもできるが、〝コミュニケーションの欠如による人間関係の希薄化〟というマイナス面も大きい。また、紙資料のデータ化で逆に管理が難しくなり、紛失や流出につながるなど、これまで正常に働いていた管理機能がデジタル化によって失われた例も多い。

ウェブ会議は臨場感がなく、メンバーとの関係性やチームとしての一体感を深めにくい。紙の文書管理のノウハウも、デジタルデータのファイル管理には役立たない。そのため完全テレワークを撤廃して週三日のオフィス出勤を義務付けるなど、在宅勤務を縮小する企業も増えている。このように、あえてリアルでのコミュニケーションの機会をつくり、社員の交流を促進する必要もあるだろうし、文書管理の担当者がデジタルデータのファイル管理を一から学ぶ機会も必要かもしれない。

システムを導入後、属人的なタスクや業務そのものが不要になり、自分の役割を見失った社員が寂しく会社を去った話も耳にする。人手不足を解消するためにデジタル化を進めた結果、社員が離れていくというのでは諸手を上げてデジタル化したと喜べない。だが、このような人材にどう活躍してもらうかまで描いてデジタル化を推進している企業は少ない。

デジタル化による「メリットの価値転嫁」については多くの企業が持つ視点だが、こうした「失われる機能」に対する視点は欠落しがちで、導入前の段階から対策している企業はまれである。導入価値と付加価値を想定するのと同時に、失われる機能をどのようにカバーしていくのかまで検討しておくことが、「実装後」のスムーズな運用につながるのである。

(3) DXの目的を明確化する

DXの導入価値を知り、付加価値と失われる機能の補完までを検討したら、次は「自社はDXによって何を目指すのか」を検討する。つまり、DXビジョンの策定である。特に、DXの実装プロセスの粒度が細かくなってくると、作業が細分化されて個々の現場では目的が見えづらくなる。そこをきちんと理解してもらうためにも、DXビジョンをきちんと設計することが肝要だ。

DXの実装で核になるのは、「なぜ、デジタル化しなければならないのか」「デジタル化を進めて自分たちがどのようになるのか」という未来に向けた問いに答えられる「ビジョン」である。これが中核にあることで、すべての取り組みや行動に共通する一貫した意図が関係者に伝わり、賛同・協力を得ることができる。

逆にビジョンが明確でないと、優れたシステムや高価なツールを導入したところで、旗印なき改革は膨張と無駄を生み出してしまう。だからこそ、「何を実行するか」の前に、「何を実現するか」(=DXビジョン)を描き、ビジョンとオペレーションをつなぐことが重要だといえる。

DXビジョンの構築ステップについては第4章で詳述するが、ポイントは「自社の経営ビジョンに沿っているか」、そして「そこに経営者の意思と覚悟が反映されているか」である。経営戦略やビジネスモデルをデジタルありきで見直し、「企業文化をも変え得る大改革を自社が目指すという意思」をDXビジョンに吹き込む。ともすれば対症療法的になるデジタル施策が、ビジョンに向けた「次のステップ」とともにつながり、持続可能な経営システムとして機能していくのである。

(4) DXにおける自社の現在地を認識する

DXビジョンにより「自社の目指すべき姿」が描けたら、その先はDX戦略、各施策へと展開していく。この段階で、目指すべきDXレベルと自社の現在地との「差」を正しく把握することが求められる。

例えば、ある人がプロスポーツ選手を目指すとしよう。その人がまったくの初心者であるか経験者であるかによって、やるべきことは当然変わる。練習内容も時間も、トレーナーもトレーニングツールも、その人のレベルに応じて設計したほうが効果的だろう。同じ目標であっても、初心者には初心者の、経験者には経験者のレベルに応じた道がある。

DXも同じである。まずはビジネスモデル、マネジメント、マーケティング、人的資本のそれぞれの領域ごとに、現状のDXレベルを正しく認識する。そして、目標との「差」を理解した上で投資していく。これにより、DX初心者であっても各段階で確かな成長を実感でき、DXの恩恵を体感しながら次のステップにチャレンジできるようになる。

TCGが企業のDXビジョン策定を支援する際は、まず領域別のDXレベル表に基づいてその会社の現在地を押さえ、目指すべきレベルとのギャップを客観的に認識するステップを必ず踏んでいる。

また、レベルを把握するものさしはデジタル実装度だけではない。デジタルを導入した後に成果が出るか否かは、自社のカルチャーやビジネスモデル、人材バランスによっても左右される。新しいシステムやツールが本格稼働したからといって、それがゴールなのではない。したがってＤＸの再構築前に、事業構造、組織体制、意思決定構造、そして現在稼働中のシステムやパートナー企業の戦略の実情もあらためて押さえておく必要がある。

デジタル技術はあくまでＤＸの手段であり、実装すると自動的に成果を運んできてくれるものではない。ＤＸを実現するためには、定期的にメンテナンスし、確実にステップアップしていく必要がある。継続して運用する仕組みにする意味でも、自社の現在地はどこなのかを知り、目標との差を認識することが重要となる。

(5) デジタル技術の活用を通じて自己変革力を高める

「ダイナミック・ケイパビリティ」という考え方が再注目されている。これは、米カリフォルニア大学バークレー校教授のデイビッド・Ｊ・ティース氏が提唱した概念で、企業が環境の変化に応じて自己を変革する能力のことである。この考え方を「最新の技術動向などを感知し、自社の経営戦略を調整することで組織全体を刷新すること」と捉えると、ＤＸの推進に必要な能力そのものといえる。また、デジタル技術を活用してダイナミック・ケイパビリティを向上させるという見方もできる。

ＩＣＴ（情報通信技術）が目まぐるしい速度で発展するなか、それに伴ってデジタル技術を活用するための手段（ツール）も加速度的に進化している。こうした急速な環境変化を敏感に捉え、自ら変化していくことが企業には求められる。従来行っていたシステム・ツールへの投資よりも短期間で細かくＰＤＣＡを回す必要があり、アジャイル思考（変化に柔軟に対応していくのに適した思考方法）でデジタルツールを活用することが必須だ。

自己変革力を高めるポイントは、ボトムアップで改革を推進することである。経営層などの限られたメンバーのみで情報収集を行っていては、増加し続ける情報量に追い付けないからだ。

さらに、全社員のデジタルリテラシーの向上と、風通しのよい組織風土の醸成も忘れてはならない。生産性向上のためのデジタルツールに関する情報収集能力は、全社員が意識的にアンテナを張れば向上するだろう。しかし、実際にそれが現場の改善につながらなければ意味がない。また、現場から改善提案があったとしても、全社最適な意思決定ができなければ効果は弱まる。全員が感度を高く保ち、それと同時に提案が活発に行われる組織風土があって初めて変革が起きるのだ。

このような構造は、アナログ業務の改善活動においても同様であった。付加価値の向上につながる戦略的施策は経営層が検討しつつ、現場での業務効率化はボトムアップで進めてきたという企業は多いだろう。ＤＸも、これと同様の流れで進める意識が重要である。今やデジタル技術にまったく関係のないビジネスはほとんどなく、ＤＸは特別な取り組みではなくなってきている。つまり、ＤＸに対してだけ特別な施策を検討する必要もないということだ。経営者は

DXを前提として、これまでと同様に付加価値を向上させる戦略を検討し、現場のメンバーはデジタル活用を選択肢の一つとして生産性向上を目指せばよいのである。

トップが発信するDX戦略は、全社員の推進力なしには成り立たない。現場社員のデジタルに対する高い感度とボトムアップで改善提案できる組織風土が企業の自己変革力を高め、DX推進を支えるのである。

2 取り除くべき五つの障壁

DXの推進に向けた五つのポイントを紹介してきたが、実はこれらを押さえるだけでは不十分だ。忘れてはならないのは、DXを推進する企業がほぼ確実に対峙することになる「壁」を突破することである。これから紹介する五つの壁は、すべて社内にある。歴史と経験によって築かれた分厚い壁は、DX戦略を立案する前に対策を講じておかなければ突破できない。

ここではデジタル化を進める上で実際によく直面する五つの障壁を、その解決策とともに解説する。

(1) トップのDXリテラシーの壁

経営者やデジタル推進に関する決裁権者のデジタルに対する理解度が著しく低い、あるいは知識に偏りがある場合に「壁」が姿を現す。よく見るのは、DX推進部門の責任者やパートナー企業に、戦略もなく実質丸投げにしているケースである。

例えば、顧客管理システムの導入を検討するとしよう。一般的なシステムで解決できる問題や現在の管理方法、課題感を正しく認識していないトップが、「よきに計らえ」とゴーサインを出す。だが、丸投げされたDX推進部門の責任者には顧客管理の実務理解が乏しい。責任者は何とかしようとして、一部の営業社員や業務部門とのやりとりをもとに、局所最適なシステムを導入することになる。実態に即していないシステムを導入したことで、既存の営業支援システムや名刺管理ツールとの互換性がなく、従来のやり方に即した顧客管理も難しくなってしまう。運用を前提とした組織体制も想定していないため、実装後の推進力も働かない。典型的な失敗例である。

デジタル投資に関しては、情報システム部門やデジタルに強い社員に判断を依存するケースも多く、後になって現場から不満の声が上がることも少なくない。とはいえ、トップにデジタル技術の細かい理解は必要ない。前述した五つのポイントを押さえるだけでよいのだ。これがトップに求められるＤＸリテラシーである。

トップが自社の実態をつかみ、ＤＸの目的と全社横断的な協力体制の促進を自ら発信すること。そして、プロジェクトリーダーに組織の編成権を与え、適時報告の場を設けること。これだけで、リーダーが十分に実力を発揮できるだろう。このような組織体制とＤＸリーダーについては第3章で詳述していく。

もう一つ、トップのＤＸリテラシーによって壁が出現しやすい状況がある。トップダウンの傾向が強く、トップが改革に大きく関わり過ぎるケースだ。トップがデジタル技術に精通していればよいが、付け焼き刃の知識でＤＸの本丸に居座るのも問題である。解決しなくてはいけない課題が表に出てこなくなり、気付くとベンダーの言いなりになっていたり、ＤＸ推進部門以外の部署が面従腹背になっていたりする。マーケティング畑出身のトップがデジタル化を強引に進めた結果、営業部門の協力が得られなくなり、営業部門とマーケティング部門の対立を生んだというのはよく聞く話である。

トップの言葉は重く、直接指揮を執るほど周囲からは一方通行的な取り組みに映る。陣頭指揮はＤＸリーダーに任せる勇気を持つことが肝要である。

(2) 投資対効果の壁

工場には五億円を投資しても回収まで座して待つのに、DXでは五〇〇万円の投資でもROI(投資収益率)を声高に求める経営者がいる。なぜ、急ぐのか。デジタル投資の性質とリスク、そしてその効果が見えていないからである【図表2-3】。

DXに取り組む前に、まずはその導入価値を知ることが重要であると先に述べたが、これができていれば投資に対する回収ロジックは組みやすく、経営者も比較的、投資には前向きなことが多い。しかし、そのような場合であっても、業務をデジタル技術で抜本的に変えるとなると、必要以上に投資判断の脆弱性や進捗状況のマイナス要因探しに躍起になる。投資額も跳ね上がり、回収期間も数年単位になるからだ。

このような経営者には、「デジタル化構想の全体像」と「習熟ロスの想定」が不足しているといえる。

DXビジョンと併せて、デジタル技術と業務を具体的にどう組み合わせるかというデジタル化構想を全社単位(企業規模によっては事業単位)で描いた上で、「今必要な投資である」という決断ができる環境を整えておくことをおすすめする。

また、デジタル技術を使って業務を遂行する社員も、いきなりシステムやツールを使いこな

図表 2-3 投資回収を急ぎ過ぎる場合のマーケティング DX の失敗例（成長曲線②）

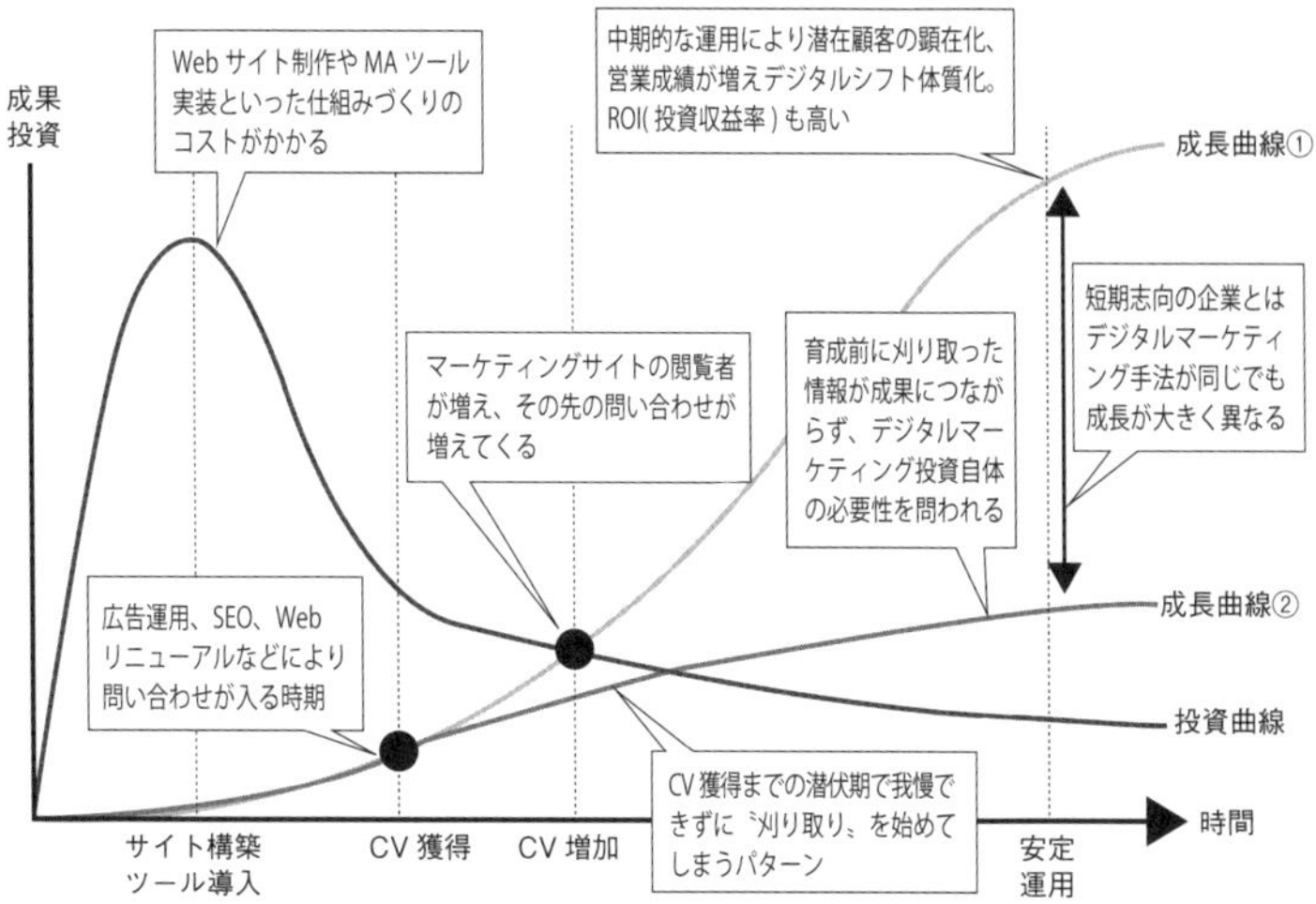
成果
投資
Web サイト制作や MA ツール実装といった仕組みづくりのコストがかかる
中期的な運用により潜在顧客の顕在化、営業成績が増えデジタルシフト体質化。ROI(投資収益率) も高い
成長曲線①
短期志向の企業とはデジタルマーケティング手法が同じでも成長が大きく異なる
マーケティングサイトの閲覧者が増え、その先の問い合わせが増えてくる
育成前に刈り取った情報が成果につながらず、デジタルマーケティング投資自体の必要性を問われる
成長曲線②
広告運用、SEO、Web リニューアルなどにより問い合わせが入る時期
投資曲線
CV 獲得までの潜伏期で我慢できずに〝刈り取り〟を始めてしまうパターン
時間
サイト構築
ツール導入
CV 獲得
CV 増加
安定
運用

せるわけではない。DX投資はこれまでと異なる取り組みであり、社内の習熟ロスを想定しなければ改革は頓挫する。

投資対効果の壁は「追加投資」のタイミングで立ちはだかることもある。システムやツールを導入すると新しい課題が見えてくる。例えば「現在使っている別のシステム内のデータと連動させることで、もっと業務改善が進む」とか、「今回導入したツールでは○○の機能が足りない」といった課題である。前者に必要とされるのは当初の目的を進化させるための追加投資であり、後者には目的が達成できなかったゆえの追加投資が求められる。問題になるのは、後者の場合に投資予算を渋り過ぎるケースだ。デジタル投資は一つのシステムだけ導入しても完結しないことが多く、追加予算が許容されないなかで推進責任だけ担わされると、現場は割に合わないと感じてしまう。

ＤＸ投資は、予算を執行する上である程度の柔軟性を設けることが機動性を上げる。ＤＸ投資の考え方についても、次の第３章でそのポイントを述べていく。

(3) データ未入力・未活用の壁

活用すべきデータが存在しなければ、ＤＸは成り立たない。この当たり前の前提を阻む壁が、システム導入後に現れる。データ未入力の壁とデータ未活用の壁である。多くの企業がこの壁を突破することに多大な労力を費やす。開発チーム側ではコントロールできない領域でもあり、システムを利用する実務者側の理解と忍耐が必要になる。

ＤＸの趣旨が理解できて、システムも順調に導入できたのに成果が出ない。このパターンで最も多いのが、「データを入力しない」ケースである。本末転倒に聞こえるが、現場の目線に立ってみると容易に理解できる。入力することに慣れていない、入力する時間そのものがもったいない、入力するメリットがわからない（感じられない）など、現場には現場なりの「データを入力しない」理由が存在するのだ。

この場合、さらにまずいのは例外を設けることだ。「A事業所はまだ慣れていないから、ファクスでの報告から様子を見よう」「セールスメンバーは受注することに集中すべきだから、それ以外のメンバーだけ勤怠の自動化に切り替えよう」。このように例外を設けると、今度は、その例外側のデータを取りまとめる「新しい業務」が発生し、結果的に業務効率は上がらない。

多忙な現場には理解を示しつつ、例外を設けない強い姿勢をトップ自らが示すとともに、推進責任者に「横串を通せる強い人材」を登用することが必要だ。また、いくつかのチームでテスト導入期間を設け、そこで実務に直結する成果を残した上で、全社に水平展開する手法も多く見られる。経営者の意思によっては、入力の怠惰に対する減点評価すらも導入の余地があるだろう。

このようにして何とか入力の壁を越えたとしても、さらにデータ未活用の壁が行く手を阻む。獲得・蓄積されたデータを使わないケースである。例えば、マーケティング部門がウェブサイトで獲得したリード（見込み情報）を営業部門にパスしても動かない。各部門のＫＰＩ（重要業績評価指標）を自動集計して可視化しても、経営会議では手計算した別の資料を使っている。このようなケースが実際によく発生する。

獲得したデータをどう分析し、対策検討に生かして成果を上げるか。そこが描き切れていないのである。部門長や経営陣の陣容がこれまで上げてきた成果に基づいてつくられているとしたら、なおのこと空中を行き交うデータで判断することに抵抗があるだろう。成果が出なければば、投資対効果の問題が再燃することもある。よって、導入・実装後にデータ未活用の壁にぶつかっている企業には、一歩後退してでも、あらためてデータ活用の目的を整理することをおすすめする。

(4) キーパーソン不在の壁

ここでいうキーパーソンとは、DXを成功に導く推進リーダーのことである。DXを推進するためには、組織全体を俯瞰(ふかん)的に把握し、横串を通すことができる「組織を動かす力」を持った人材が必要だ。こうした役割を担うキーパーソンが不在ではこれまで紹介してきたような「壁」の突破は難しく、システム導入に当たっての社内調整に必要以上の時間がかかったり、導入後に活用ルールの徹底が難しくなったりする。

システムを導入したものの全社の足並みがそろわずに、なかなか改革が進まなかったという経験はないだろうか。担当部門がいくら一生懸命に取り組んでも、そのような状況に嫌気がさして、システム導入の責任者が離脱してしまうケースも耳にする。

また、全社統一システムを導入・運用しても、各事業部がそれぞれに都合のよいツールを勝手に使い始めると、もはや統制は効かない。せっかくデジタルガバナンスをつくっても、現場のパッチワーク的運用で形骸化し、全社で同じ仕組みを活用しているはずなのに連携できないという、データのセクショナリズムに陥っているのである。

このような事態はすべて、キーパーソンの不在によって起こりやすい。DXを円滑に推進するためには、数ある外注先から目的に即したシステムやツールを戦略的に選択し、全社横断的にコントロールする役割を誰かが担う必要があるのだ。もちろん、どんな改革であってもキーパーソンの存在は必要不可欠だが、なぜかDXの推進になるとベンダーの担当者や社内のシステム部門に丸投げし、実装時の調整事項は当事者の部門長同士のすり合わせに依存するなど、リーダーシップをとりたがらない（または特定のリーダーに主導権を握らせない）組織が多い。

DXは、自社だけで完結させることが難しい取り組みである。一つのシステムを導入するだけでも、ベンダーや開発事業者、場合によっては仕入れ先や得意先など社外のパートナーの力が不可欠だ。それを社内の全部門に導入するのだから、さまざまな利害関係者を取りまとめて戦略を推進する役割が重要になる。この役割を担えるキーパーソンの有無が、全社の改革の肝になってくるのである。

(5) バイアスの壁

DXに取り組んでいるかどうかにかかわらず、すべての企業がこれまでに何らかの業務改善を図ってきたはずである。現在使っているワークシートも紙の帳票も創業当時のままではなく、また今の営業成績や顧客管理のやり方も新入社員当時のままではなく、それぞれ時代の要請や自らの経験値から変化してきた結果である。ところが、この事実こそが「現状がベストである」「自分がいちばんわかっている」というバイアス（先入観、偏見）を生じさせる。特に属人的な要素が強い特殊業務や、独自の慣習が強い業界、成功体験を積んだベテラン社員であれば、なおさらバイアスにとらわれやすい。

ある卸売会社の営業責任者は、商談履歴をバイヤーの特性とともに事細かにノートに書き記し、それをもとにチャネル政策や商品政策を立案して多くの実績を上げてきた。本人にとってはそれが最善の方法であったため、顧客管理システムを導入した後もデータ入力にアレルギー反応を示していた。データに基づいて戦略を立案する必要性を説いても、「このお客さまのことは自分がいちばんわかっているのだから必要ない」と拒絶してしまうのである。DXに取り組んできた企業であれば、細かな差はあれど、これと似たような経験があるのではないだろうか。

バイアスの壁は、現在の業務を抜本的に見直す際、〝省力化〟や〝効率化〟という名の下で今までの仕事ぶりが否定されることに対する、ある種の恐怖心が働いている場合が多い。よって、現状を否定して「改革を強制する」アプローチではなく、改革によって失われる機能をどのように補完するのか、具体的に想定することが求められる。その上で、改革の先にある活躍の場をトップ主体で可視化しながら、丁寧に説明することが肝要だ。

また、デジタルツールを導入する際に、「その部分だけ」にフォーカスした枝葉末節の議論がなされることがある。例えば、新たな業務システムを導入する際、稼働させることばかりに着目して業務全体のフローを棚卸ししない。あるいはマーケティングサイトを構築する際、ページデザインやイメージ画像の選定に時間をかけ、訴求したい事業・商品を検討しないといった具合である。「今の業務フロー自体は問題ないはず。以前のシステムが悪かったのだ」「とにかく見た目の良いサイトをつくれば、何かしらの商品が引っかかるはずだ」といったバイアスの壁により、DXの本質からずれた運用が検討されていく。

これらの導入に関わる社員からすると、ただでさえ通常業務で忙しいのに、よく知らないシステム実装に巻き込まれた上、大掛かりになってくると手に負えないと考えがちである。また経営者も、自分自身がよく理解できていないデジタルへ多額の資金を使うことに不安を抱きがちである。現場もトップも、できるだけ最小限の導入負荷にとどめたいという心理が働くのも無理はない。「スモールスタート」という言葉が独り歩きしている企業の多くは、目的志向の弱い社内風土が背景にある。

バイアスの壁の発生は多くの場合、組織カルチャーに起因することが多い。ゆえにこの障壁を取り除くには時間も労力もかかる。経営者自らがバイアスと向き合い、先陣を切って打破する覚悟がない限り、取り除けない課題でもある。

3 経営者の覚悟

ここまでで紹介してきた「DXを阻む五つの壁」を突破する上で必要なことは、「経営者の覚悟」である。なぜなら、五つの壁を乗り越えるためには、①経営者自身の変革、②戦略投資の決断、③断行、④人的資本マネジメント、⑤組織風土改革などが求められ、いずれも経営者自身がなすべきことだからである**【図表2-4】**。

DXに強い関心を寄せる経営者は多い。実際にDXの推進に取り組む企業も増えてきた。なかには「権限委譲」を名目に、システム部門や若手社員に任せきりというケースが散見される。しかし、DXはビジョンの実現に向けた継続的な投資が必要となる。したがって、経営者自身がDXとそれに伴う市場変化の可能性を最も理解しておかなければ、投資の意思決定ができず、DXビジョンは必ず形骸化する。それどころかDXに対し健全な危機感を持っている若手メンバーと、それを理解できない経営者の間でギャップが生まれ、有望人材の離脱にまでつながるリスクが考えられる。

DXに関する理解がないということは、数年後のビジネスに対する理解がないということでもある。もし、「デジタルに詳しくない」という理由でDXに距離を置いている経営者がいる

図表 2-4 5つの壁と経営者の覚悟

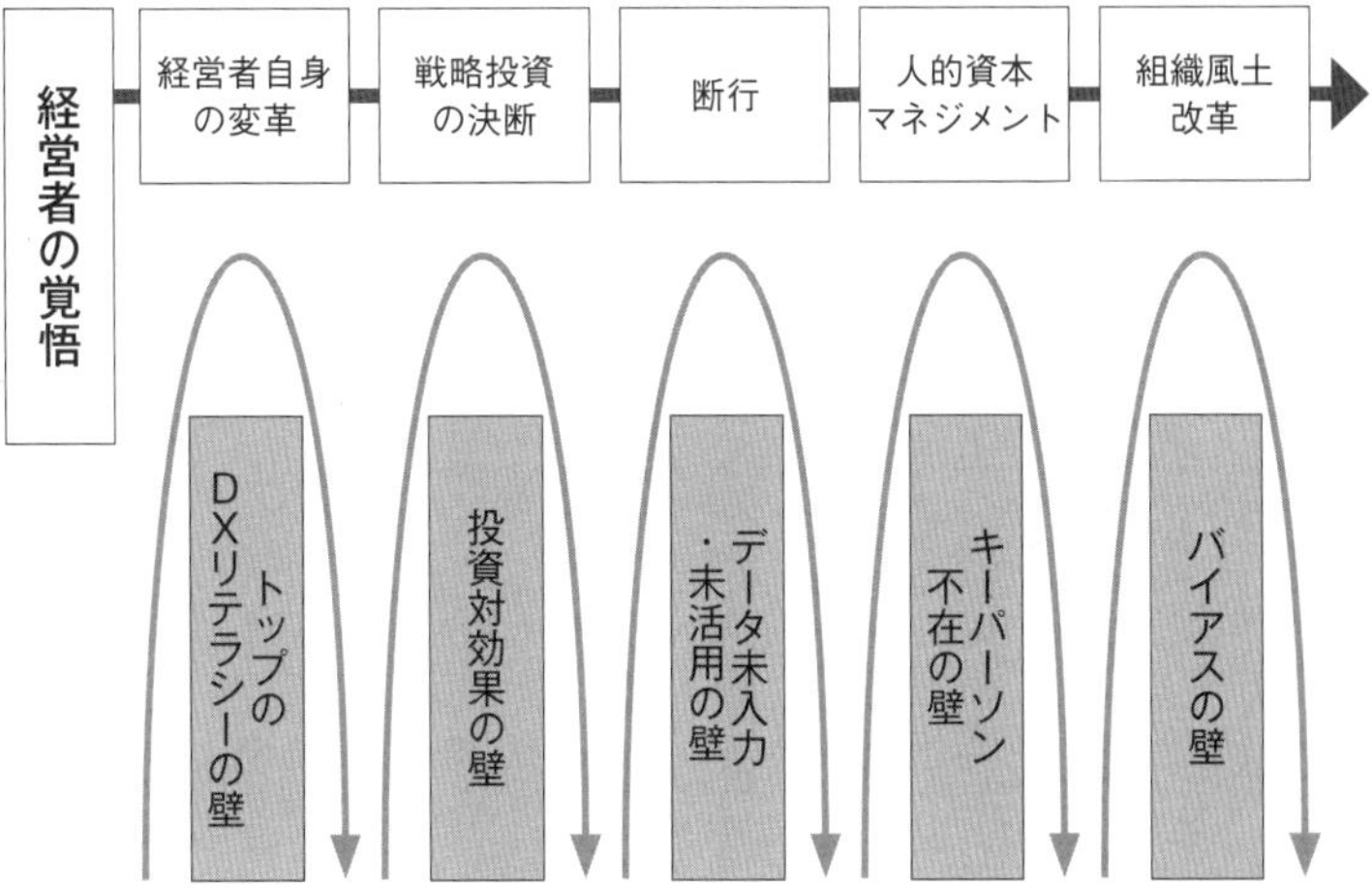

とすれば、社内で最初に変わらなければいけないのは経営者自身といえるだろう。

経営者の覚悟がないＤＸは成功しないと断言してもよい。ＤＸとは、トップ自らが本気で取り組むべき改革なのである。

第3章

DX推進体制と戦略投資

第2章では、DX戦略を推進する上で押さえるべきポイントと、取り除くべき障壁について解説した。実は後者の障壁には共通するテーマがあったことにお気付きいただけたであろうか。それは、どれも「人」に起因するという点である。

DX戦略がどれだけ秀逸なロジックで練られていても、経営トップ、キーパーソン、そしてデジタル改革の受益者たる社員の理解と組織の変容なくしてDXは成功しない。そこで第3章では、DX推進体制について考察していく。この推進体制は、「DXカルチャー」「DX推進組織」「DX人材」という三つの要素で構成される【図表3-1】。順を追って解説しよう。

1 DXカルチャーは「トップの意志」

企業における〝カルチャー（文化）〟とは、経営理念、パーパス、MVV（ミッション、ビジョン、バリュー）など組織で共有されている価値観のことである。そこには自社の経営姿勢や社会貢献の在り方、目指すべき姿といった「意志」が反映されている。DXを「当たり前」とするカルチャーが根づいた組織であれば、手段としてのデジタル技術を投入しても、その目的を理解

図表 3-1　DX 推進体制

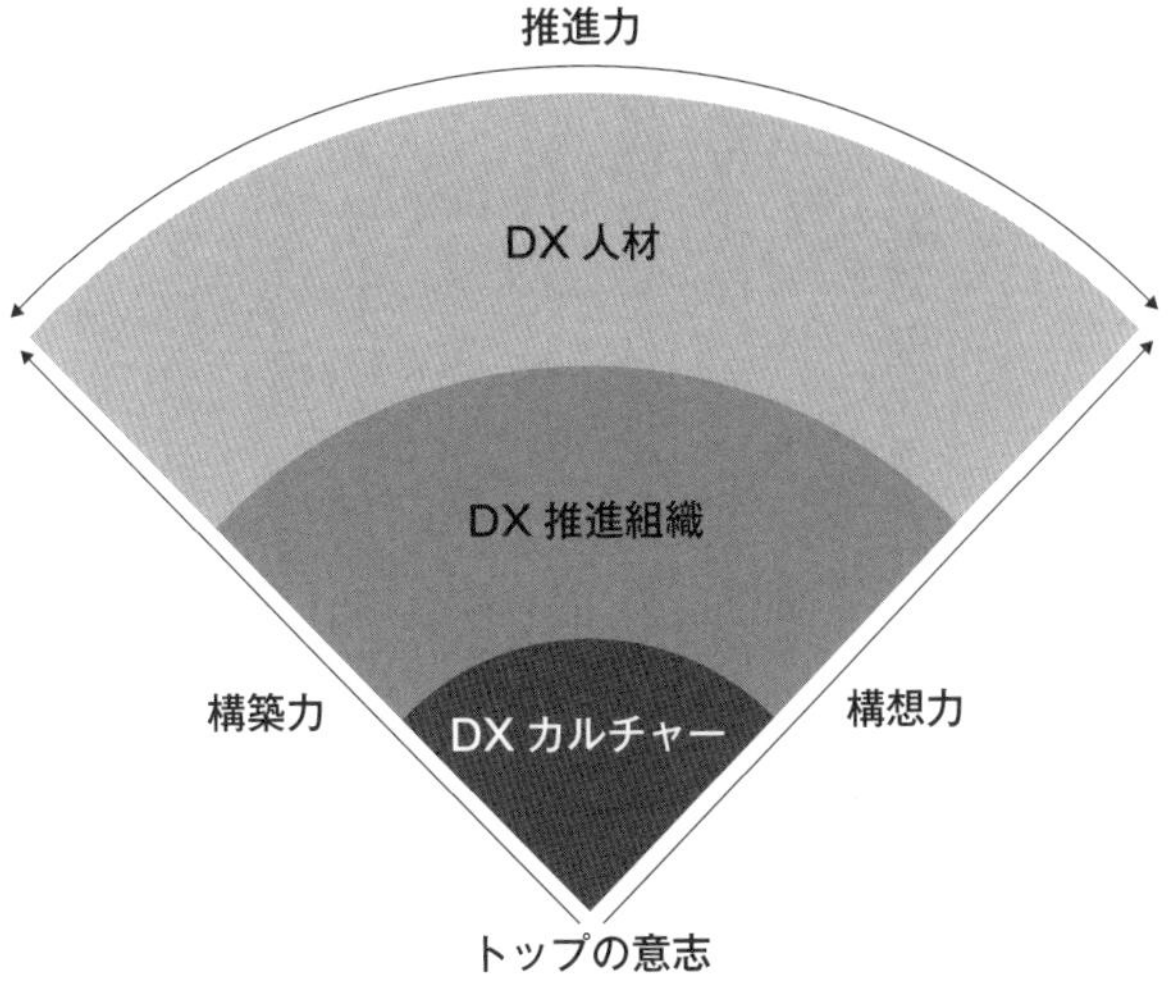

している社員の自律的な行動変容が期待できるし、組織内におけるハレーション（悪影響）は起きない。

そのカルチャーを醸成する「意志」はどこから発信されるものかと問われれば、答えは当然、経営トップである。DXカルチャーは、トップの意志そのものである。しかし、カルチャーは一朝一夕に浸透しないし、そもそもDXを許容しないカルチャーの下だと、いくら体制を構築して優秀な人材を採用したところで、期待される成果は達成できない。したがって経営トップは、信念に基づきDXを自社のカルチャーに落とし込む構想力と、覚悟を持って粘り強く社員への浸透に心血を注ぐ構築力が必要である。

DXカルチャーに具備すべきテーマは、第

2章で紹介した「五つの壁」を乗り越えることである。トップはカルチャーを創る意思を、自らのDXリテラシーの向上という姿で見せ、デジタル投資に関する理解やアジャイル開発を許容する風土づくりを先導する。運用段階においては、導入したシステムへの入力やデータの活用をトップ自らが呼び掛けるとともに、キーパーソンであるDXリーダーには責任と権限（形式的ではない）を与え、全社にリーダーシップが図れる環境を整えていく。そして、最も根深い問題といえる「バイアス」については、ベテラン社員や既存の業務を推進してきたメンバーに、変革の困難さに対する理解を示しながらも、DXビジョンを語り続け、変化をマネジメントすることが求められる。

トップの覚悟を体感した社員は、徐々にその必要性を自覚し、行動変容を通じてDXカルチャーが浸透していくことであろう。

2 DX推進組織の構築

DXカルチャーを培う意思を持っている企業は、次に、DXを推進するための組織構造のデザインを考える。組織は戦略に従うため、当然、後述するDX戦略に基づいたデザインが求め

図表 3-2　DX 推進組織のパターン

<table>
<tr><th colspan="3">組織体制のパターン</th><th>組織 / 機能の狙い</th><th>主要参画メンバー</th><th>既存情報システム部門メンバーの役割</th></tr>
<tr><td colspan="3">DX 取組新会社設立</td><td>・新規事業創出や専門人材の獲得</td><td>・外部人材と内部人材（プロパー社員）の混成チーム
・内部人材は、ビジネスドメインに関する知識に期待</td><td>・少ない（デジタル技術者がいれば、参画することもあるが、ケースとしては少ない）</td></tr>
<tr><td rowspan="3">DX組織設立</td><td colspan="2">IT 部門起点</td><td>・デジタル技術を大胆に活用した事業変革基盤の構築による DX 牽引</td><td>・中途入社のリーダーと、既存情報システム部門メンバーによるチームで推進
・リーダーの外部での実績に期待</td><td>・技術を持つメンバーが主導</td></tr>
<tr><td rowspan="2">事業部門起点</td><td>主導型</td><td>・既存事業部の事業領域とは異なる領域での新事業を検討するのが狙い</td><td rowspan="2">・企画、経営企画部門がメイン。内部人材（プロパー社員）や中途社員などで構成
・事業部門や IT 部門と統合した三位一体型が理想だが、内情としては、既存 IT 部門が効率化の役割を担うケースが多い</td><td rowspan="2">・効率化領域、および、運用フェーズでの参画が多い</td></tr>
<tr><td>伴走型</td><td>・既存事業部の DX 全般を支援することが狙い</td></tr>
<tr><td colspan="3">DX 会議体設置（専門組織なし）</td><td>・事業部門の DX を推進するための、情報共有の場として機能</td><td>・メインは CxO（CEO や CDO）と各事業部門トップ層
・経営企画部門</td><td>・技術の知見、既存システム連携で参画</td></tr>
</table>

出所：IPA「デジタル・トランスフォーメーション（DX）推進に向けた企業と IT 人材の実態調査」（2020 年 5 月）をもとに TCG 加工・作成

られる。ここでは、まずＤＸを暫時的な取り組みではなく、今後の企業経営になくてはならない「要素」として捉え、その推進を円滑にするための組織という観点からポイントを紹介していく。

ＩＰＡの調べによると（二〇二〇年、「デジタル・トランスフォーメーション（ＤＸ）推進に向けた企業とＩＴ人材の実態調査」）、ＤＸ推進組織のパターンは大きく三つに分かれるという**【図表３－２】**。ＤＸに取り組む新会社を設立するケース、ＤＸ組織を社内で設立するケース、ＤＸ会議体を設置するケースである。このうち二番目の社内組織を設立するパターンには、ＩＴ部門が起点になるものと事業部門が起点になるものがあり、事業部門が起点になるものには主導型と伴走型がある。

企業規模、既存の事業領域、DX人材への投資規模によって組み立ては変わるが、重要なことは「三位一体」「組織の成長デザイン」「最適人員配置」という三つの目線である。

三位一体とは、経営トップ、情報システム部門、現場とのバランスである。DXがこれからの企業経営の前提である以上、経営トップのDX組織への参画は欠かせない。また、ここでいう情報システム部門とは、全社のITシステム戦略を構築し、基幹システム、業務システムの構築・運用・保守責任を担い、全社のデータ保全やセキュリティー対策を講じる責任を負う部門を指す。情報システム部門の存在なくしてDX推進は成立し得ないことは想像に難くない。そして、見落としやすいのが現場だ。DX戦略推進チームが現場の意見を聞いた上でシステムの実装に取り組む企業は多いが、推進チームに現場のメンバーを参画させている企業は意外に少ない。経営の専門家、ITの専門家、業務の専門家が共同参画してこそ、地に足の着いたDXが可能となる。

次に、組織の成長デザインとは、DXビジョンから逆算した組織モデルを段階的にデザインすることである。着手段階ではプロジェクトチームを組成して、定例ミーティングでデジタル実装の進捗を確認する程度であっても、そのままの活動を続けていては局所的な取り組みに終わってしまうため、全社活動とはいえない。三位一体の構造は崩さないまま、プロジェクトレベルから、DX戦略推進機能としての独立機能レベルへの進化を想定し、取り組みの波及効果

図表3-3　DX推進組織体系

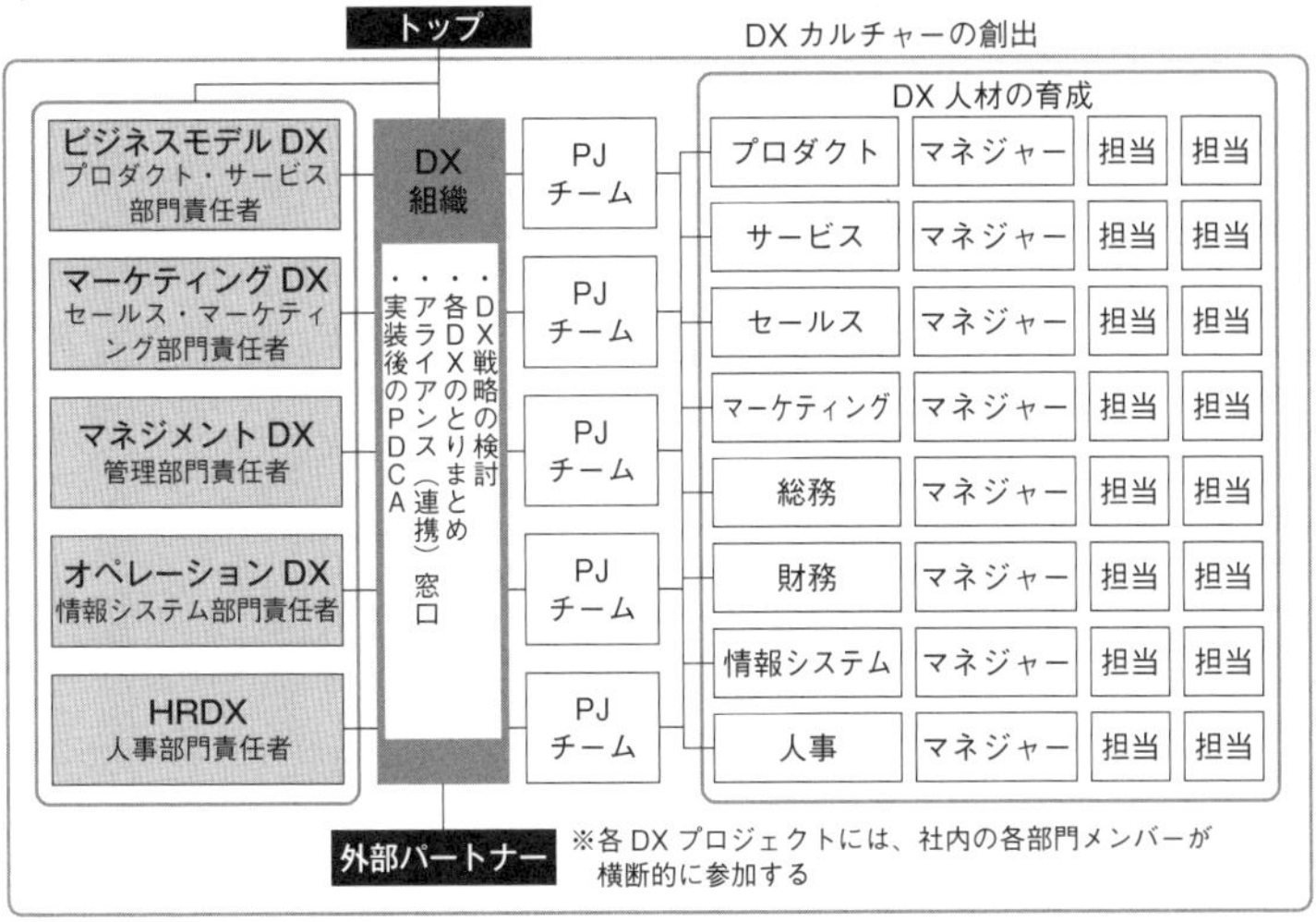

を広げるロードマップを引くことが必要となる【図表3-3】。

そして三つ目の最適人員配置とは、リーダー人材の配置、専門人材の採用、外部のパートナー人材の構成である。経済産業省の「人材版伊藤レポート2.0」でも、目指すべき将来の姿（To Be）に関する定量的なKPIの設定の必要性を説いているように、DX人材の確保について定量目標を公開する企業も増えてきた。

新規事業の開発や既存事業の高度化といったビジネス変革を担う重要ポストには、社内横断的に影響力を行使できるリーダー人材の登用が望まれる。社内エンジニアが枯渇している企業は、経験者採用も優先事項として考えておきたい。また、DXはデータ解析を通じて経営を改革するミッションも担うため、当初は外部パートナーの力を借りたとしても、将来的には自社のＫＧＩ（重要目標達成指標）とデータを突合し、付加価値を生み出せる機能を自社に保有したい。

その意味では、全社員のデジタルリテラシースキルマップの作成、資格取得支援制度、外部セミナーの受講支援、二〇歳代の若手社員も含めたデータサイエンティスト育成計画の策定も必要であろう。さらに、システム環境が複雑化するなかにおいては、外部パートナーの管理も重要だ。外注先に丸投げ、あるいは外注に慣れていない会社の場合、外注パートナーのディレクション経験者採用も視野に入れる必要がある。このように、自社のＤＸ推進に必要な人材配置を検討することからも、「ＤＸを通じて何を実現したいのか＝ＤＸビジョン」の可視化が必要になることはおわかりいただけると思う。

一方、ＤＸ推進組織のマネジメントにおいては、開発、運用・保守、推進、ガバナンス、外部パートナーの責任者は、役割・管掌の範囲を最低限明示しておくべきだ。また、デジタル戦略推進機能を牽引（けんいん）するＤＸリーダー人材に、形だけではない権限委譲を約束することも経営トップの役割である。形だけのＤＸ推進機能をつくっても、いつまでもトップダウンのままでは組織は成長しない。

デジタル戦略推進機能の活動については定期的に取締役会、もしくは経営陣が集うミーティングで情報を共有し、意思決定層におけるDXの理解を深めることも重要である。

3 DX人材とリーダーシップ

経済産業省が二〇二二年九月に改訂した「デジタルガバナンス・コード2・0」によると、「組織づくり・人材・企業文化に関する方策」について、次のように記述している。

> 企業は、デジタル技術を活用する戦略の推進に必要な体制を構築するとともに、組織設計・運営の在り方について、ステークホルダーに示していくべきである。その際、人材の育成・確保や外部組織との関係構築・協業も、重要な要素として捉えるべきである。

そして経済産業省とIPAは同年一二月に、個人の学習や企業の人材育成・採用の指針である「デジタルスキル標準（DSS）」を発表。第1章で述べたように、経営トップも含めたすべてのビジネスパーソンが身に付けるべき能力・スキルである「DXリテラシー標準」と、DXを推進する人材の役割や習得すべきスキル標準である「DX推進スキル標準」にスキル体系

図表3-4 DX推進人材の類型

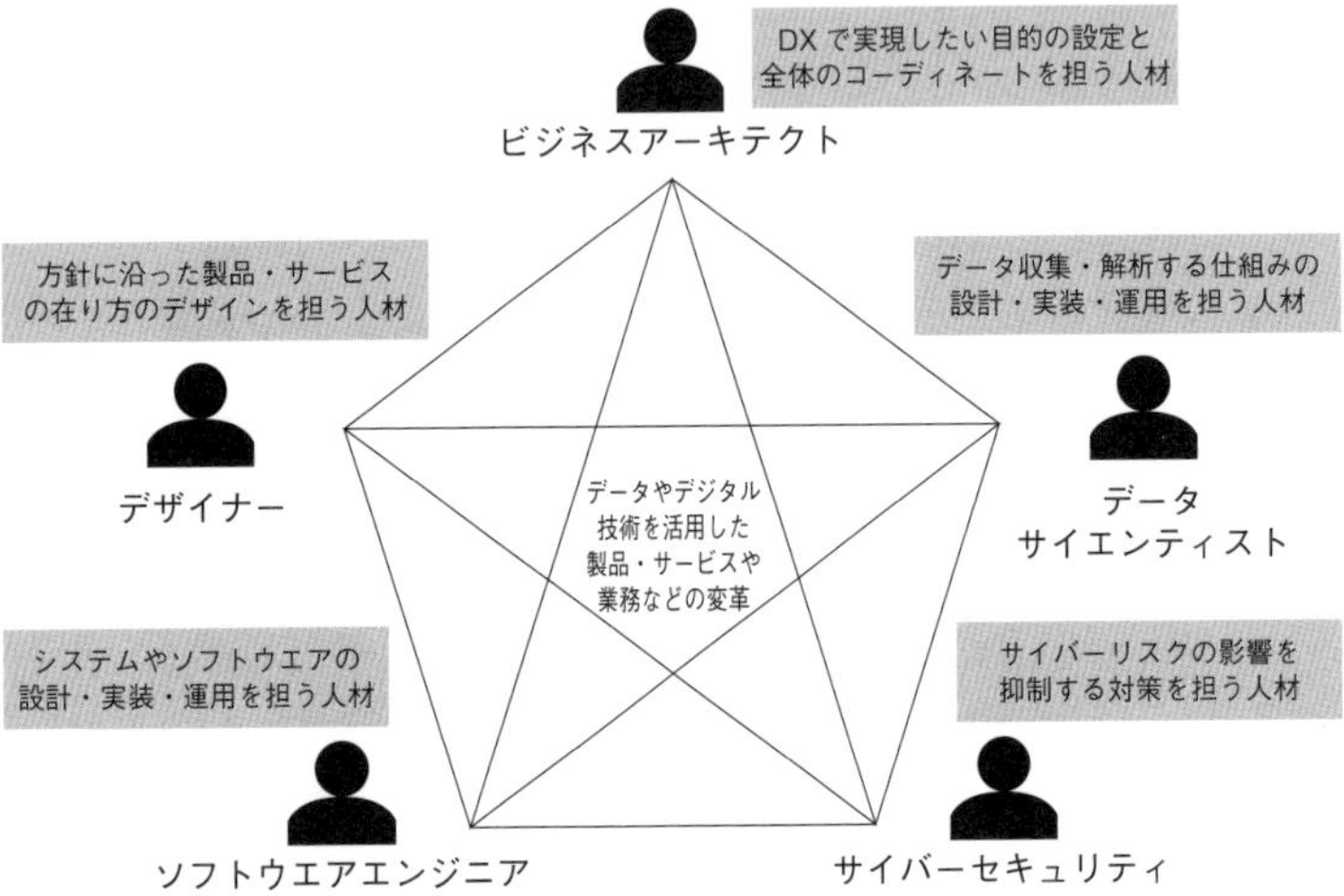

出所：経済産業省「DX推進スキル標準」（2022年12月）をもとにTCG加工・作成

が大別されることとなった。

「DXリテラシー標準」が、DXを自分事として捉え、変革に向けて行動できるようになるというデジタルの基本、きっかけづくり的要素であるのに対し、「DX推進スキル標準」は、DXを推進する人材の役割や習得すべき知識・スキルを示し、それらを育成の仕組みに結び付けることで、リスキリングの促進、実践的な学びの場の創出、能力・スキルの見える化を実現することを狙いとしている。前者が全社員対象、後者が特定のプロジェクトメンバーに求められるスキルと換言することもできる。

DX推進スキル標準では、DX推進人材について「ビジネスアーキテクト」「デザイナー」「データサイエンティスト」「ソフトウエアエンジニア」「サイバーセキュリティ」という五つの類型に分けて定義している【図表3‐4】。

これら五つの類型は、企業や組織がDXを推進していく上で必要な主な人材を定義付けたものである。もちろん、企業や組織の状況、プロジェクトの性質、また時代の変化などによって機能や役割は異なってくるため、必ずしもこれらの定義に準拠する必要はない。重要なことは、戦略設計、アクションプランデザイン、データ解析および新たな知見の創出、ソフトウエア最適化、セキュリティーマネジメントといった人材類型に即した機能を、「社内外のリソースでデザインすること」である。五つの機能の一つが欠けている場合、そこに綻びが生じている危険性が高い。

ここでは、五つの類型のなかで「ビジネスアーキテクト」に着目し、そのリーダーシップについて考察する。

ビジネスアーキテクトに期待される役割として、DX推進スキル標準では「デジタルを活用したビジネスを設計し、一貫した取組みの推進を通じて、設計したビジネスの実現に責任を持つ」「関係者をコーディネートし、関係者間の協働関係の構築をリードする」と定義している。ただ、同標準では個別の製品・サービスや業務単位でのDXを想定し、全社的なDX推進の組織づくりや人材育成までは定義していない。したがって本書では、そうした全社のDX推進リーダーシップを発揮する人材について「DXリーダー」と定義し、その役割を掘り下げていく。

図表3-5 DXリーダーに求められる役割（一部）

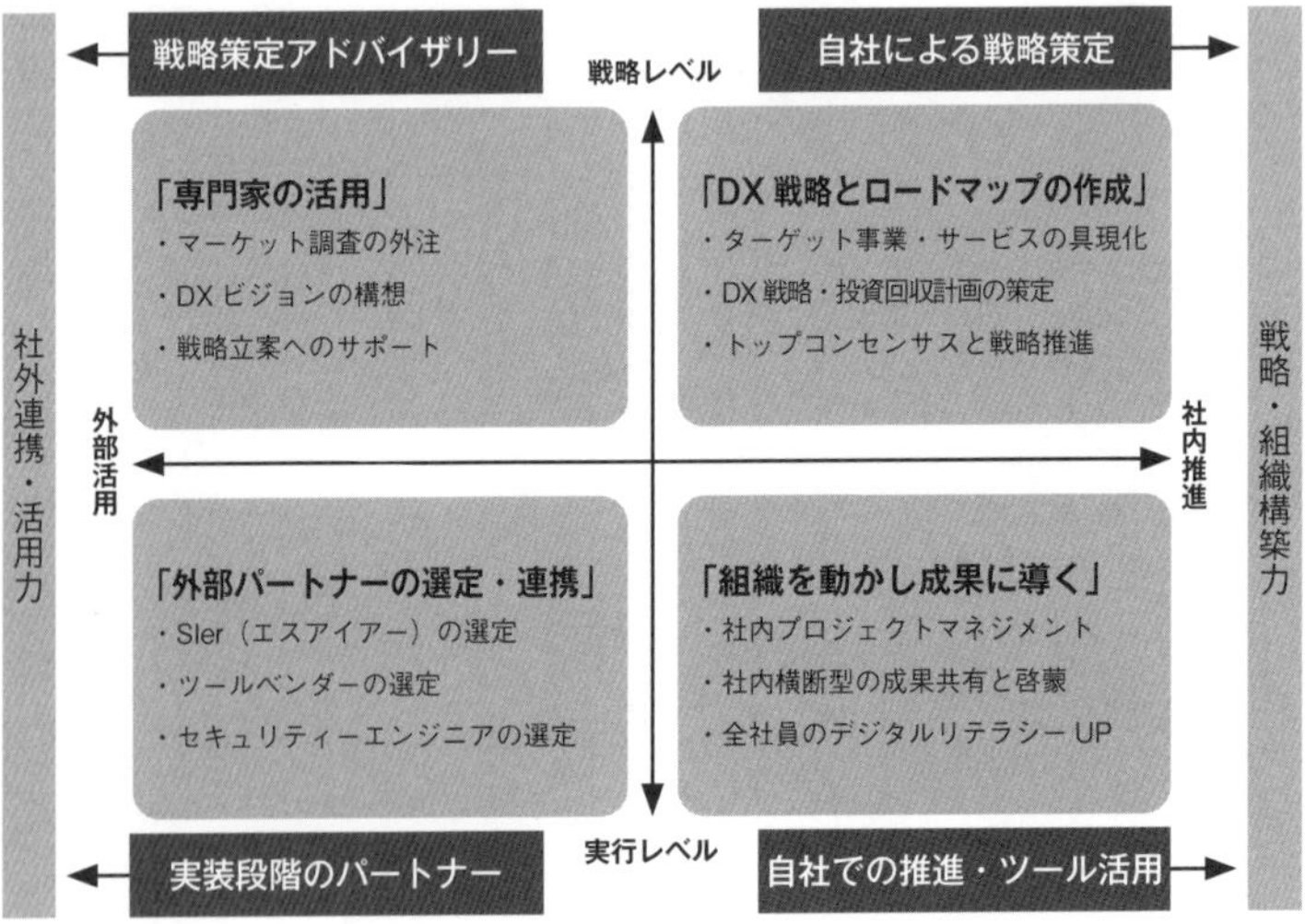

ＤＸリーダーが具備すべき条件としては、大きく「戦略・組織構築力」と「社外連携・活用力」の二点である【図表３-５】。

まず、図の右上の象限である「自社による戦略策定」においては、対象となる事業・サービス、業務などを明確にし、デジタル技術によりその課題解決を図るロードマップと体制、投資回収計画を立案する。また、重要なのはトップコンセンサスだ。中期的に大きな投資が発生する場合、その投資判断の必要性と回収計画の蓋然性、役員陣の協力体制、プロジェクトへの裁量など、経営判断に関わるプレゼンをトップに行う主体は、ＤＸリーダーである。

次に、右下の象限の「自社での推進・ツール活用」である。ＤＸは局所的であってはならない。関係各所に対する社内横断型の啓蒙活動や業務上協力・協働が発生する部門との合意形成、取り組みを通じたDXカルチャーの醸成、デジタルリテラシーの底上げへの貢献など、組織を動かし成果を出すことが期待される。またDX推進プロジェクトのゴール、すなわちKGI・KPIの達成に向けたプロジェクトマネジメント力も求められる。

そして、左上の象限の「戦略策定アドバイザリー」とは、外部のプロフェッショナル人材を自社に取り込む力である。DXビジョンの構想や中期DX戦略の立案、またマーケットの状況や競合会社の調査・分析といった上流工程の専門家を活用する。日本企業は概して上流の戦略機能を内製化する一方、下流の戦術機能では外製化を進めるという使い分けを行う傾向が見られるが、DXに関しては経営陣にとっても未知の部分が大きいだけに、〝脱自前主義〟は欠かせない。社内の知恵にこだわらず社外のプロが持つ知恵も積極的に駆使すべきである。

また、左下の象限の「実装段階のパートナー」とは、社内の情報システム部門や企画機能から導出されたパートナー候補との折衝・交渉・選定・連携に関わる主体という意味である。実装段階でのパートナーは、システム開発を請け負うSIer（エスアイアー＝システムインテグレーター）、ソフトウエア・ハードウエアなどのベンダー、またセキュリティーエンジニアなどである。こうした外部パートナーがバラけるリスクについては「五つの障壁」で触れたが、DXリーダーがそのハブ（つなぎ目）として戦略実行パートナーを選定する体制を組むことで、自社のペースでDXを推進することが可能になる。

DX推進体制について、カルチャー、推進組織の在り方、リーダーが具備すべき条件などについて解説してきた。DXによって実現したい未来像や解決したい課題は企業によって異なるが、これまで培ってきたカルチャー、成果を創出してきた組織、そして社内外の人材リソースもまた、企業によって千差万別である。ぜひ、自社の特性を踏まえたカルチャー、組織体制、そしてDXリーダーの選定・指名をトップマターとして実践いただきたい。

4 DXにおける戦略投資

DXリーダーの重要な役割の一つに「DX投資計画の立案」がある。ただ、DX投資といってもその領域は広い。例えば、戦略的M&A（デジタル系企業の買収など）もDX投資の範疇に入るといえるが、どのレベルを目指すかによって、また投資先の経営状況によって、投資額は一円単位から数千億円以上と幅がある。そのため本章では業種・規模にかかわらず、普遍性が高いと思われる投資対象（情報通信関連のハードウエア、ソフトウエア、コンテンツ、デジタル人件費、開発・オペレーション費、知的財産権など）に限定し、TCGが支援したクライアント企業の実績、およびの外部アンケート結果も勘案したＤＸ投資の考え方とその目安について解説する。ＤＸに関する戦略投資のすべてを包含しているわけではないため、あくまで参考として捉えていただきたい。

(1) 日本企業のＤＸ投資の現状

まず、日本のデジタル分野への投資状況を押さえておきたい。日本の民間企業での情報化投資は一五・五兆円（二〇二一年）。情報化投資のうち六割近くはソフトウエア（受託開発、パッケージソフト）への投資だった（九・一兆円）。また、情報化投資が民間企業設備投資に占める比率は一七・八パーセントと、全体の五分の一近くに上る。

新型コロナウイルス感染症の流行（二〇二〇年）を機に日本企業のデジタルへの投資意欲が高まったのは確かであるが、米国の情報化投資の推移と比べると、日本は大きく見劣りする。米国はほぼ一貫して右肩上がりに伸びているが、日本はそれとは対照的に緩慢な伸びにとどまっており、日米格差は一対七・八（二〇二一年時点）と大きく広がった。この「停滞を続ける日本、成長を続ける米国」という構図は、名目ＧＤＰでも同じ動きをたどっていることに注目してほしい【図表３-６】。バブル経済が崩壊して以降のいわゆる「失われた三〇年」は、日本企業のデジタル投資に対する消極的な姿勢も一因であるといえなくもない。

図表 3-6　日米の情報化投資と名目 GDP の推移

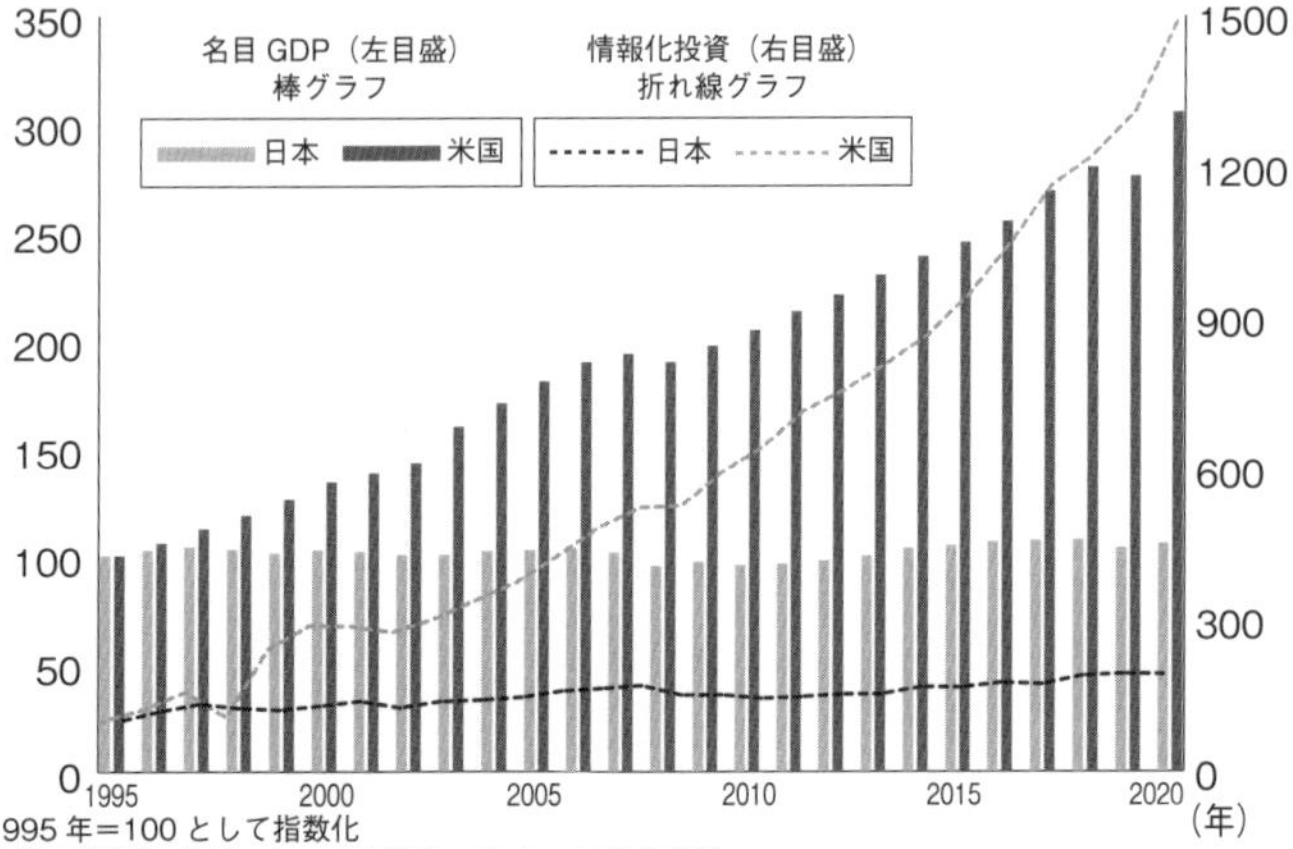

※1995 年＝100 として指数化
※※情報化投資／日本：2015 年価格、米国：2012 年価格
※※※名目 GDP ／日本：円ベース、米国：ドルベース
出所：総務省「情報通信白書」（2023 年版）をもとに TCG 加工・作成

図表 3-7　DX 推進のための予算確保状況

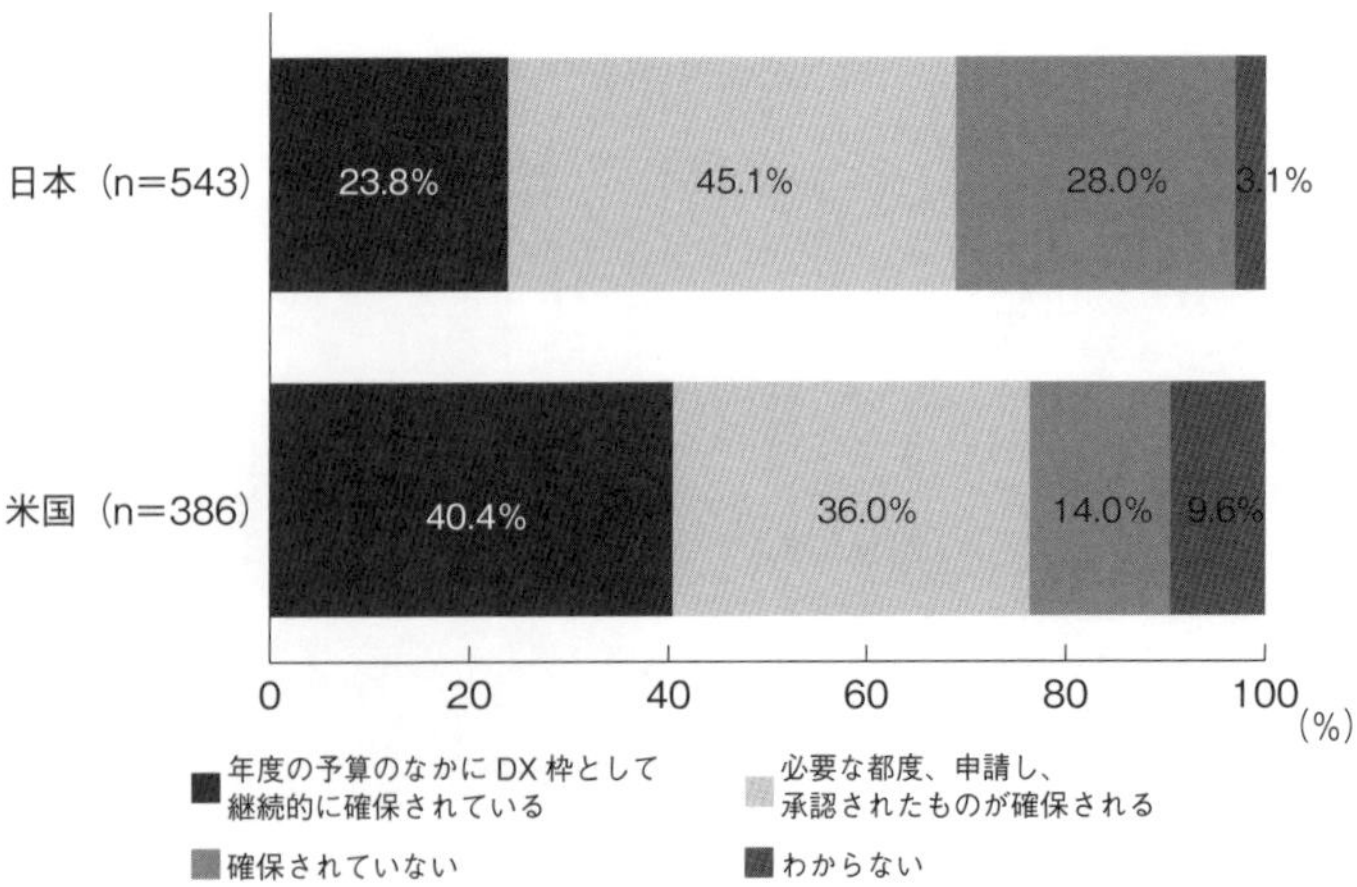

出所：IPA「DX 白書 2023」をもとに TCG 加工・作成

図表 3-8 DXを推進する人材を育成する予算の増減

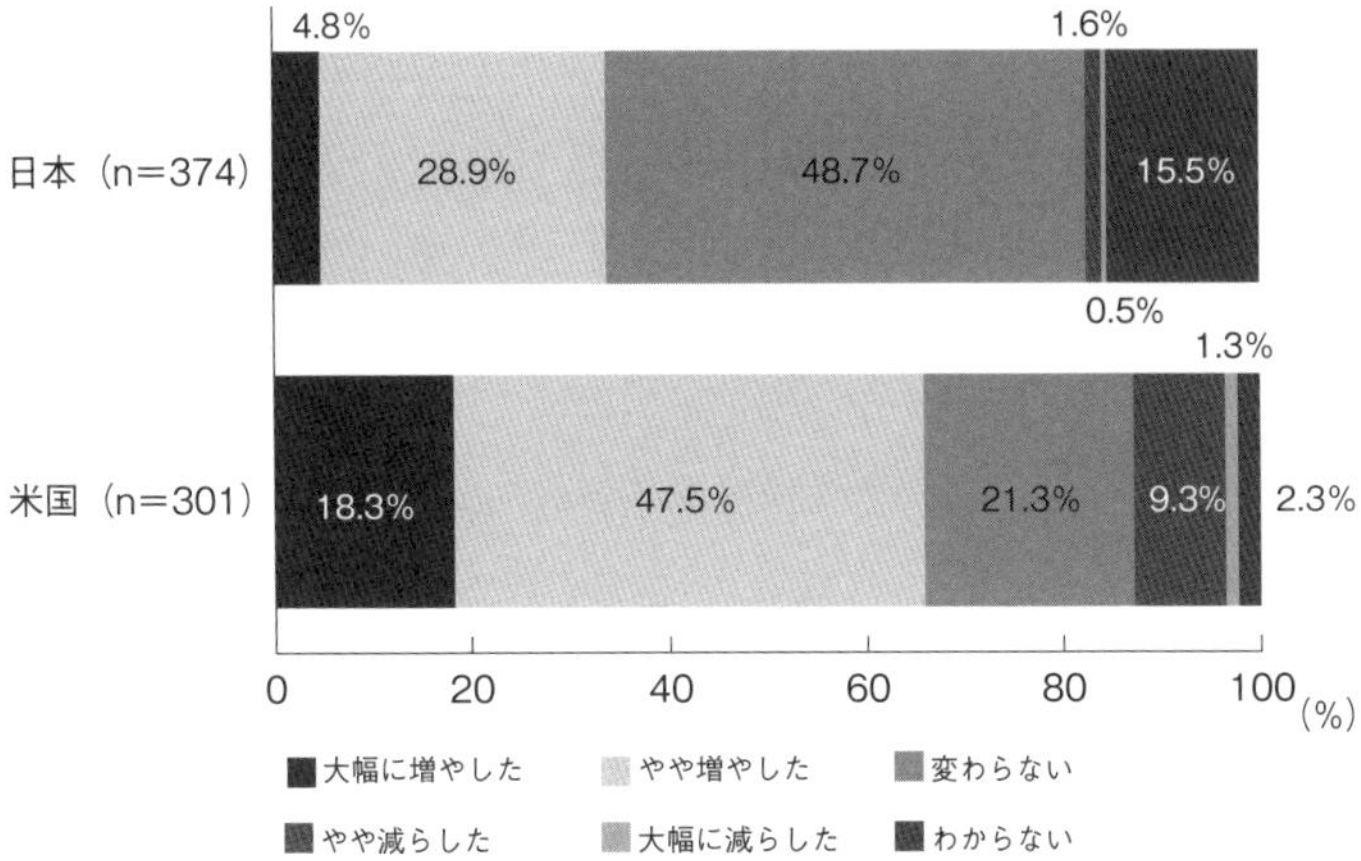

出所：IPA「DX 白書 2023」をもとに TCG 加工・作成

次に、ＩＰＡの「ＤＸ白書２０２３」から日米企業の違いを見てみよう。米国企業は「年度の予算のなかにＤＸ枠として継続的に確保されている」の割合（四〇・四パーセント）が最も高いのに対し、日本企業は「必要な都度、申請し、承認されたものが確保される」の割合（四五・一パーセント）が最も高かった【図表３-７】。

ＤＸは中長期的視点で推進していく必要があるにもかかわらず、日本企業は一過性の取り組みに終わりがちで、米国企業に比べて継続的にＤＸ予算が確保されていない。

さらに、ＤＸを推進する人材の育成予算についても、米国企業は「増やした」（「大幅」＋「やや」の合計）と回答した割合が半数を超えた（六五・八パーセント）一方で、日本企業は育成予算を増やした割合（三三・七パーセント）が米国企業の半分程度に過ぎない。日本企業で最も多い回答は「変わらない」（四八・七パーセント）であった【図表3-8】。

多くの日本企業は「DXには〝戦略〟が必要だ」「DXを推進する人材が足りない」などと課題を認識しているものの、実際の予算配分と執行状況を見ると、米国に比べて短期・非継続的かつ現状維持の傾向が強い。「お金の使い方を見ればその人の本質が見える」というが、日本の経営者はDXが大事だといいながら、危機感を持って変革に取り組む覚悟や本気度が今一つ足りないといわざるを得ない。

(2) DX推進投資サイクル

DX投資と聞くと、システムを導入する際のイニシャルコスト（初期費用）や導入した後の保守・運用にかかるランニングコスト（維持費用）がイメージされる。そして、これらをもとにROI（Return On Investment／投資収益率）やTCO（Total Cost of Ownership／ITシステムの総保有コスト）などから費用対効果を算出して、投資判断を行う企業が多い。また投資に関連する人件費についても、開発時点や運用時点を想定し、固定費と変動費を試算して社内決議を諮っている。

図表3-9 DX推進投資サイクルと内訳のイメージ（割合）

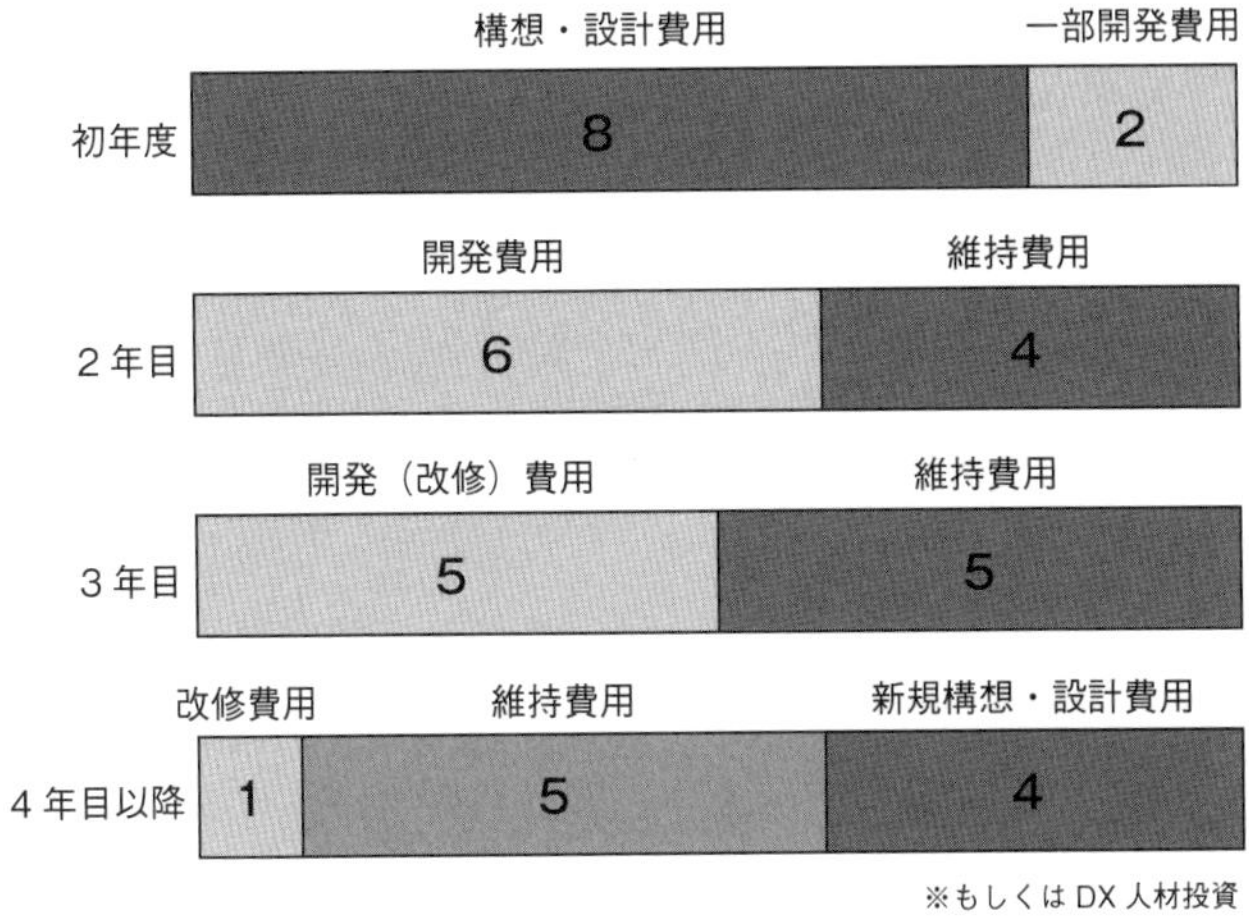

ＤＸ投資において重要なポイントは、「構想・設計段階におけるコスト」と「総投資額」を押さえることにある。**【図表３‐９】**は、タナベコンサルティングがこれまでに手掛けてきたＤＸ実装支援コンサルティングの事例に基づいて試算した、四カ年でのＤＸ投資サイクルである。初年度は検討から構想・設計、二年目が開発と受け入れテストや並行導入と本格導入まで、三年目に実際の運用と保守、四年目には新たなスペック（性能・仕様）の検討を行うというパターンである。

初年度の「ＤＸ元年」では構想・設計にコストがかかる。このサイクルでは数百万円規模の投資を想定しているが、多くの企業ではこの構想・設計段階で発生するコストを考慮していない。ＤＸビジョンや全社のデジタル化（IT化）構想が確立されていない企業の場合は、その設計からスタートするため、初年度にはシステム自体の開発コストが大きく発生せず、外部パートナーのアドバイザリー費用、または開発ベンダーとの要件定義で発生する工数が発生コストの多くを占める。保守・運用を想定したソフトウエアエンジニアの採用などもこの時期に必要となってくる。そして二年目に本格的なシステム開発が始まる。受け入れテストの段階で他のシステムとの互換性やデータ結合などの必要性から、改修費用が発生することが多い。これらの改修コストを三、四年目で徐々に逓減させていきながら実務との親和性を高めていくのが一般的である。

①構想・設計段階におけるコスト

まず初年度の構想・設計段階は大きく二つのフェーズに分かれる。

一つ目のフェーズは、システム開発ベンダーを決めるまでの期間である。DX推進部門メンバー、情報システム部門メンバー、経営企画メンバー、そして関係者らが導入するシステムについて、その目的、効果、現状の業務プロセス上の課題やボトルネックの特定、同業ライバル他社が採用しているシステムとの比較、対象範囲について侃々諤々（かんかんがくがく）の議論をし、複数のベンダーの提案を見比べながら、経営陣へのプレゼン資料を作成して意思決定の獲得までを指す。

二つ目のフェーズは、選定したベンダーと契約を取り交わした後、システム開発の前工程である要件定義・基本設計・詳細設計を行う。導入・開発に至るリードタイムは、そのシステムの規模と投入する人員によって大きく異なるが、特に「システム開発ベンダーを決めるまでの期間」に投入するコストを計算していない企業が多い。通常業務を抱える兼任社員が寄り合い所帯でＤＸ推進を立ち上げるため、「見えないコスト」や「埋没費用」（回収不能なコスト）となりスルーされてしまうのである。

コストの認識がないと、通常業務の合間に行われる副業務であるがゆえ、不十分な検討のままにシステムが導入されやすい。その結果、稼働と同時にたびたび不具合が発生し、その都度処理を行うため継ぎはぎ的なコストが生じ、逐次対応に追われたキーパーソンが過度な負担と疲労で途中離脱、プロジェクトそのものが座礁してしまう——。内製化にこだわるあまり検討時間がかかり、モチベーションが下がるといったケースもよく見られる。開発検討段階もＤＸの重要なフェーズであることを理解し、予算設計、体制側へ配慮することが肝要だ。ＤＸ推進投資の第一ボタンは、構想・設計段階におけるコストをあらかじめ想定しておくことにある。

②総投資額

そしてもう一点は「総予算」である。

総予算とは、あるシステムに関連する投資を、中期目線で網羅的に算出したものだ。前述の

TCO（ハードウエアとソフトウエアの設備投資や運用・保守などにかかる費用総額）に加えて、構想・設計段階におけるコストまで、年次のDX推進体制も含めて進捗を想定しながら算定する。

新築一戸建て住宅でたとえるなら、土地代と建物代以外にも、生活するために必要な家具、外構造園工事費、税金、祭事代（地鎮祭、上棟式など）、各種届け出や申請手続きの手数料などが付帯費用として発生するが、住宅ローンを組む際に土地と建物だけの費用を賄うことしか考えていないと、想定外の諸経費に頭を悩ませ、結果として間取りを小さくしたり、念願のキッチンのグレードを下げたりせざるを得なくなるケースと同じだ。あらかじめ発生するコストを網羅的に想定しておくことが肝要である。

話は少し逸れるが、予算策定に関して、アジャイル開発を許容できない企業のジレンマが昨今増えている。アジャイル開発とは、従来のウオーターフォール開発（全体の設計をあらかじめ固めてから、その計画に即して順次開発していく手法）とは異なり、イテレーション（設計、開発、テスト、改善を短期間で反復する手法）と呼ばれる小単位のサイクルを繰り返しながら開発を進める手法だが、一方で、当初予定した開発予算を超過し、追加予算が発生することもある点がリスクといえる。

新たなテクノロジーの採用に向いており、開発途中での仕様変更に柔軟に対応でき、ユーザビリティーの面からも開発したシステムの満足度が上がることから、経営トップにとっても魅力的な開発手法であるが、「追加予算」の概念が許容されない風土の企業では、採用したくてもできない歯がゆい開発手法である。

いずれにせよ、アジャイル開発では「追加予算枠」の設定が必要となる。キッチンのグレードを落とす選択をするのではなく、システム運用に携わる当事者として増額する可能性を受け入れ、「余白＝追加予算」を織り込んだＤＸ投資ライフサイクルを描くことをおすすめする。

（3）ＤＸ投資の目安

ＴＣＧでは、これまでのコンサルティング実績を踏まえた上でＩＴ投資の目安となる参考指標を試算している。ここでは、そのうち代表的な三つの指標である「売上高ＩＴ予算比率」「ＩＴ予算人件費比率」「総人員ＩＴ部門正社員比率」を取り上げ、ＤＸ投資における基準の一例として解説する**【図表３‐10】**。

なお、業種・業態やＩＴ人材、既存システム、内外製などの状況次第で最適値は異なるため、あくまで参考値として捉えていただきたい。

①売上高ＩＴ予算比率……三パーセント（経常利益ＩＴ予算比率……三〇～四〇パーセント）

売上高の三パーセント相当額をＩＴ投資に充てる。ただ理想をいえば、売上高経常利益率

図表3-10 DX投資指標（参考）

一〇パーセントを確保した上で、その経常利益額の三〇〜四〇パーセントに相当する額をIT投資へ充てることを推奨している。例えば、売上高一〇〇億円かつ経常利益一〇億円の企業であれば、IT予算は三億〜四億円となる。なお、この「IT予算」にどの費用項目まで含めるかについては、企業や業種・業界によっても捉え方が異なる。本書では、ITに関わる人件費やソフトウエア開発費・取得費、ハードウエア調達費、社内デバイス支給費、保守運用サービス費などを含めている。

②IT予算人件費比率……三〇パーセント

IT投資のうち人件費が占める割合であるが、この「人件費」には社内IT部門の正社員の給料だけでなく、社外の人件費（外部委託費用）も含まれる。例えば、初期開発時のコンサルティングフィーやシステム維持・運用サービス費用などが考えられる（IT人件費の社外構成比はDX人材のスキルレベルによるが、TCGでは五〇パーセント程度を想定している）。

③総人員ＩＴ部門正社員比率……三パーセント

従業員数が一千人を超えているにもかかわらず、人材不足や退職などの理由によって社内の情報システム担当者が一人しかいない、いわゆる「ひとり情シス」に陥っている企業が意外に多い。きわめて少人数で社内システムが運用されている状況でありながら、それを放置してＤＸ実装にいくら投資を行っても現場が回るはずはない。情報システム部門（ＩＴ部門）の適正な人員数は、少なくとも総従業員数の三パーセント程度を確保したい。社内のＩＴ人材のスキルレベルにもよるが、従業員数が五〇〇人の企業であれば、ＩＴ部門には一五人程度の正社員が必要となる。

（４）ＩＴ投資の事例（サービス業Ａ社）

サービス業を営むＡ社は、売上高一五〇億円、従業員数五〇〇人の中堅企業である。事業部門は五つのセグメントに分かれており、相互連携しながら専門分野のワンストップソリューションを実現している。Ａ社は五年前に基幹系システムのリプレースを行い、その際に据え置き型の社内サーバーからクラウド環境下での社外サーバー運用に切り替えた。社内の情報システム部門は、リプレース後にその他業務システムの刷新も進め、現在では請求書、電子契約、予実管理、出張旅費精算、入出金管理についてはすべてペーパーレスに移行。その他会議システム、グループチャット、プロジェクトマネジメントツールもひと通り整備し、商談での活用度は高い。先述した「DX推進投資サイクルモデル」の三～四年目の段階であり、開発投資の償却と保守・メンテナンスを行っている段階である。

A社では同じく五年前からSaaS（サース）（ソフトウエア・アズ・ア・サービス）モデルのサービスも展開。既存顧客だけでなく、新規顧客も利用対象に含めたサービスを新たに開始した。サービスプラットフォームのユーザビリティー改善、デジタルマーケティング投資を積極的に行っており、自社サービスの課題に即したマーケティング目的のウェブサイトを三サイト開設。広告運用や検索エンジン最適化、MAツールの活用度向上に向け、マーケティング体制そのものの強化も図っている。

そんなA社のIT関連投資額は年間四億五〇〇〇万円である**【図表3-11】**。大分類別での投資状況を見てみると、人件費（構成比二〇パーセント）とほぼ同水準でソフトウエア開発費、同取得費、ハードウエア調達費などが計上されているが、全体的に開発後の段階のシステムへの投資が目立つ（最も投資額が大きい費目は「保守運用サービス費」である）。

先述したIT投資の三つの目安と比較すると、売上高IT予算比率と総人員IT部門正社員比率は「適正値」といえるが、IT予算人件費比率が低い（目安の三〇パーセントに対しA社は二〇パーセント）。この〝人件費〟には外注費やコンサルティングフィーなど社外に支払うも

図表 3-11 サービス業A社におけるＩＴ関連投資状況（年間）

大分類	内訳	費用	構成比
人件費	情報システム系部門の人件費、新規システム関連メンバーの人件費、デジタルマーケティング実務人件費など	9000 万円	20.0%
ソフトウエア開発費	SaaS モデルのプラットフォーム開発償却費、新規 Web サイト制作費、データ分析ツール開発費など	7500 万円	16.7%
ソフトウエア取得費	業務システムライセンス、事業部門における業務改善ツール利用料など	8000 万円	17.8%
ハードウエア調達費	ネットワーク費、データセンター費、クラウドサーバー使用料、システム環境、ネットワーク構築系償却費など	7500 万円	16.7%
社内デバイス支給費	従業員貸与のパソコン、モバイル端末など	3000 万円	6.7%
保守運用サービス費	開発システムの保守・運用、Web サイトリニューアル、サイト運用費用など	1 億円	22.2%
総合計		4 億 5000 万円	100.0%

IT 投資関連 KPI	目安	A 社の実績
売上高 IT 予算比率	3.0%	3.0%
IT 予算人件費比率	30.0%	20.0%
総人員 IT 部門正社員比率	3.0%	3.0%

のも含まれる。ＩＴ予算に占める人件費の割合が低いということは、Ａ社は現有戦力（社内リソース）でシステム運用、推進の大半をカバーしようとしていることがうかがえる。したがって、今後は外部リソースの活用がＡ社の課題と考えられる。このようにＩＴ投資関連ＫＰＩを目安として活用し、自社の実態を定点観測することで次年度の予算編成時などに役立てるとよいだろう。

第4章

DXビジョンと解決ステップ——DXで何を実現するか

1 MVVと連動したDXビジョンの考え方

DXは、「自社は何のためにデジタル化を進めるのか」「DXによって自社は何を目指すのか」という問いを立て、そのゴールを示す「DXビジョン」を策定し、そこに至るまでのストーリー（ロードマップ）を具体的に描くことが重要である。

ただ、DXビジョンを策定するといっても、何をどうすればよいか見当もつかないという経営者が意外に多い。今のデジタル社会の進展すら予測できていないのに、デジタル化した自社の未来像を描くことなど無理というわけだ。DXビジョンをSF小説のような現実味のない絵空事として捉えている。しかし、勘違いをしてはいけない。DXビジョンは目的であって、〝予測〟や〝空想〟ではないということである。「こんなことができたらいいな」「いつかはそうなればいいな」ではなく、「こんなことをやりたい」「いつまでにこうなりたい」と決め、それを具現化するにはどのようなデジタル技術が必要かを考えることである。

したがって、DXビジョンは自社のMVV（ミッション・ビジョン・バリュー）と連動させる必要がある【図表4-1】。言い換えれば、MVVとつながらないDXビジョンは、ビジョンではなく〝ディルージョン〟（妄想）に過ぎない。

図表 4-1 DXビジョン体系図（イメージ）

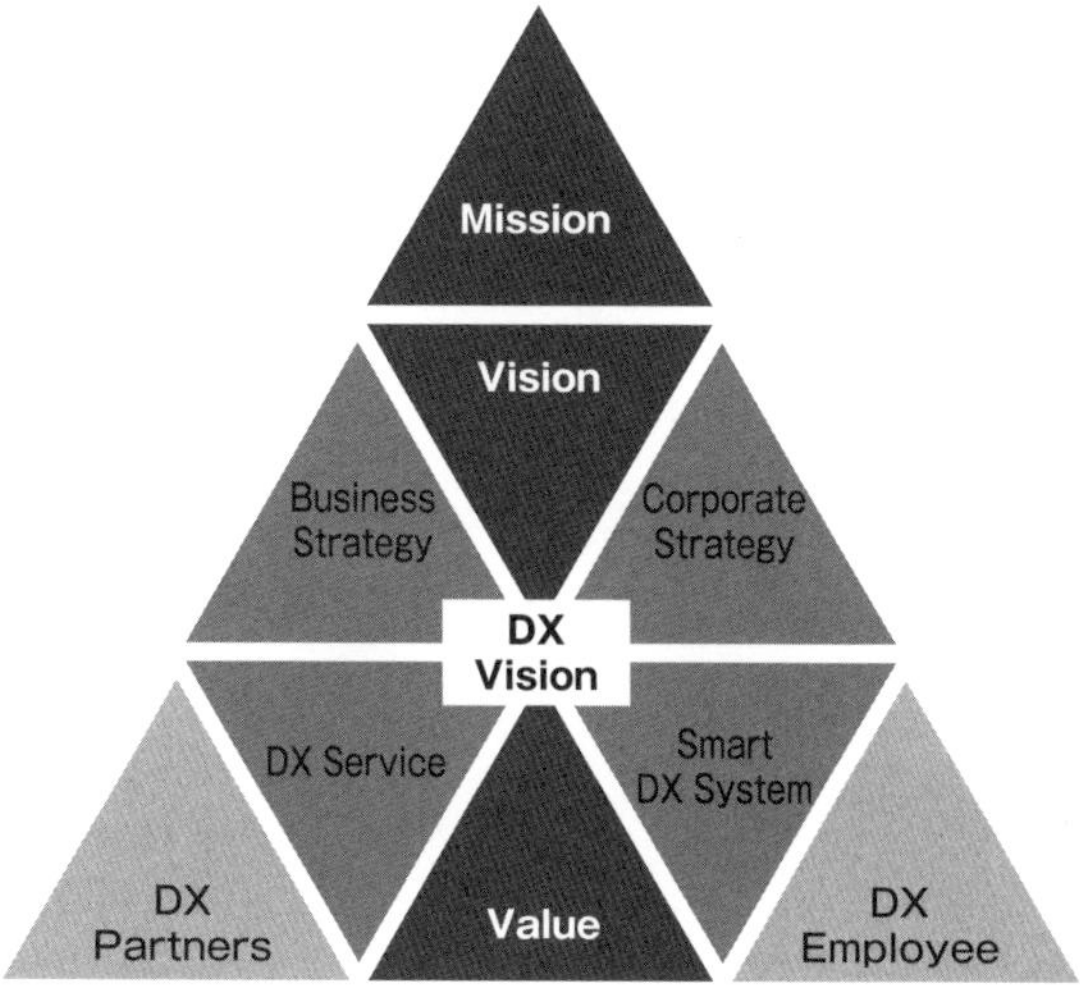

成長企業の原理原則は「経営理念から社員の行動レベルまで首尾一貫している」ことだ。その手段となるものがMVVである。ミッション（使命）とは、自社が社会に対して果たすべきこと、達成すべきことを示し、「どのように」社会を変え、「何で」貢献し続けるのかを表明するものである。またビジョン（ありたい姿）とは、達成したいと願う自社の未来像や社員の夢を示し、人々を巻き込む「力」となるとともに「私たちらしさ」を表現するものとなる。ミッションの具現化に向け、中期的（三～五年）に自社はどのような姿でありたいか。計画値や組織図、事業規模などのイメージを社員全員と共有して達成を目指す。ミッションが理想的なゴールであるのに対し、ビジョンはそこに近づくための現

実的なゴールとなる。そしてバリュー（価値観）とは、ミッションとビジョンを実現するため優先すべき価値基準や行動規範を表現したものである。

あくまでDXはミッションとビジョンを実現するための手段であり、バリューに沿って正しく運用されなければならない。なぜデジタル化が必要なのか（ミッション）、どのようなデジタル化を実現したいのか（ビジョン）、いかにデジタル化を実行するのか（バリュー）。このDXビジョンを言語化・明文化したものが「DXビジョンステートメント」である。

DXビジョンステートメントは、全社員にとって将来に実現を目指す共通目標であると同時に、経営者にとっては戦略的な意思決定の指針となる。

2 DXビジョンの具体化に向けたステップ

(1) 経営のバックボーン（どのように進めるべきか）

DXの最初のステップは、第一ボタンとなる「目的」について経営者自らが覚悟を持って描くことだ。DXは、経営トップを起点として始めるものであり、現場の要請に従ったり、声が大きな人の意見に流されたりして始めるものではない。

ＴＣＧでは、これを「経営のバックボーン」という概念で整理している【図表４‐２】。デジタルを経営戦略・事業戦略とひも付けるためには、このバックボーンの上位概念である中長期ビジョンにＤＸビジョンを設定し、三カ年計画で実装していく。

ミッション、ビジョンに基づいたＤＸビジョンを設定し、それを起点にＩＴ化構想（業務フローやシステム構築）を立て、迅速・精緻かつ効率よく得られた情報をもとに分析、判断して実行する。なお、ＴＣＧでは、ＤＸビジョンとＩＴ化構想を合わせて「（広義の）ＤＸ戦略」と定義している。

ＤＸビジョンは自社におけるＤＸの在り方を定義したものだが、実際のところ「〇〇事業でデジタル技術を活用していくための検討を始める」程度の、いわゆる〝頭出し〟（事前の情報共有）レベルにとどまっているケースが多いのではないだろうか。もちろん、プログラミング設計を行うための要件定義まで設定する必要はないが、「どのように」デジタル技術を活用するのかというところまでは煮詰めておく必要がある。

とはいえ、ＤＸビジョンでどこまで定義化するのかについては、なかなか明確な線引きが難しいところではある。少なくとも、経営理念の具現化やＭＶＶの達成に必要な「情報」は「何か」、その情報をどのように「収集」「蓄積」「活用」するかを、プライオリティー（優先順位）

図表 4-2 経営のバックボーン

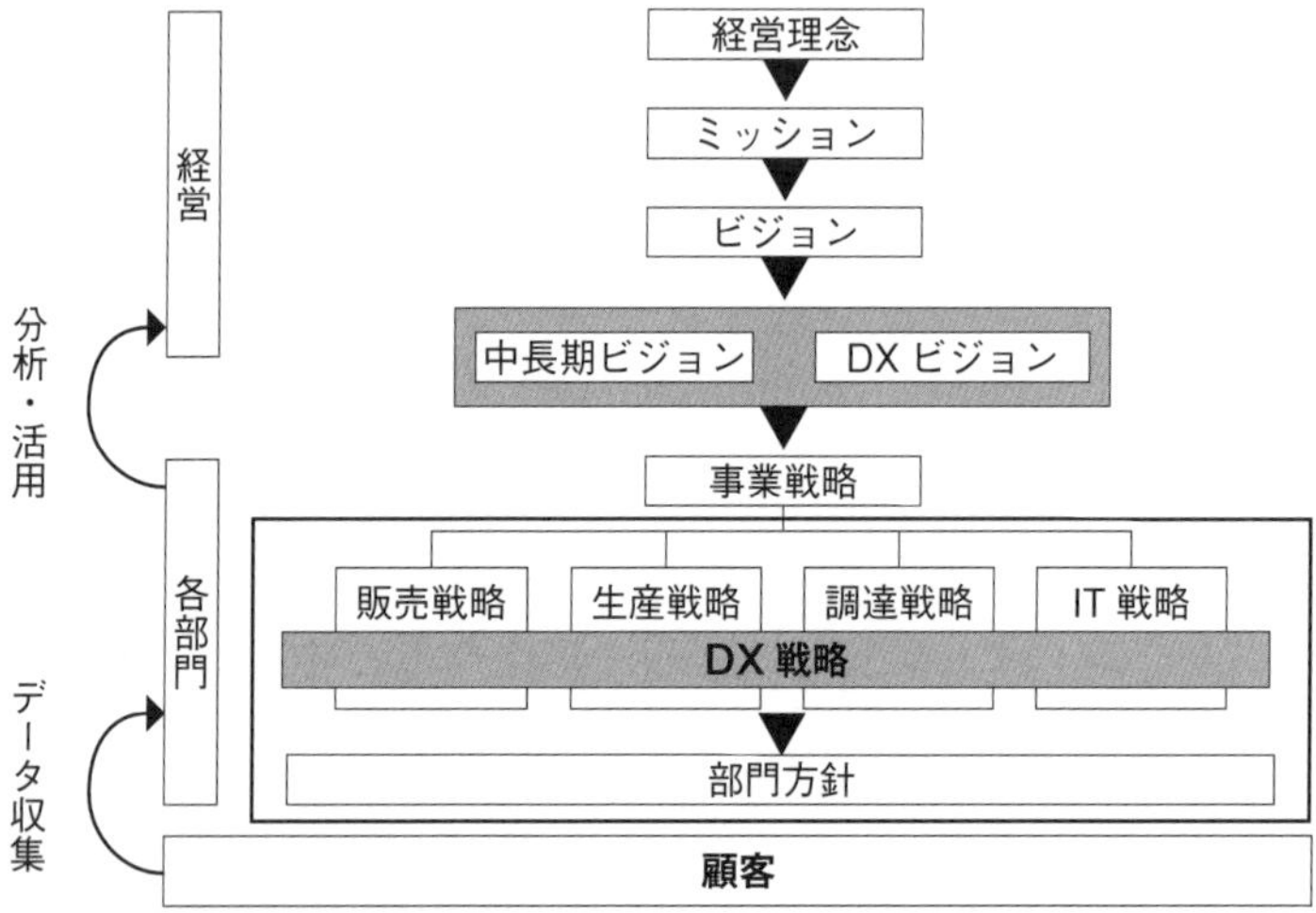

図表 4-3 システム開発の V 字モデル

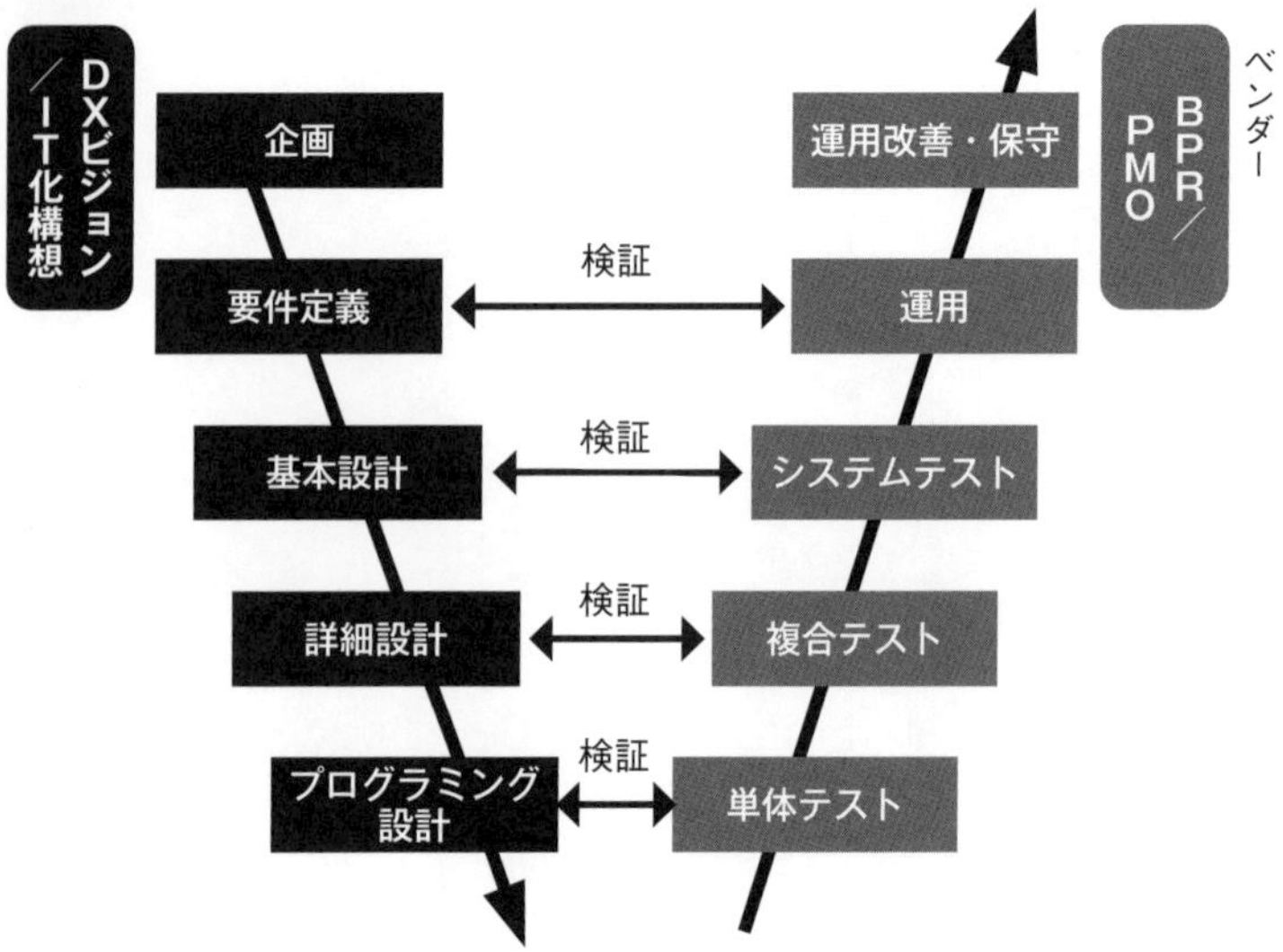

を付けて明確にするところまでは必要であろう。

ここで、システム開発の「V字モデル」を紹介しよう【図表４-３】。システムの開発・導入は企画から始まり、要件定義、基本設計、ITベンダーとともに行う詳細設計、ITベンダーに委託するプログラミング設計、そして各種テストを経て、ようやく運用が開始される。DXビジョンやIT化構想（狭義のDX戦略）の設計は、システム開発・導入の過程において非常に大切な工程の一つであるといえる。

一般的なDXの進め方としては、「業務の可視化（＝見える化）」から着手することが多い。次に、帳票や請求書など紙ベースのものをデジタルデータに置き換えるといった、特定業務やアナログデータの部分的なデジタル化（デジタイゼーション）を行う。そして業務プロセス全体をデジタル化（＝デジタライゼーション：電話やファクスで行っている受発注業務をクラウドシステムに移行するなど）して、最後に事業やビジネスモデルの変革を含めたDXへ発展させていく【図表４-４】。このようなステップが示されているのをよく目にする。

しかし、このステップの上流について根本的な議論をしないと意味がない。つまり、DXの目的を決め、それを達成するために必要な情報を明確にし、活用の道筋を描くことである。これがない限り、デジタルという手段でどれだけ効率的に情報を得たとしても、目的の達成に活用されない情報は無価値であり、収集するという行動自体が無駄になってしまう。

図表 4-4 DXのフレームワーク

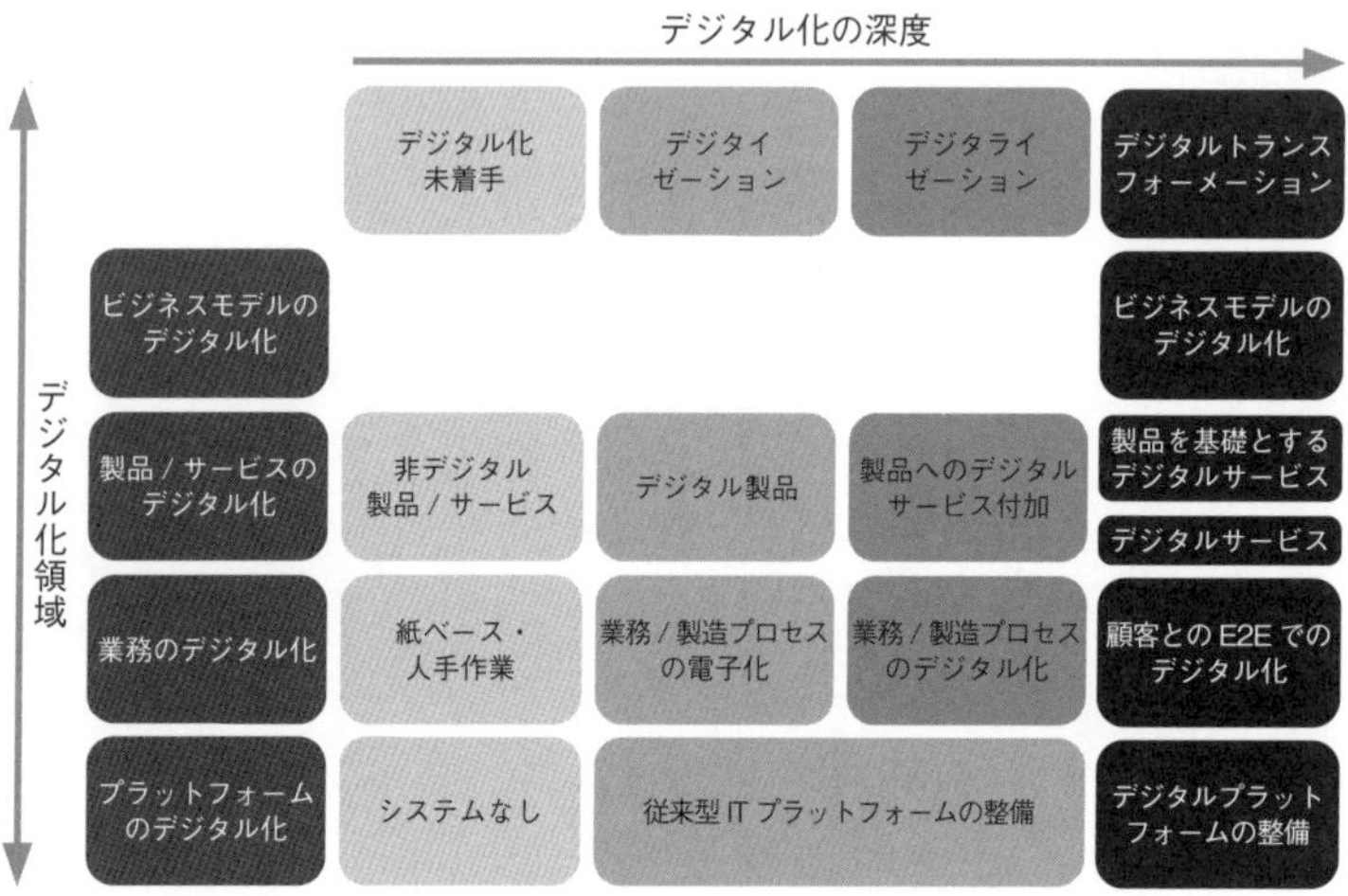

出所：内閣府「経済財政白書」（2021年版）

経営者が描く全社戦略、事業責任者が描く部門戦略、そして現場担当者が描く機能別戦略。それぞれのフェーズごとに必要とされる情報は異なる。例えば、経営者が欲しい情報は会社の財務状況や内外の経済情勢、業界の動向といった経営判断に資する情報である。対して事業責任者は、管掌部門の業績推移や現場の稼働状況など、事業運営に関する情報が欲しい。また現場の各担当者は、部門や自身の業績向上に必要な顧客情報や案件情報が必要となる。

階層別や職務別によって異なる重点情報を明確に区分する必要はあるが、情報を用いて何を達成するのかという目的そのものについては、全社戦略から機能別戦略まで共通している必要がある。情報が特定の個人の頭のなかにだけあると、業務が属人化して負担が増したり、イノベーションが起きづらい環境になったりしてしまうからだ。だからこそ、全社共通の目的を達成するための情報の可視化と、方針・目標・計画の連鎖が必要なのである。

（2）外部環境分析（デジタルトレンドを理解する）

一九九〇年代初めにインターネットが商用化され、ビジネスモデルのデジタル化が急激に進んだ。そして二〇〇〇年代後半以降、スマートフォン（スマホ）の普及やＡＩの進展によってデジタル化は新たなフェーズに入った。

前者のデジタル化を一周目、後者を二周目と見た場合、一周目の変化に対応が遅れた企業はその後に撤退や苦戦を余儀なくされ、一周目で成功した企業も二周目以降に新興企業の登場で事業継続が困難となるケースが多い。この現象を「デジタル化の二周目問題」と呼ぶ。早稲田大学名誉教授の根来龍之氏によると、二周目以後のデジタル化では業界を超えた代替が進む「汎用品化」によって既存事業が脅かされるという。

この典型事例がカメラ業界である。従来の主流だったアナログカメラ（銀塩カメラ）が、一九九〇年代後半に登場した電機メーカーのデジタルカメラ（デジカメ）によってシェアを奪われた。銀塩カメラのメーカーはデジカメ市場に参入したものの、一部を除き撤退を余儀なく

図表 4-5 デジタル化の２周目問題（カメラ）

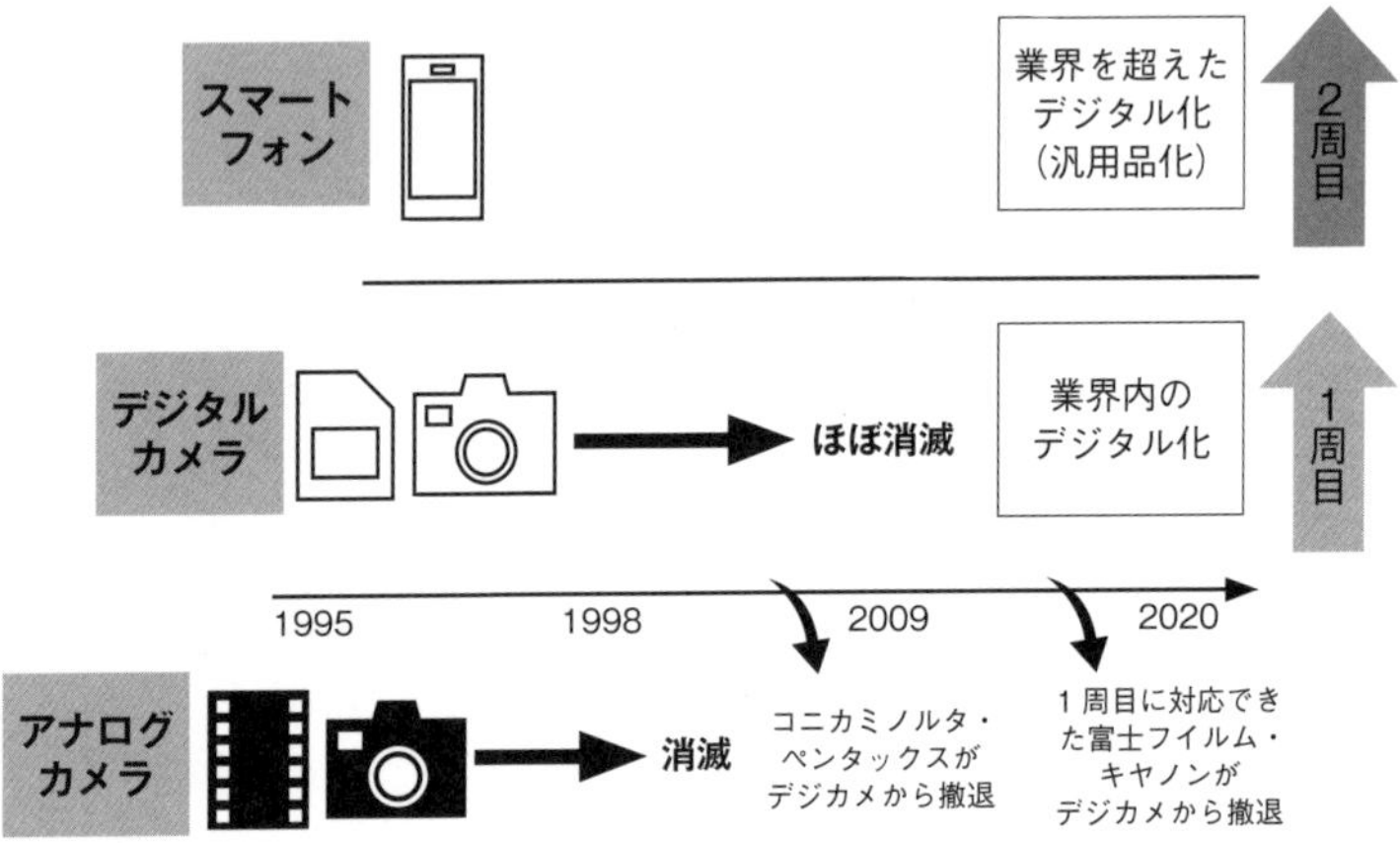

出所：根来龍之・早川愛，早稲田大学 IT 戦略研究所，ワーキングペーパーシリーズ No.69「デジタル化の二周目問題～問題の構造と〈検索・予約〉ビジネスでの深堀り～」（2023 年 3 月）をもとに TCG 加工・作成

された。しかし、異業種であるコンピュータメーカーのアップルが二〇〇七年にスマホの「iPhone（アイフォーン）」を発売すると急速に普及が進み、スマホがデジカメを代替するようになった。一周目（デジカメ化）で成功した電機メーカーも二周目のスマホ化には対応できず、多くの企業がデジカメから撤退した。その結果、カメラは一部の愛好家を除き、電話兼モバイルコンピューターであるスマホの汎用品となった。国内電機メーカーも相次いでスマホ市場に参入したものの、現在（二〇二三年）はソニーとシャープを除いて撤退した**【図表４-５】**。

経済産業省が二〇一八年に「ＤＸレポート」の初版を公表して以降、「ＤＸレポート２」（二〇二〇年公表）、「ＤＸレポート２・

図表 4-6　デジタルディスラプションの影響はいつ頃発生すると予想しているか

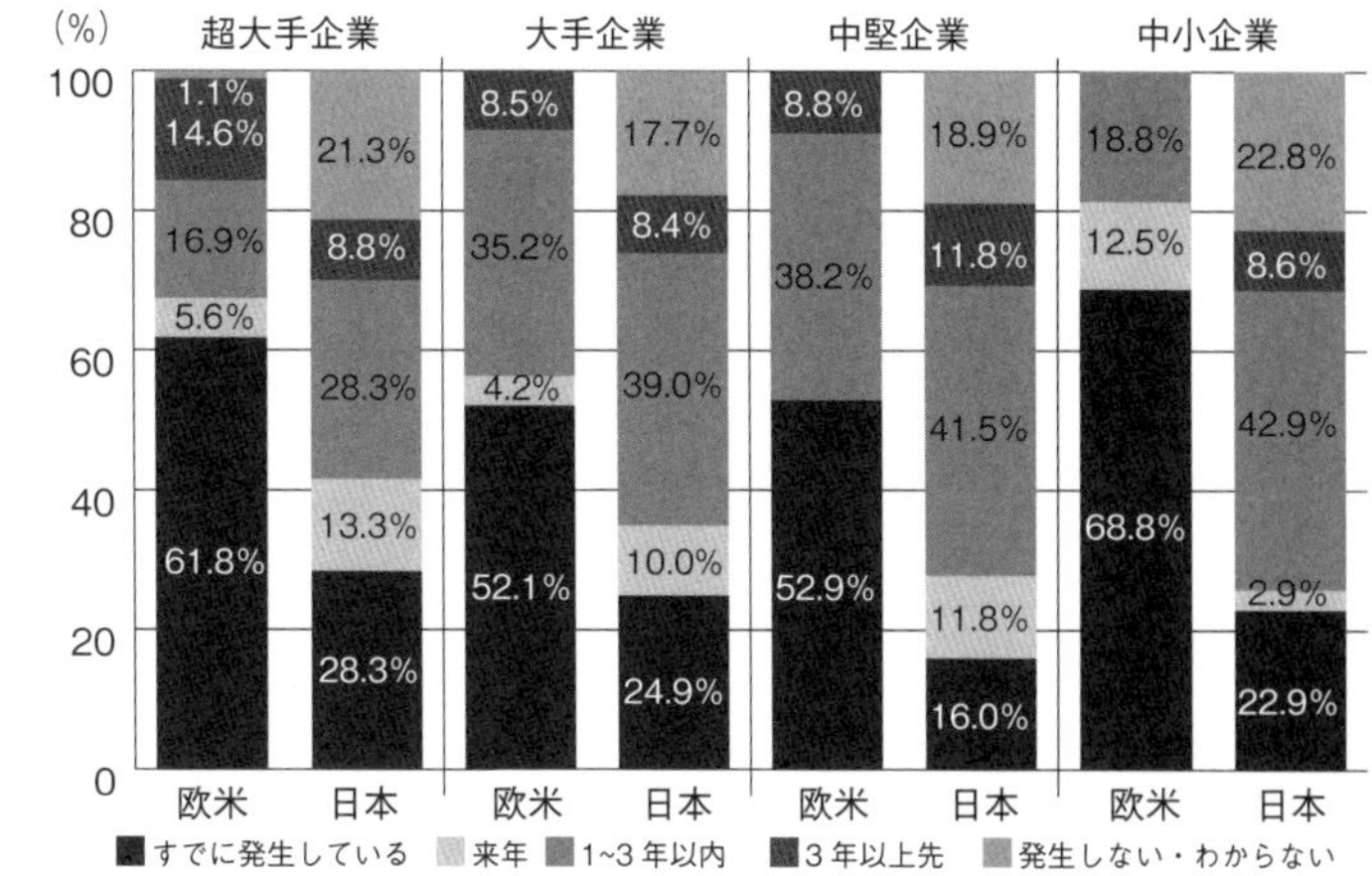

出所：IMD/NTT データ経営研究所「DIGITAL VORTEX2023（日本版）」をもとに TCG 加工・作成

1」（二〇二一年公表）、「DXレポート2・2」（二〇二二年公表）と改訂版・追補版を重ねており、初版をDXの一周目とすれば、「2」以降は二周目と見ることができる。その間、クルーズ船ダイヤモンド・プリンセス号の横浜寄港に始まった「コロナ禍」という〝黒船来航〟を経て、日本企業のデジタル化に対する見方は大きく変わった。「社員が出勤できない」「顧客を訪問できない」という緊急事態と直面し、やむなく〝デジタル鎖国〟から開国に踏み出す企業が増えた。今や、どの職場でも大なり小なりDXへの取り組みが行われているが、一方で〝DXの二周目問題〟と直面し、成果を上げる企業と失敗する企業の二極化が進んでいることも事実である。

この二周目問題に対しては、新たなデジタ

ル技術の登場により既存市場や製品・サービスが破壊される「デジタルディスラプション」の動きにいち早く気付けることが重要である。その上で追随するか対抗するか、撤退するかの打ち手を講じていく。異業種が仕掛けるデジタル変革の渦（「デジタルボルテックス」と呼ばれる）に巻き込まれると、自社や業界そのものがバラバラに解体されかねない。

ただ、日本企業は欧米企業に比べ、デジタルディスラプションに対する感度が鈍いようだ。IMDとNTTデータ経営研究所が共同でまとめた報告書によると、デジタルディスラプションの影響がいつ頃発生すると予想しているかという問いに対し、「すでに発生している」と回答した割合が欧米企業は半数を超えた一方、日本企業は三割にも満たない。また日本企業は欧米企業に比べ、「発生しない・わからない」と答えた割合が非常に高い【図表4-6】。

デジタルディスラプションは「いつ起きるのか」という段階ではなく、「もう起きている」と見るべきである。したがって、自社を取り巻く外部環境の現状認識を絶えず実施し、デジタルトレンドをつかむことが持続的成長への道となる。

(3) 内部環境分析（デジタル活用レベルを把握する）

グロースX社による調査（二〇二三年六月）で、大企業（従業員数一〇〇〇人以上）の経営者・役員に現在推進中のDXについて社内評価を聞いたところ、「成功と見られている」が約五割

（四七・一パーセント）、「失敗と見られている」が約二割（二二・一パーセント）、「評価自体されていない（「わからない」を含む）」が約三割（三〇・八パーセント）となり、成功と不成功で二極化していた。ＤＸ推進のハードルとなっている要因について（複数回答）は、「人材教育が十分にできていない」（五一・九パーセント）、「ＤＸに精通した人材の採用に苦戦している」（三六・五パーセント）、「推進人材を評価する基準がない」（三二・七パーセント）など、ほとんどが人に起因するものだった。

またＩＰＡの「ＤＸ白書２０２３」によると、ＤＸ人材育成に対する会社の姿勢で日米の企業格差が大きい。ＤＸ人材の育成について「支援はしていない（個人に任せている）」と回答した割合が、米国企業は三・七パーセントだったのに対し、日本企業は二〇・五パーセントと五倍以上だった。「ＤＸを推進する人材がいない」「教育もできていない」などといいながら、ＤＸ推進人材の育成を個人任せにしている会社が多い。具体的なＤＸ人材の育成方法を見ると、日本企業は米国企業に比べ全体的に会社として実施している割合がきわだって低い**【図表４‐７】**。

外部のデジタルディスラプションの動きに気付いたとしても、社内の人材や組織がそれに対応できなければ話にならない。したがって、外部だけでなく社内の環境分析についても把握しておく必要がある。

経済産業省は二〇一九年、企業がＤＸを推進する上で自社の課題を自己診断するためのツー

図表4-7 DXを推進する人材の育成方法（抜粋）

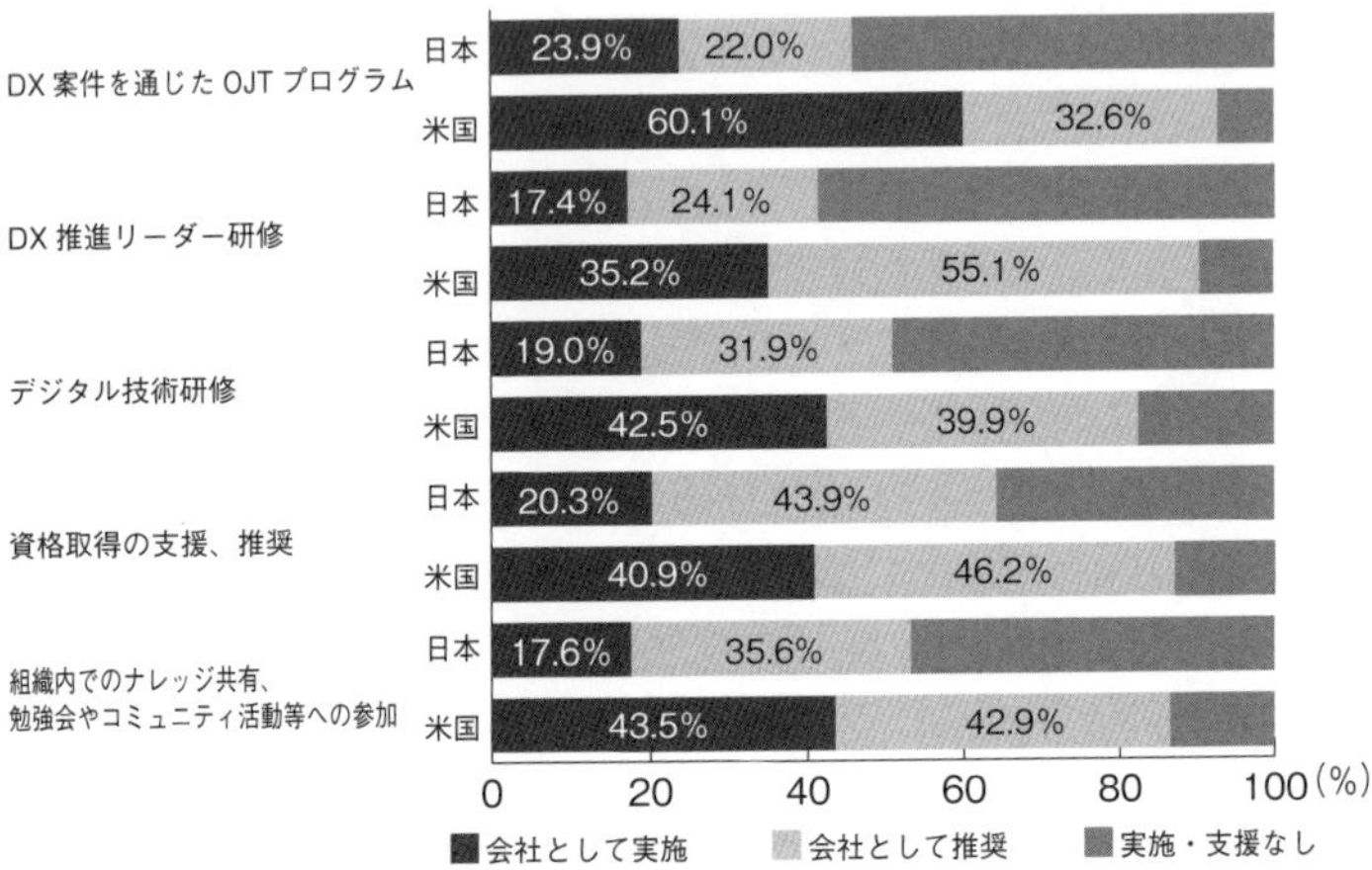

出所：IPA「DX白書2023」をもとにTCG加工・作成

ルとして「DX推進指標」を公表した。これは経営の仕組みやITシステムの構築などに関する三五項目の定性指標をもとに、六段階（0～5）で成熟度を評価するものである**【図表4-8】**。いわば、自社のDXの現状を認識するための〝体重計〟の役割を果たすものだ。

企業のDX推進指標の自己診断結果についてIPAが分析したレポート（二〇二二年版）によると、DX先行企業（現在値の平均が「レベル3以上」の企業）の割合は七・一パーセント。一方、レベル3未満の企業は九二・九パーセントに上り、DXを推進できるレベルに達していない企業が九割以上も占めている。ただ、先行企業（二八一社）の内訳を見ると、従業員数一〇〇人未満の中小企業が一八八社と前年（一七社）を大きく上回り、先行企業の

図表4-8 DX推進指標

成熟度レベル		特性
レベル0	未着手	経営者は無関心か、関心があっても具体的な取組に至っていない
レベル1	一部での散発的実施	全社戦略が明確でない中、部門単位での試行・実施にとどまっている (例)PoCの実施において、トップの号令があったとしても、全社的な仕組みがない場合は、ただ単に失敗を繰り返すだけになってしまい、失敗から学ぶことができなくなる。
レベル2	一部での戦略的実施	全社戦略に基づく一部の部門での推進
レベル3	全社戦略に基づく部門横断的推進	全社戦略に基づく部門横断的推進 全社的な取組となっていることが望ましいが、必ずしも全社で画一的な仕組みとすることを指しているわけではなく、仕組みが明確化され部門横断的に実践されていることを指す。
レベル4	全社戦略に基づく持続的実施	定量的な指標などによる持続的な実施 持続的な実施には、同じ組織、やり方を定着させていくということ以外に、判断が誤っていた場合に積極的に組織、やり方を変えることで、継続的に改善していくということも含まれる。
レベル5	グローバル市場におけるデジタル企業	デジタル企業として、グローバル競争を勝ち抜くことのできるレベル レベル4における特性を満たした上で、グローバル市場でも存在感を発揮し、競争上の優位性を確立している。

出所：経済産業省「DX推進指標（サマリー）」(2019年7月)

約六割（六六・九パーセント）を占めた。逆に、従業員数三〇〇〇人以上の大企業は四八社（一七・一パーセント）と二割に満たない。この背景には二〇二二年から「ものづくり補助金」（中小企業庁）の申請要件としてDX推進指標の自己診断結果の提出が求められるようになった影響があると考えられる。過去の調査と比較して中小企業の回答数が増えたことも要因だが、中小企業でもレベル3以上のDX先行企業が多数存在していることは間違いない。

なおTCGでは、全体最適の視点からより詳細な自己診断が行える「DX診断」を開発し、提供している。五つのカテゴリー（DXビジョン&ビジネスモデルDX、マーケティングDX、マネジメントDX、HRDX、組織・推進体制）

図表4-9 「DX診断」イメージ（例）

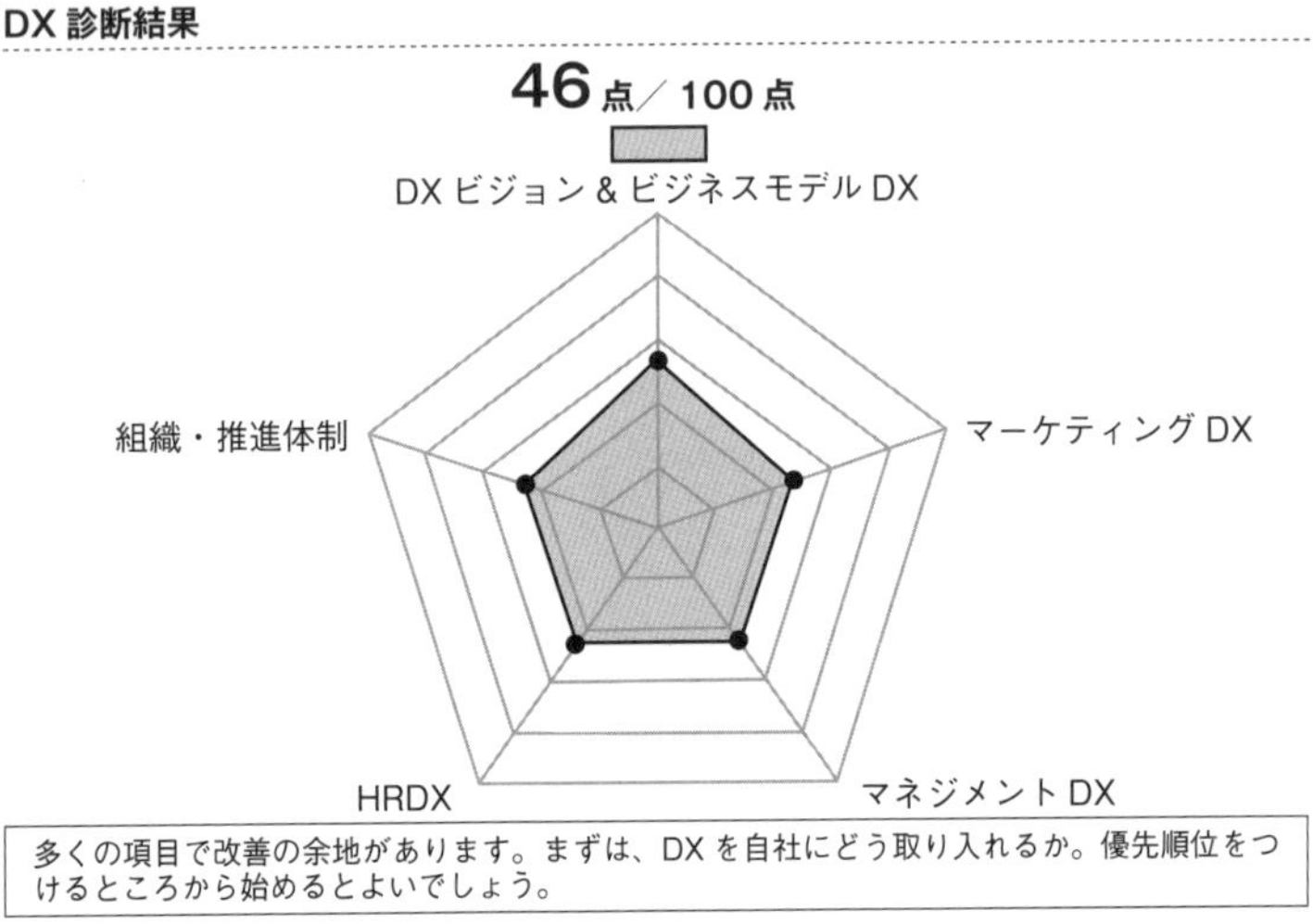

について、五分間程度で完了する簡易テストにより、自社のＤＸレベルを数値化するものだ。ＤＸの課題箇所を正確に特定し解決につなげるヒントとして利用いただければ幸いである【図表４－９】。

（４）テーマ別ＤＸ戦略

第１章で触れたように、ＴＣＧでは、ＤＸを五つのセグメントに分けて整理している【図表４－10】。ここからは、それぞれのＤＸセグメントについて解説していきたい。

①ビジネスモデルＤＸ

企業経営において最も「攻め」に関連するセグメントである。企業の事業拡大や収益の向上と直結するため投資対効果が大きい半面、

図表4-10 DXセグメント

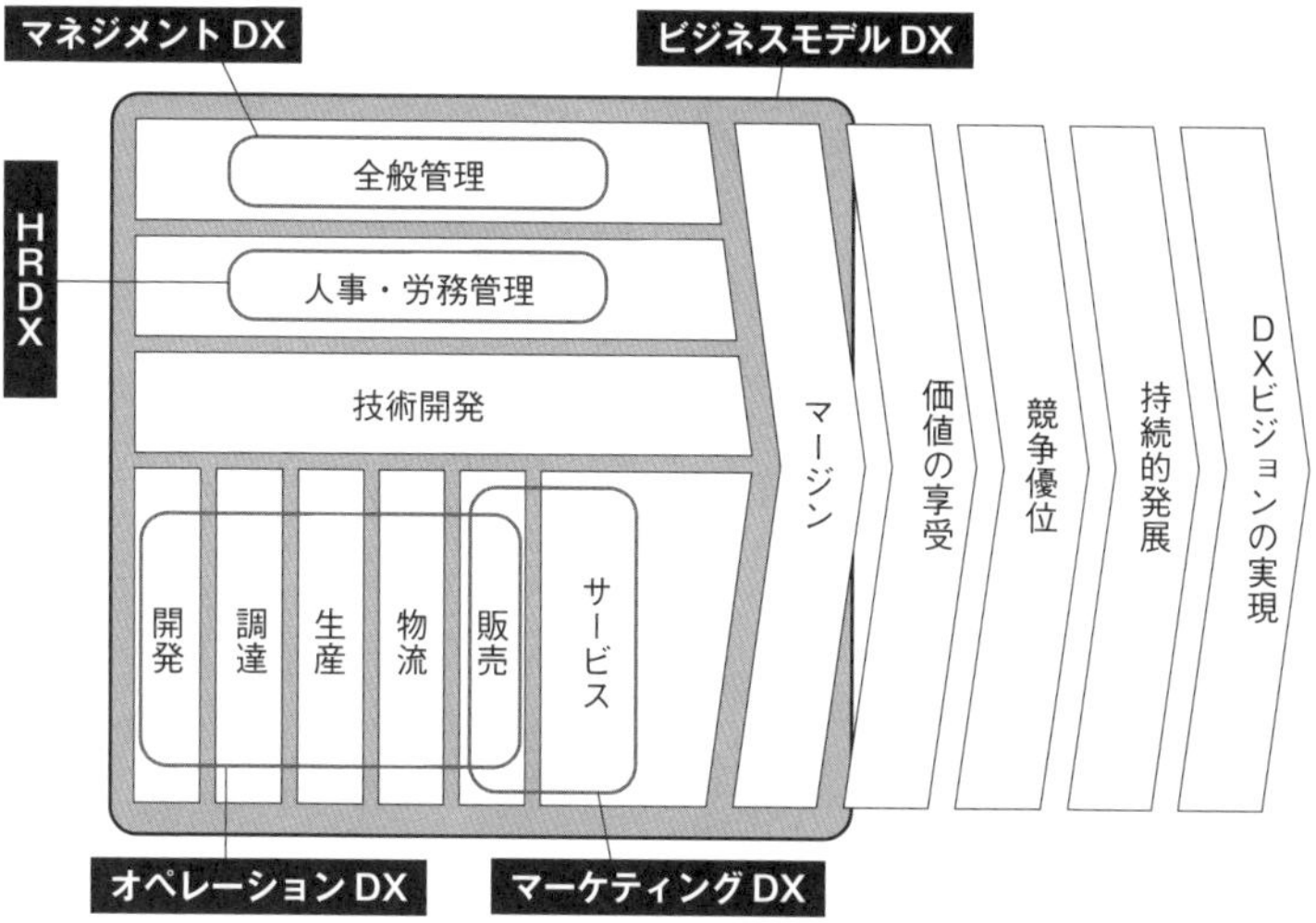

一足飛びに進めることが最も難しいセグメントといえる。

ビジネスモデルDXは、大きく二つの考え方で構成される。

一つは、デジタル技術を活用して既存のビジネスモデルを再構築することである。具体的には、デジタル技術によってバリューチェーンの各プロセスの価値を向上させ、競争優位を発揮することだ。

例えば、小売店の出入り口近辺に画像解析カメラを設置して通行人と来店客数のデータを取得し、ＰＯＳ（販売時点情報管理）システムの購買データと組み合わせる。これにより来店率や購買率がより精緻に可視化され、店頭ディスプレイ（来店率向上施策）や品ぞろえ、グルーピング（関連商品の分類）、ゾーニング（商品の配置エリアの割り当て）、フェイシング（陳列棚の配列）、きめ細かい売価変更などに活用できる。人間の勘と経験に頼っていたプロセスがデジタルの力により変革され、より高い効果が得られるようになるだろう。

また、調達・生産プロセスで在庫ロス削減や生産リードタイムを短縮したいという課題に対しては、過去の売上げや気候データなどから製品や部品の需要を予測する「需要予測ＡＩ」を活用する。特に昨今はさまざまな製品・サービスがマーケットにあふれており、多数の競合他社がしのぎを削っている。そのため需要予測の精度を高めて利益の最大化を図り、その利益を新たなマーケティング施策に投じていくことで事業を拡大するケースが増えている。

もっとも、どんなに優れたアルゴリズムを構築しても、インプットする情報が不適切だとＡＩは機能しない。したがって、ビジネスモデルＤＸは、デジタル技術を駆使して情報の収集・蓄積・整理をより精緻かつ効率よく行うことが重要だ。

もう一つは、デジタルディスラプションを念頭に置き、業界構造が変わり得る製品・サービスを開発すること。または、それらを生み出す事業戦略の策定を推進することである。もちろん、ビジネスモデルＤＸは自社の経営目標を明確にした上で、既存事業のビジネスモデルを再設計する取り組みに挑戦することが第一であり、一足飛びにディスラプションを狙うことではない。自社が勝てる場を発見して勝つ条件（ビジョン、戦略）をつくることが重要だ。その上で、自社がディスラプションを起こす技術を創造する主体になるのか、第三者が生み出した技術をもとに新たなビジネスを創造し、ディスラプションを起こすのかである。

一般的に、ディスラプションを起こすような技術を、会社が単独で組織的にゼロから創造することは難しい。一人の天才の多大な努力と運、そしてタイミングによって生み出されるケースも多い。したがって、現実的には後者を志向し、技術変革の「潮目」を読み適応していくしかない。新たな技術が普及するタイミングで自社のインパクトポイント（機会・脅威）を押さえ、戦略に反映することが重要である。

後者によるデジタルディスラプションの代表例が、アップルのｉＰｈｏｎｅである。

携帯型デジタルオーディオプレーヤー、携帯電話、インターネット通信機器を一体化したことで、通話、メールの受送信、ウェブサイト閲覧による多様な情報収集が可能となった。さらに、ユーザーはネットからさまざまなアプリケーションやコンテンツをダウンロードし、自由に端末をカスタマイズできるようになり、スマホ一台があれば日常生活のたいていの用が足りるまでになった。ｉＰｈｏｎｅは〝電話〟の概念を超え、人々の消費行動だけでなく世界の経済構造まで変えた。

とはいえ、ｉＰｈｏｎｅ自体に新しい発明はない。携帯型デジタルオーディオプレーヤーは韓国のセハン情報システムズが発明（一九九八年、「ｍｐｍａｎ（エムピーマン）」）したものだ。

携帯電話（フィーチャーフォン）は米モトローラ（一九八三年、「ＤｙｎａＴＡＣ（ダイナタック）」）、スマホは米ＩＢＭ（一九九四年、「Ｓｉｍｏｎ（サイモン）」）が発明した。〝スマートフォン〟という言葉を創ったのはフィンランドのノキア（一九九六年）である。携帯電話とメール送受信、ウェブページ閲覧が一体化したサービスも、日本のＮＴＴドコモが一九九九年に開始した「ｉモード」で実現していた。ｉＰｈｏｎｅの新しい技術といえば、世界で初めて携帯端末に搭載されたマルチタッチパネルがよく知られるが、マルチタッチパネル自体はカナダ・トロント大学が発明したもので、アップルのオリジナル技術ではない。

いわば〝既存技術の寄せ集め〟に過ぎなかったｉＰｈｏｎｅが、なぜディスラプションを起こせたのか。それは「スマートフォン」という新しいプラットフォームを発明したからだ。他社の発明品（携帯型デジタルオーディオプレーヤー、スマートフォン、携帯電話向けＩＰ接続サービス）を、誰も思いつかない形で統合して提供した。当時のＣＥＯ（最高経営責任者）だったスティーブ・ジョブズが優れたリーダーシップを発揮して、パソコン製造という従来の事業領域から脱却し、デジタル機器とメディア配信に拡大し〝アップル経済圏〟を形成したのである。

外部の技術を使ってデジタルディスラプションを起こすためには、人材面でいえばデジタルとビジネスに精通した、いわゆる「ヤタガラス（八咫烏）人材」（経営、事業、技術の三つに精通してリーダーシップを発揮できる人材）を計画的に確保し、育成していく。ヤタガラス人材が増えれば、自社は潮目を読み切って戦略へ機敏に反映できる。データサイエンティストなどの専門人材が各種情報の精査、分析をすることで、戦略判断の質を高められるといったことも挙げられるが、最終決断は経営者一人に委ねられる。デジタルリテラシーに疎い経営者の場合、初めてのことや未知のものには手を出したくないという現状維持バイアスが先に働き、チャンスを逃してしまう可能性がある。

②マーケティングDX

マーケティングDXは、「データとデジタル技術を最大限に活用し、マーケティングプロセスを変革して企業競争力を強化すること」だと定義できる。EC（電子商取引）サイトの構築やネット通販、SNSによる情報発信、メールマガジン作成・配信など、ITツールによって個別のマーケティング業務をデジタル化する「デジタルマーケティング」とは異なることをご理解いただきたい。

そもそもマーケティングとは「商品が売れる仕組みづくり」のことをいうが、日本企業は欧米企業に比べ「マーケティングが下手」といわれ続けてきた。これは「良いモノであれば必ず売れるはずだ」と考える職人的発想の企業が多かったためである。しかし、良い商品は「良い売り方」で売れるのであって、労せず勝手に売れていくことはまれである。そこで、マーケターは市場調査を行って顧客ニーズを探り、商品の知名度向上や見込み顧客の掘り起こしを狙い販売促進（プロモーション）、ブランド化政策（ブランディング）を展開する。そのプロセスを通じて購買意欲の高い見込み顧客（ホットリード）を把握・育成し、商談や来店につなげる。

昨今は顧客ニーズの専門化が進んで市場が細分化してきたことに加え、急速なデジタルシフトによってＤＭ（ダイレクトメール）や折り込みチラシ、電話営業、新聞・雑誌広告、テレビＣＭなど従来のマーケティング手法が通用しなくなってきた。購買チャネルの変化（ウェブサイト、アプリ）や情報源の多様化（ＳＮＳ、ブログ、掲示板、口コミサイト）も進み、消費者はオンラインで二四時間、いつでもどこでも情報を取得し、商品を選んで購入できるようになった。これに伴い企業は、一律・一斉・一方向の情報提供ではなく、多種・個々・双方向のコミュニケーションをスピーディーに行うことが求められるようになった。

そこで登場したのがデジタルマーケティングである。具体的には、自社サイトを検索結果の上位に表示させるＳＥＯ（検索エンジン最適化）、アフィリエイト（成果報酬型広告）、メールマガジン、オウンドメディア（自社保有メディア）、ＭＡ（マーケティング業務を自動化するソフト）、ＳＮＳインフルエンサー（世間や人々の考え・行動に大きな影響を与える人）の起用などがある。

なお本書では、電話・ファクス・紙ベースの帳票類といった受発注データのクラウドシステム移行や、顧客データ入力作業の自動化などの関連業務については、後述する「マネジメントＤ

X」「オペレーションDX」の範疇に含めている。

従来のマーケティングは費用対効果の計測が難しいため、これまで大企業を中心に行われていたが、デジタルマーケティングは比較的手軽に低予算で実施が可能なため、中小企業でも活用しやすいことが特徴である。半面、デジタルマーケティングは得てして部分最適に陥りやすい。特定の商品で散発的に効果が得られるものの、それだけで満足してしまい他の商品への波及効果が見られないケース。複数の事業部がそれぞれ独自に取り組み、同じターゲット層に向けて同じ施策を別々のアプローチで重複して展開するケース。ウェブサイト、SNS、オウンドメディア、アプリ、動画、メールマガジンなどの企画・制作・配信、SEO対策、ネット広告運用などそれぞれの専門事業者に丸投げし、全社最適のマーケティング活動になっていないケース。こうした例は枚挙にいとまがない。

マーケティングはデジタル化が進むほど、自社が未経験のさまざまな機能不全や不具合が起き始める。そこでマーケティングプロセスを変革するマーケティングDXの必要性に多くの企業が迫られているのだ。

しかし、マーケティングDXに対し、組織・人材面で課題を抱える企業が目立つ。TCGが全国の企業二六六社を対象に実施したアンケート調査によると、マーケティングDXの課題について四二・五パーセントの企業が「専門的に行う部署・チームがない」と回答。次いで多い

図表4-11 マーケティングDXにおける課題（複数回答）

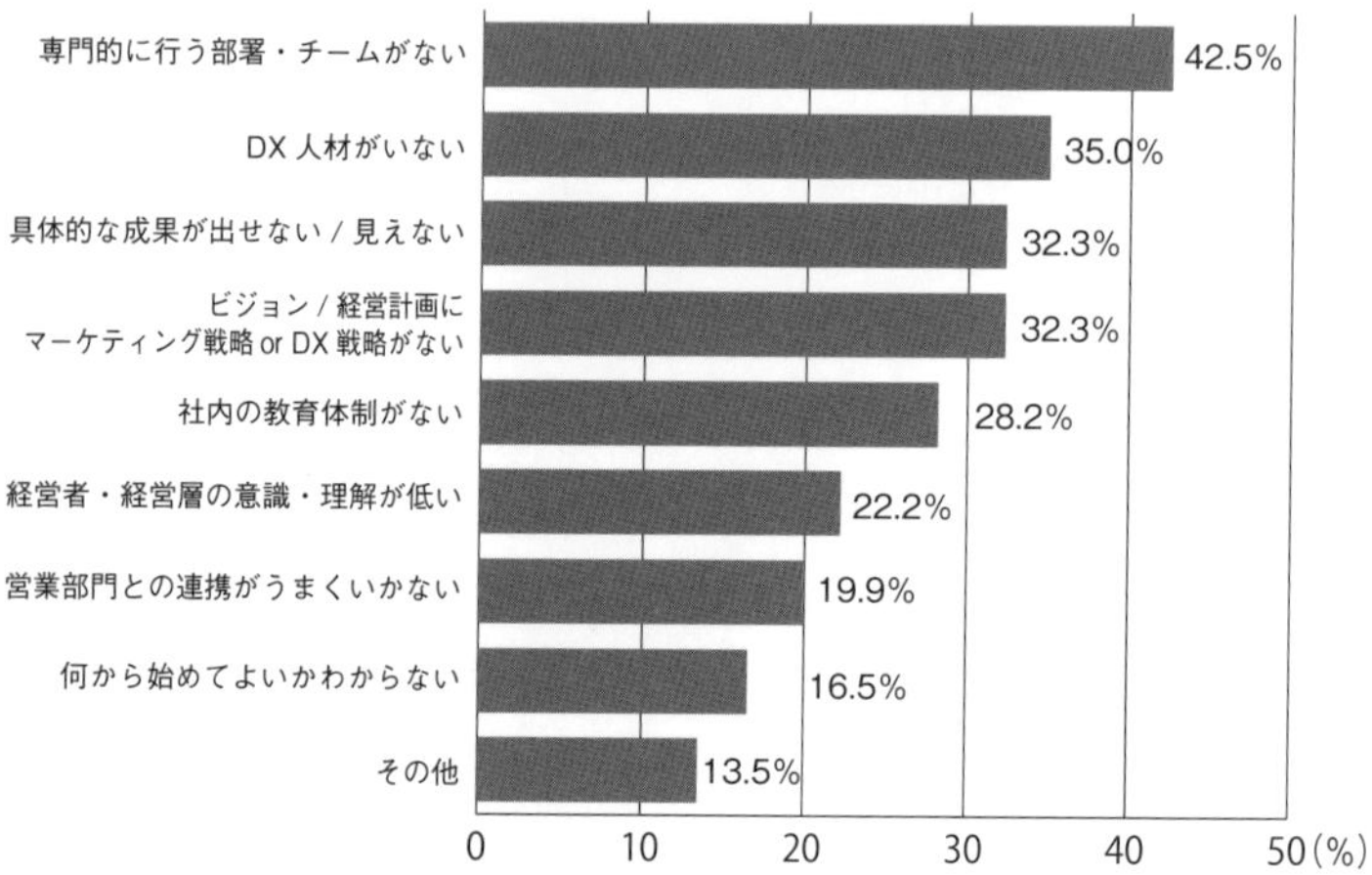

出所：TCG「マーケティング・プロモーションに関する企業アンケート調査」（2023年4月）

のが「DX人材がいない」（三五・〇パーセント）だった【図表4-11】。マーケティング投資が増加傾向にあるなか、デジタルマーケティングのツールに対する関心が広がる半面、それらを専門的に手掛ける組織・チームが社内になく、人材までいないというギャップも広がっている。

専門性と推進力がバランスよく備わる人材を、社内で育成するのか、新たに採用するのか。どちらも難しい企業は外部の事業者にデジタルマーケティングを業務委託することになるが、その場合は「いつまで外注するのか」という問題も残る。いずれにせよマーケティングDXにおいては、戦略の構築と合わせて組織体制・人的資本の整備が急務といえる。

マーケティングDXで企業が目指すべきこ

とは「顧客中心のデータドリブン組織」の構築である。顧客のニーズや購買行動を深く考え、それに基づいてパーソナライズされた商品を提供する。そのためにデータの活用とデジタルマインドセットの共有、新しいテクノロジーへの適応を企業全体で進める必要がある。

③マネジメントDX

マネジメントDXは「紙文化」や「属人化」など、業種・業態・規模にかかわらず企業が共通して抱える非効率業務をデジタル技術により変革することである。本章で挙げる五つのDXのうち、最も多くの企業が着手している領域がこのマネジメントDXである。具体的には、デジタルツールとデータを活用して定型業務や非付加価値業務の効率化を図るとともに、付加価値への転換が可能な情報資産の蓄積、その情報に基づいたスピーディーな経営判断などを実現する。つまり、デジタル技術によって迅速、精緻かつ負荷なく情報を収集し、それらの情報を経営目的の達成に生かすことが目指すべき姿である。

卑近な例でいえば、売上げデータをエクセルなど表計算ソフトに入力し、集計する業務について、RPA（事務作業を自動化できるソフトウエアロボット技術）に代替させる。これによって、日次決算の集計時間が大幅に短縮し、経営陣へリアルタイムに業績報告を上げることができる。そのため、経営陣は適切なタイミングで計画の修正や戦略の見直し、トラブルの早期収拾など

図表4-12 データを活用することによる具体的な変化・影響（産業別：全体）

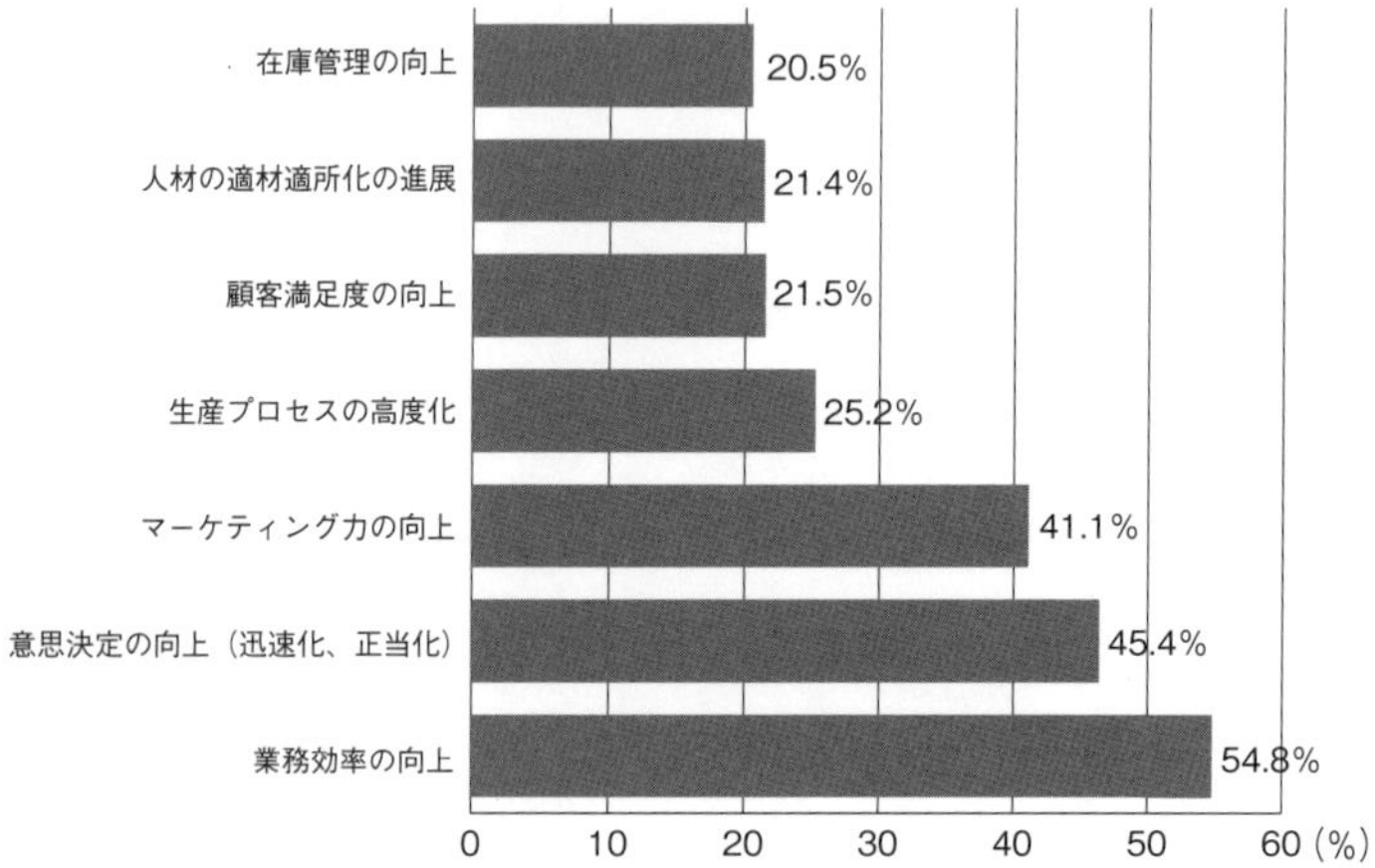

出所：総務省「情報通信白書」（2020年版）をもとにTCG加工・作成

に対して臨機応変に判断を下せる。

総務省の「情報通信白書」（二〇二〇年版）によると、デジタルデータの活用による具体的な変化・影響について企業に尋ねたところ、「業務効率の向上」（五四・八パーセント）と回答した割合が最も高く、次いで「意思決定の向上（迅速化、正当化）」（四五・四パーセント）が二番目に高かった**【図表4-12】**。デジタルデータの活用は企業経営にさまざまな効果をもたらすが、とりわけ業務の効率化と意思決定の向上に役に立つことがわかる。

ここで押さえるべきことは、マネジメントに関わるすべての業務について、客観的で適切な可視化を行い、そもそもの目的と照らし合わせて改善を行うことである。世の中にごまんとあるシステムやアプリを検討する前に、今一度、自社の目的に照らした業務の必要性を確認することが重要である。

過去から積み上がった各種資料や帳票類を、その必要性を再考することもなく、愚直に作成し続けてはいないだろうか。目的に照らした帳票類の統一、必要情報の再定義という上流からの改革を進め、経営側の意見と現場の意見の均衡点を探ることが重要となる。

この段階で押さえるべきことは、改善効果の見込みの算定である。現状、その作業にかけている時間と、自動化などによって低減する時間の差が「改善時間」であり、その時間効果を押さえながら、投資の可否を意思決定すること。そして、その見込み値をもとにアジャイル型で進めていくなかで、効果の測定と改善を継続していくことが重要である。結果として、会社全体の非付加価値業務が低減されることとなり、社員はより付加価値の高い業務に時間を使うことができる。また、人員の適正配置が可能となり、社内の人材不足の緩和・解消にも貢献する。

では、「付加価値の高い業務」とは何か。ビジネスモデルDXやマーケティングDXのような「攻め」（事業や顧客の創造）に関する業務をイメージしがちであるが、マネジメントDXにおいては「守り」、意思決定に資する情報を効率よく集め、スピーディーな経営判断に寄与する業務である。その付加価値業務を明確にするには、戦略上重要なKPIの設定や、リアルタイムに必要な情報は何かといった経営上の定義化が必要である。

その上で全体のシステム構成上、情報の流れを整流化し、蓄積するデータベースの設計やB

図表4-13 マネジメントDXの方向性

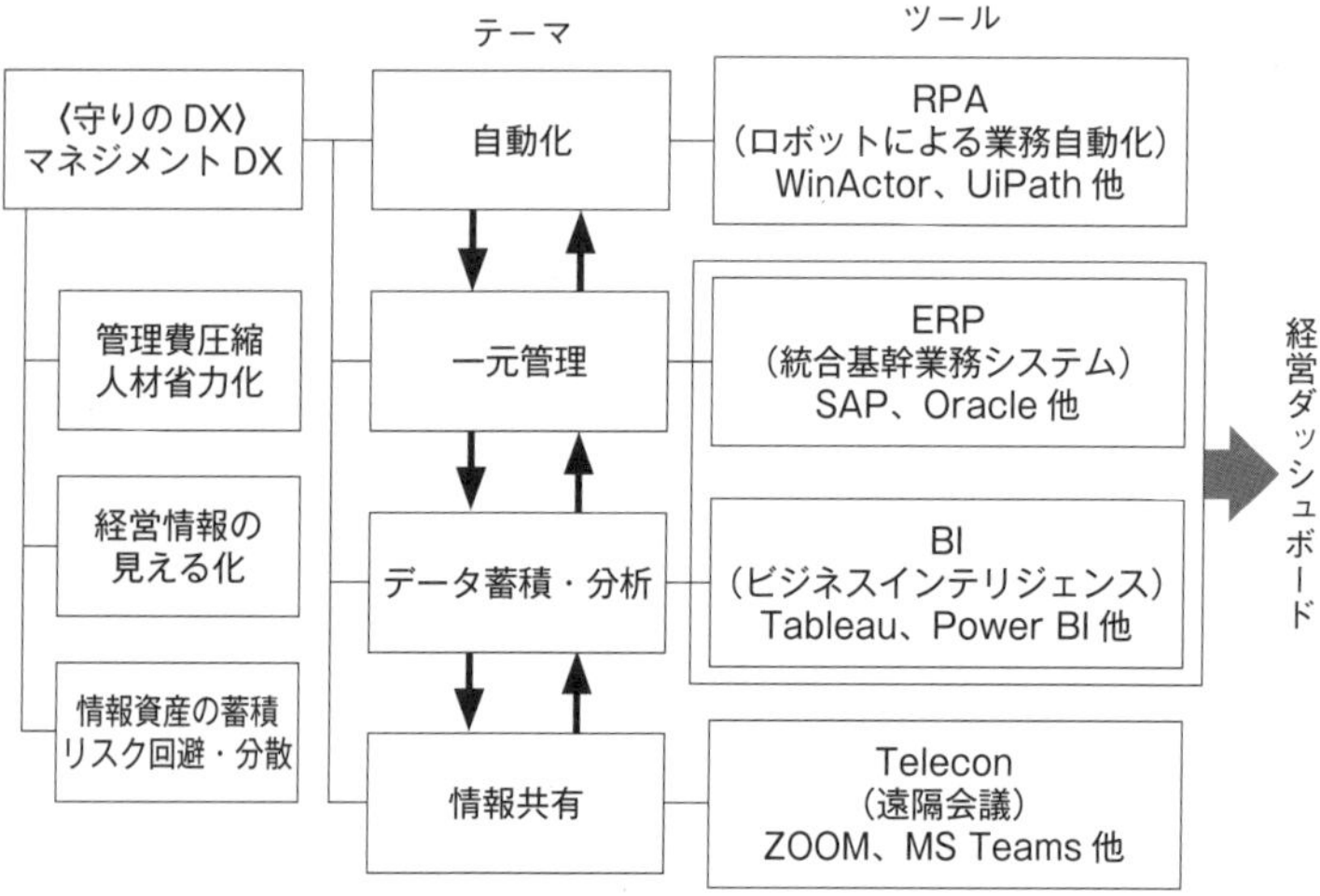

Ｉツール（ビジネス・インテリジェンス・ツール＝膨大なデータを収集・蓄積・分析して経営の意思決定を支援するソフトウエア）の活用による可視化など、分析ツールの設計・運用をすることになる。同時に、マネジメントシステム自体の見直しも重要だ。経営上必要な情報（ＫＧＩ・ＫＰＩの進捗など）を共有し、有効な対策をスピーディーに打ち出すため、デジタルを活用（ウェブ会議システムや社内ＳＮＳなど）して階層別の各種会議体をタイムリーに開催し、情報を迅速かつ精緻に共有して対策の検討を行う。会議準備の効率化も進み、会議生産性の向上につながっていく。

例えば、ＲＰＡがさまざまな現場や職場から自動収集・入力・集計したデータを、ＥＲＰ（統合基幹業務システム）が企業の基幹情報（販売、財務、人事・給与、在庫、生産などのデータ）をリアルタイムに一元管理し、ＢＩツールがデータ処理を行う。その生成データは社内のサーバーやクラウドに構築した「経営ダッシュボード」にグラフや集計表などの形で一覧表示され、経営状況を可視化する。その経営データに基づきウェブ会議システムを活用してテレカン（テレカンファレンス＝遠隔会議）を行い、情報共有や意思決定を行う【図表４‐13】。

マネジメントＤＸが最終的に目指すべき姿は、持続的成長を図るための情報を迅速かつ精緻にして負荷なく精度を上げていくことである。既存データ（社内に埋もれたナレッジ）や戦略上必要な新規データ（パーソナルなユーザー情報やビッグデータなど）の収集に血道を上げるのではなく、経営目的の達成に必要な情報を定義して、高精度の情報を負荷なく迅速に取得し、効率よく活用していく。それが攻めのＤＸ（ビジネスモデルＤＸ、マーケティングＤＸ）を正しく機能させることにつながるのである。

④オペレーションＤＸ

オペレーションＤＸとは、開発・調達・生産・物流・販売など各工程において、アナログとデジタルを融合させて突出した差別化ポイントを実装し、業務効率化や生産性向上、エンゲージメントが高まる労働環境をつくり、事業収益の向上を目指すものである。効率化や生産性の観点ではマネジメントDXと重なる部分もあるが、マネジメントDXは主に経営管理の領域を対象とするのに対し、オペレーションDXは顧客に対して付加価値を提供する部門を主に対象とする。

五つのDXのなかで、最新鋭のテクノロジーが積極的に投入されているのが、オペレーションDXである。代表的なものとしては生成AI、IoT（モノのインターネット）、XR（現実世界と仮想世界の融合）、ブロックチェーン（分散型台帳）、デジタルツイン（実在のモノやプロセスをサイバー空間で双子のように再現する技術）などが挙げられる。キーワードは〝スマート化〟だ。コネクテッドデバイス（インターネット常時接続を前提とした機器）や、各種情報システムを駆使して事業を高度化させる。小売業であれば「スマートストア」、製造業では「スマートファクトリー」、物流業では「スマートロジスティクス」などである。

スマートストアの一例として、NTT東日本グループの「テルウェル東日本」が二〇二二年七月から展開している「スマートア」事業を紹介しよう【図表4-14】。

これはデジタル技術を活用したスタッフ無人・レジなし店舗である。入退店、商品選択、決済までスマホ一台で完結し、購買データを活用して店頭、バックヤード業務を効率化する。具体的には、来店客がスマホアプリを立ち上げてゲートにタッチして入店し、買いたい商品のバーコードをスマホでスキャン。購入ボタンを押すと決済が終了する。退店時は入店時と同様、ゲー

図表 4-14　店舗の省人・無人化（テルウェル東日本「SMARTORE（スマートア）」）

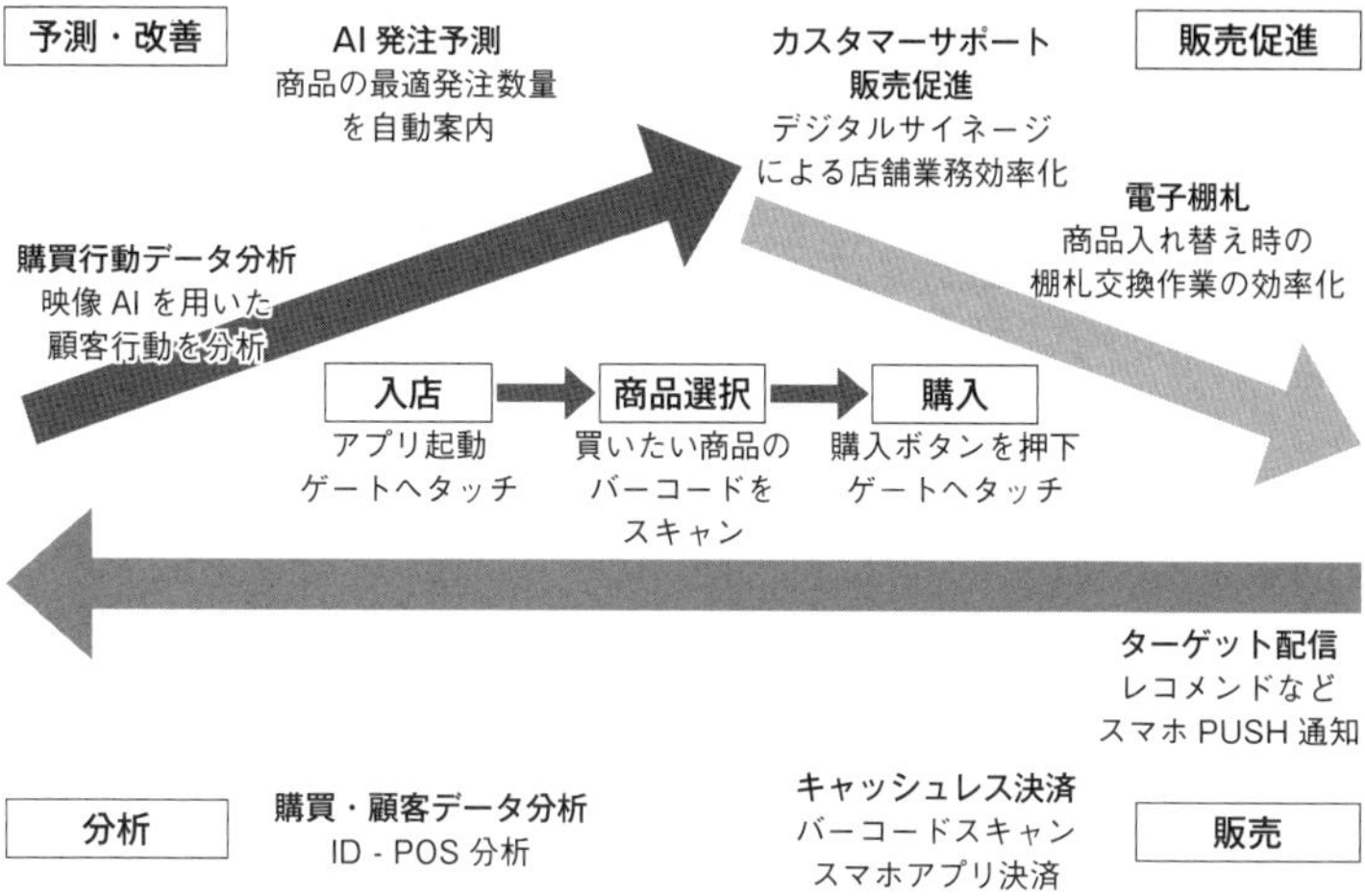

出所：テルウェル東日本／プレスリリース（2022 年 7 月 21 日付）をもとに TCG 加工・作成

トにスマホをタッチする。

スマホアプリによる利用者のキャッシュレス決済でレジが不要なため、常時人員を配置する必要がなく、スタッフの確保が難しい深夜・早朝での営業（午前二時〜午前六時）も可能である。またＩＤ‐ＰＯＳ（個人情報にひも付いた購買データ）に基づいた売れ筋商品の品ぞろえや、過去の来店者数、天候、気温、降水量など気象データによる来店者予測から商品別の購入見込み数を導き出し、機会・廃棄ロスの削減が図れる。さらに、店内に設置したＡＩカメラの映像解析を組み合わせることで顧客導線の特定や棚割りの改善も行える。購買データの解析で属性に合わせた新商品のレコメンドや、在庫一斉値下げによる売り切り情報など、アプリを介してプッシュ通知することで来店機会を創出するほか、電子棚札（価格を表示するデバイス）の活用により商品入れ替え時や売価変更時での値札交換作業も効率化できる。

一方、スマートファクトリー（またはスマート工場）は工場内の設備機器や情報システムなどをネットワークと接続し、生産活動や設備運用の最適化が図られた工場をいう。なお、インターネットやパソコン、ソフトウエアなどデジタルにまつわる情報技術について「ＩＴ（インフォメーションテクノロジー）」と総称されるのに対し、製造業や社会インフラなどにおける制御・運用技術は「ＯＴ（オペレーショナルテクノロジー）」と呼ばれる。

例えば、ロボットアームによる自動生産をはじめ、構内各所にリモートカメラを設置して作業のモニタリングや熟練作業者の技術・技能を解析したり、仕掛品や完成品、在庫などにＲＦＩＤ（無線自動識別）タグを取り付けて工程管理を行ったり、ＡＧＶ（無人搬送車）を活用して構内物流の自動化を図ったりなどして、省人化・省力化生産を行う。さらに若手の業者にスマートグラスを装着させ、ベテラン作業者がその映像を見ながら遠隔からアドバイスを送ったり、機械設備の稼働状況や不良率、作業スピード、エネルギーコストなど現場のセンサーが収集したデータをデジタルサイネージ（電子掲示板）に一覧表示したり、バーコードによる生産履歴管理に対応したりなど、情報の「見える化」も図る**【図表４-15】**。

こうした一連の作業効率化や品質改善、生産性向上への取り組みで、新たな付加価値を創出

図表4-15 スマートファクトリーのイメージ

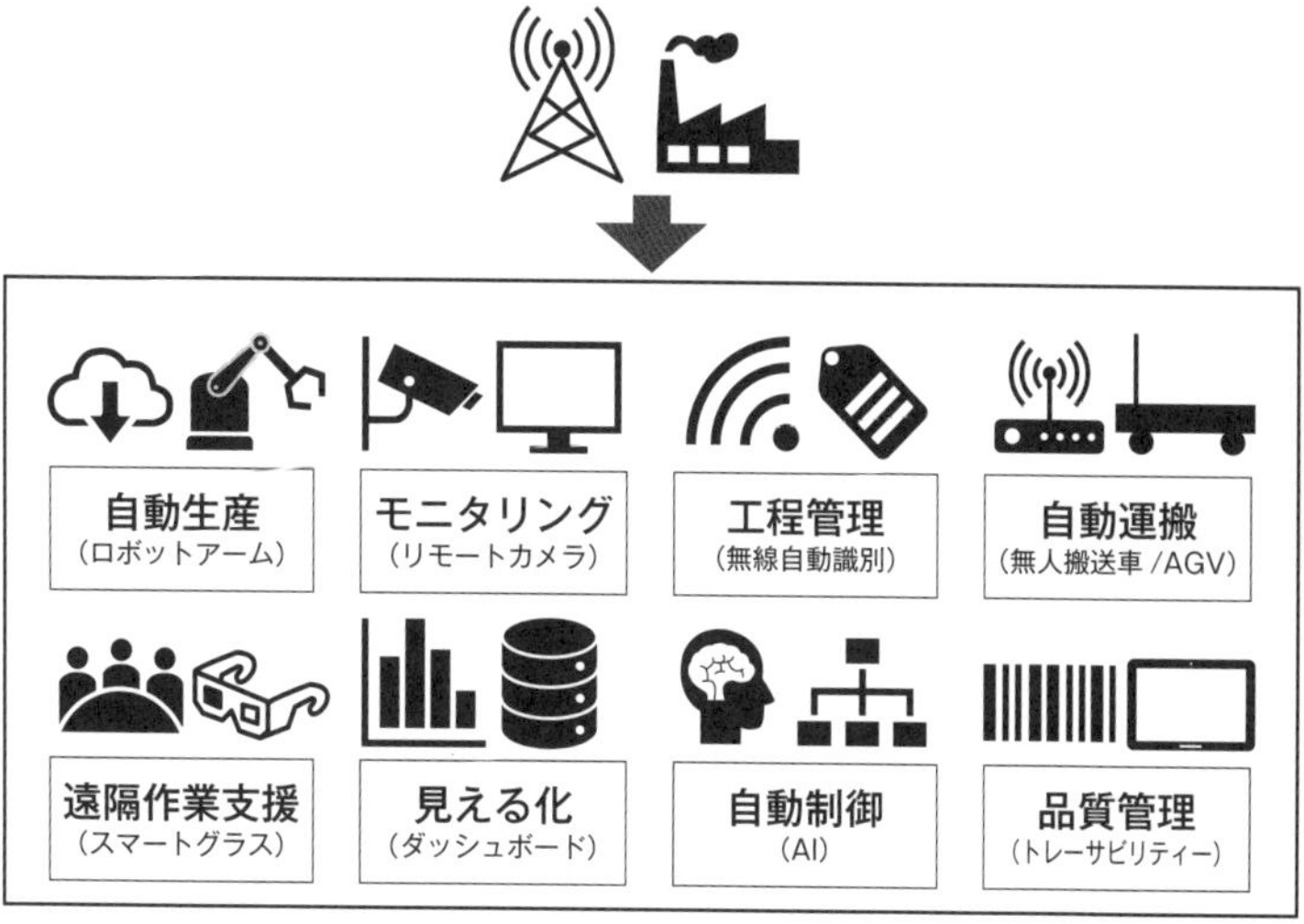

していく。なお、製造業でのオペレーションDXについては、Q（品質）、C（コスト）、D（納期）、S（安全）、M（管理体制）のそれぞれで進めるべきことがある。**【図表4-16】**は、製造業版オペレーションDXのチェックリストである。自社の工場運営の課題を特定し、レベルアップを図るための戦略策定に役立てていただきたい。

オペレーションDXにおいては、デジタル化するよりもアナログを残したほうが適切な場合もある。つまり、アナログ的に改善する議論も忘れてはならないということだ。例えば、大手ファミリーレストランチェーンのサイゼリヤは、外食業界では珍しく経営陣に理系の出身者が多いことでも知られるが、合理的なイメージとは裏腹に「AX（アナログト

図表 4-16 製造業版オペレーション DX（FACTORY DX）

テーマ	Q：品質【Quality】	C：コスト【Cost】	D：納期【Delivery】	S：安全【Safety】	M：管理体制【Management】
レベル1 未着手	人手による品質検査・記録	「見える化」以前	部門間の壁による納期の長期化	事後対策型の対応	紙文化
	人手による目視検査・抜き取り検査、また検査結果の記録が行われている状態	原料価格、ユーティリティーコスト、歩留まりなどの生産コストに関する情報が散在している状態	営業・開発・製造などの部門間に「壁」があり、情報の伝達が悪く、結果的に納期が長くなっている状態	労災が起きた箇所を中心に安全対策を施す「事後対策型」の状態	情報管理や情報伝達が紙で行われている状態
レベル2 DX 実装の前段階	一部工程の機械化	コストの「見える化」によるコスト削減計画の策定	在庫・稼働状況の「見える化」	安全推進計画あり	デジタル化
	検査機の導入や、品質記録の自動収集により、一部工程の機械化（デジタル化）を行っている状態	生産コストが「見える化」され、結果を分析でき、コスト削減に向けた計画が策定できる状態	生産に必要な情報（原料・製品の在庫、工場の稼働状況など）やその伝達方法がデジタル化されている状態	安全レベルを向上するための中長期的な計画を策定し、実行している状態	情報管理、情報伝達がデジタル化されている状態
レベル3 コスト・リスクの最小化	品質記録の活用による品質リスク低減	コスト削減の取り組みの定着	最短納期・最小コストでの生産計画	機械への安全対策による労災リスク低減	業務効率化実現
	収集した検査結果や品質記録をもとに設計の見直しや工程改善、設備保全を行い品質不良の発生リスクが低減された状態	コスト削減計画に向けた取り組み（PDCA サイクル）が定着・確立して無駄取りができている状態	一元化された情報をもとに最短納期、最小コストで生産できる計画が立案でき、実行できている状態	デジタル技術（センサーなど）を活用し、「近づいたら機械が止まる」などの措置が施され、労災のリスクが低減された状態	業務プロセスが最適化され、自動化などのデジタル技術を活用し業務効率化が図られている状態
レベル4 収益の最大化	予防保全型への変革	人と機械の分業	受注拡大・内製化	人への安全対策による労災リスク低減	ダッシュボード経営
	不良が発生する前に対策を行う「予防保全型」に変革することで、工場の稼働率がさらに高まっている状態	IT や機械・ロボットを活用し、機械ができることは機械に任せる（自動化）ことで付加価値の高い業務に人を振り向けている状態	納期を短縮することにより、工場の稼働に余裕ができ、今まで受注できていなかった（または外注していた）業務を取り込める状態	作業員の転倒・転落・停滞など異常の検知、重労働の機械化などにより、人への安全対策ができている状態	必要な情報がリアルタイムで閲覧でき、スピーディーな経営判断やマネジメントが実現できている状態
レベル5 企業価値の最大化	AI の活用による管理レベルのさらなる向上	機械の「自律化」による工場無人化への挑戦	他社を寄せ付けないフレキシブルな生産体制	従業員の働きやすさ・安全性を確保した企業	情報資産の付加価値化
	AI による画像認識技術を活用し、従来の検査機や目視では識別が困難な領域にも切り込み、高い管理レベルを保っている状態	デジタル技術を活用した、機械自身が生産条件を調整する「自律化」など工場無人化に取り組み、社外にアピールできる状態	AI による需要予測を取り入れ、より短納期、より低コスト、よりフレキシブルな生産体制を構築し他社に対して優位性を築いている状態	社員は安全で働きやすく、また BCP（事業継続計画）にも取り組んでいる企業として、他社に対して優位性を築いている状態	自社が蓄積した情報資産をビジネスモデル DX・マーケティング DX と連動して、付加価値へ転換している状態

ランスフォーメーション）」を標榜し、逆にデジタル化の動きを抑えている。例えば、同業他社の多くが導入しているタッチパネルオーダーシステムをいまだに導入していない（二〇二三年現在）。来店客がメニュー番号を注文用紙に手書きで記入し、チャイムで呼ばれたスタッフが注文用紙のオーダー内容を復唱・確認して専用端末に入力している。これは、スタッフの接遇によるカスタマーインティマシー（顧客親密性）を重視しているとも、スタッフによるオーダーの聞き間違いを防ぐためともいわれている。その一方、配膳ロボットについては店舗の運営コストの削減を目的に導入を進めている。いずれにせよ同社の好業績は、アナログとデジタルの使い分けが支えていることが見て取れよう。

⑤HRDX

ＨＲＤＸとは、人事に関わるデータ解析を通じ、人材が活躍できる仕組みへ最適化を図ることだ。それに対し、人事業務で活用する先進的なデジタルツールのことを「ＨＲテック」と呼ぶ。

ＨＲテックは「Human Resources（人材）」と「Technology（科学技術）」を掛け合わせた言葉で、具体的にはビッグデータやクラウド、ＩｏＴ、ＡＩなどを駆使し、人事の課題を解決に導くサービスやシステムを指す。例えば、人事管理システムや採用管理システム、パソコンやスマホを使いネットで学ぶｅラーニングがある。一方、ＨＲＤＸは、ＨＲテックによって人事情報を収集、蓄積、分析、活用し、人的資本経営につなげて変革を起こすことである。人的資本経営とは、人材を資産（会社が保有する財物）や経費ではなく、「資本」（事業に必要な元手）として捉え、その価値を最大限に引き出して中長期的な企業価値向上を実現する経営の在り方をいう。

したがって、ＨＲＤＸはＨＲテックよりも大きな概念である。あくまでＨＲテックは道具であって、それを導入したからといってＨＲＤＸが実現するわけではないという点に留意する必要がある。

日本を含む先進諸国は、一九九〇年代に工業化社会から「情報化社会」へシフトし、人々のワークスタイルやライフスタイルが大きく変化。一人一人の個性や価値観を認めて生かしていく「多様性の時代」を迎えた。二〇〇〇年代に入るとデジタル技術が急速に発達し、時間や場所の制約が取り払われ、あらゆる物事がスピーディーかつタイムリー、合理的かつ効率的に進むようになった。企業の人事領域でもデジタル技術は最適・最良のツールとなり、多くの企業がデジタルとデータ（情報）を活用して迅速・精緻な人事施策に取り組んでいる。とはいえ、人事領域のデジタル活用は欧米企業が先行し、日本企業はその後塵を拝しているというのが現状である。

ただし、近年は日本的経営システム（終身雇用、年功序列）が形骸化し、年齢や在籍年数よりも能力・スキル・実績面などが評価される時代となった。人手不足もあって中途・キャリア

図表 4-17 タレントマネジメントとピープルアナリティクス

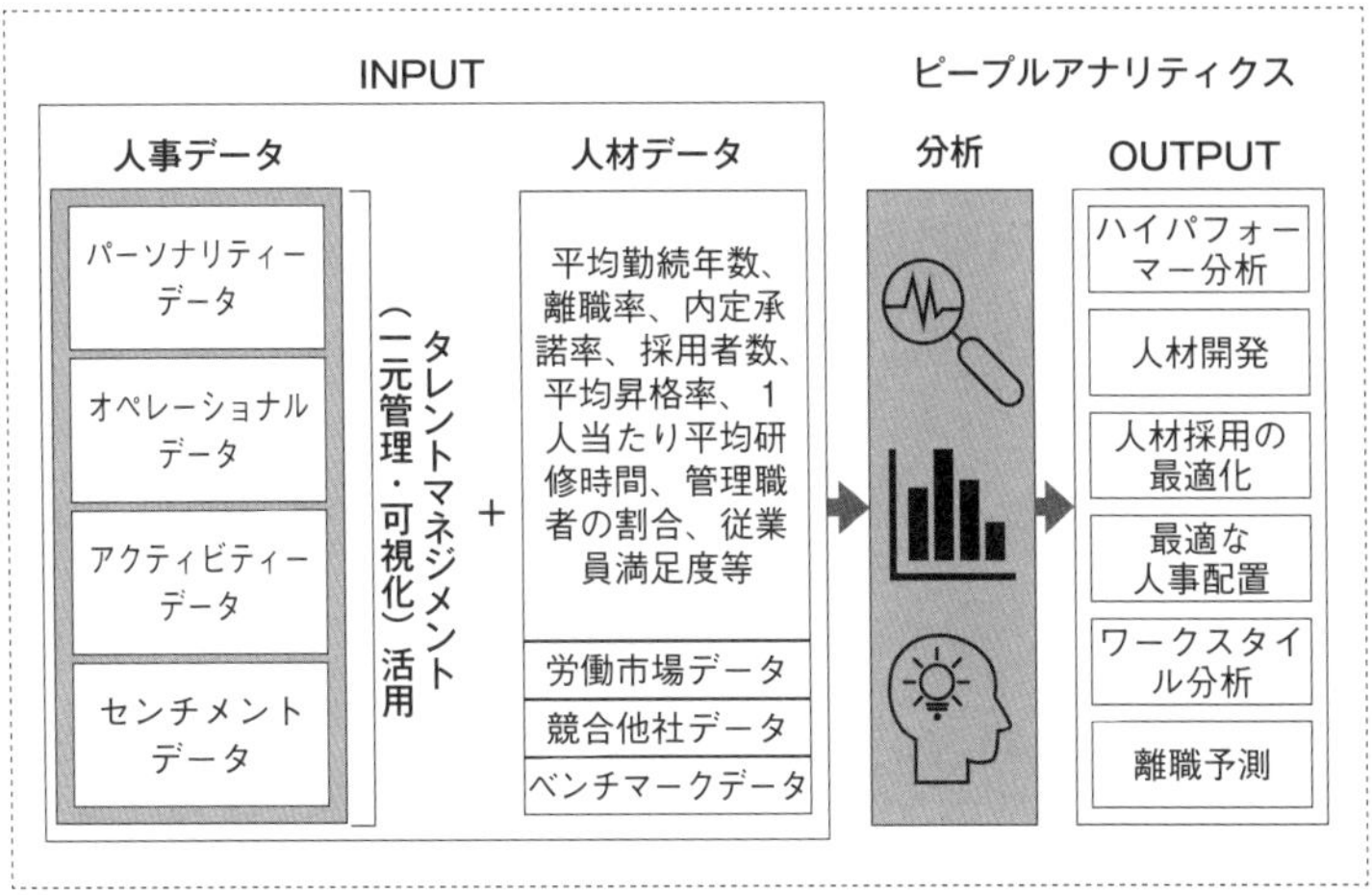

採用にも力を入れる企業が増え（＝離職者の増加）、人材の採用・育成・定着・活躍に「投資」するという意識が高まってきた。その具体的手法としてデジタルとデータの活用が注目され、ＨＲＤＸに取り組む企業が増加傾向にある。

ＨＲＤＸの手法としては大きく二つある。一つは、個々の社員の人事データを一元管理・可視化して、人材開発や適材適所の配置などに活用する「タレントマネジメント」。そしてもう一つは、社員個々の人事データに加え、全社員の人材データや労働市場の環境データ、競合他社のデータやベンチマーク指標などを合わせて収集・分析し、さまざまな人事課題の解決や人事施策の意思決定につなげる「ピープルアナリティクス」である**【図表４‐17】**。

人事データの定義は「パーソナリティーデー

タ」（性格・能力特性）、「オペレーショナルデータ」（属性情報、人事評価）、「アクティビティーデータ」（勤怠状況、行動履歴）、「センチメントデータ」（エンゲージメント）などの四つがあり、これらのデータを組み合わせて分析することで人事施策効果の最大化が見込まれる**【図表4-18】**。

ただし、最適な人的資本経営を行うためには、他のDXセグメントと同様、経営目的を明確にするということが大前提となる。経営目的なきデータはノイズ（雑音）に過ぎない。経営の価値判断システムとしての「人材のバックボーン」**【図表4-19】**を定義した上で、デジタル技術を活用することが重要である。

人材のバックボーンとは、「価値判断システム」（経営理念、ビジョン、経営・事業戦略）と「人材育成システム」（人事戦略、人事フレーム、中期・年度の教育方針と年間教育計画）が、背骨（バックボーン）のようにつながる仕組みをいう。背骨がない魚は泳げないのと同様に、背骨が整備されていない企業は持続的に成長できない。人材戦略においても、会社の価値判断基準となる経営理念・ビジョンや、それにひも付くさまざまな戦略と一気通貫したシステムでなければならない。

ただ、企業はいくら技術や営業が優れていても、環境に適応できなければ生き残れない「環境適応業」である。経営理念という「不易（いつまでも変化しないもの）」を大切に守りつつも、「流行（いつも変化しているもの）」に応じて商品やビジネスモデルを見直すことが必要不可欠

図表 4-18 人事データの定義

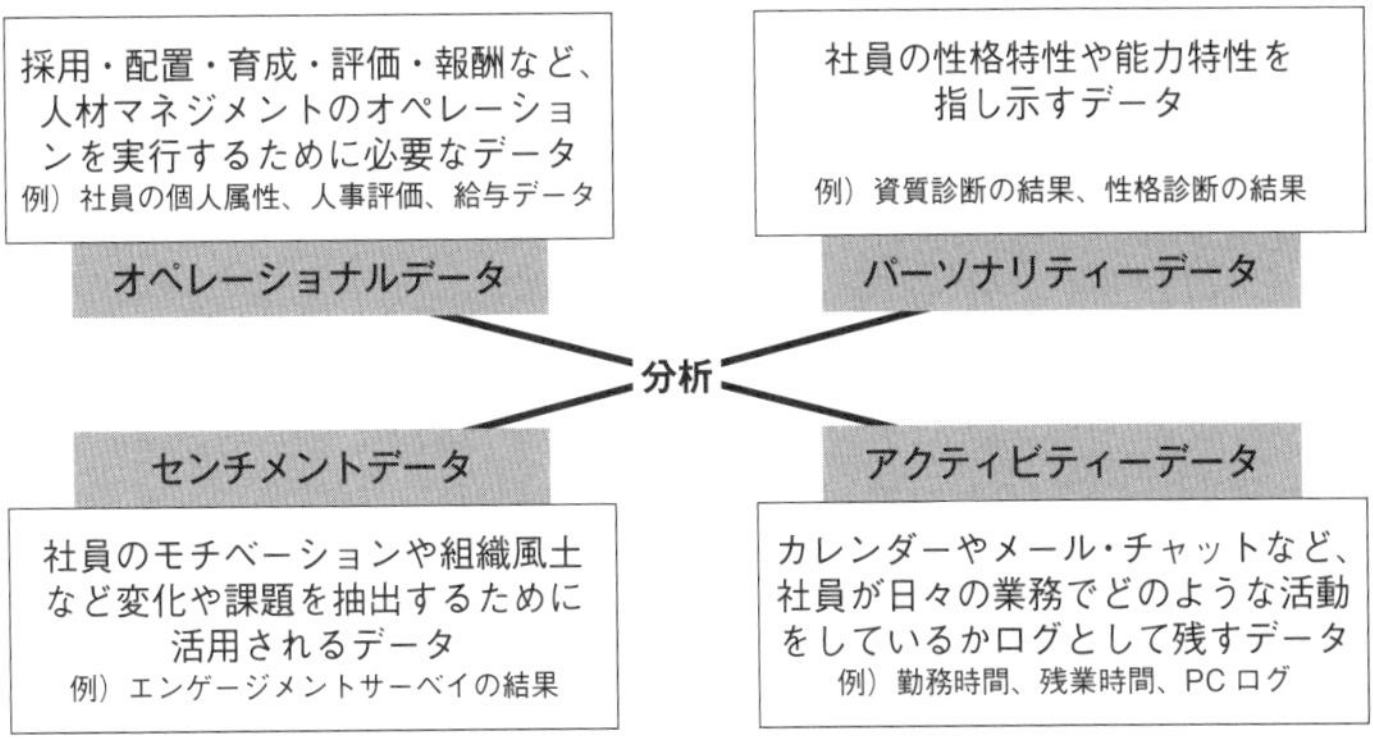
採用・配置・育成・評価・報酬など、人材マネジメントのオペレーションを実行するために必要なデータ
例）社員の個人属性、人事評価、給与データ
オペレーショナルデータ
社員の性格特性や能力特性を指し示すデータ
例）資質診断の結果、性格診断の結果
パーソナリティーデータ
分析
センチメントデータ
社員のモチベーションや組織風土など変化や課題を抽出するために活用されるデータ
例）エンゲージメントサーベイの結果
アクティビティーデータ
カレンダーやメール・チャットなど、社員が日々の業務でどのような活動をしているかログとして残すデータ
例）勤務時間、残業時間、PC ログ

図表 4-19 人材のバックボーン

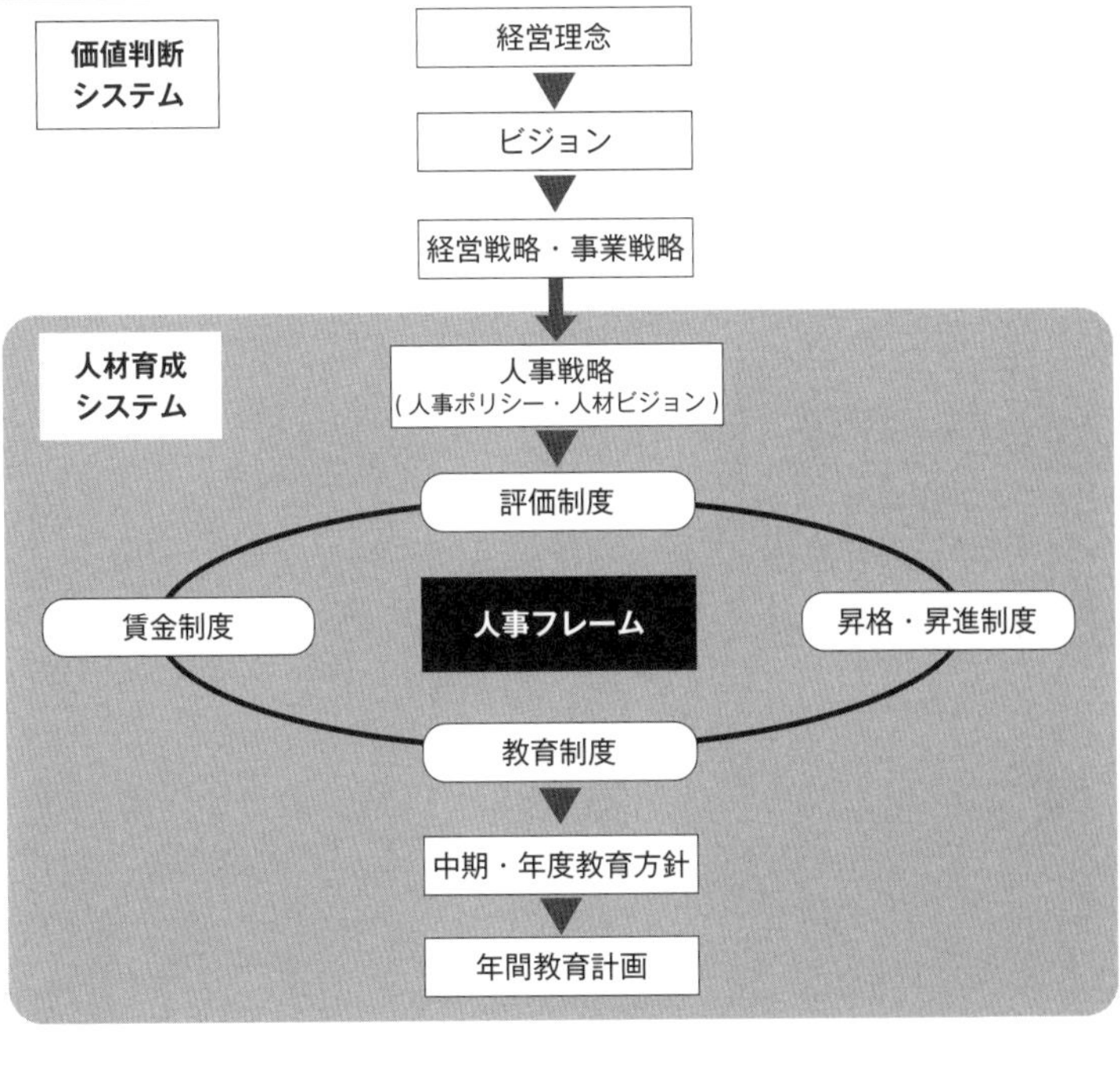
価値判断システム
経営理念
ビジョン
経営戦略・事業戦略
人材育成システム
人事戦略
(人事ポリシー・人材ビジョン)
評価制度
賃金制度
人事フレーム
昇格・昇進制度
教育制度
中期・年度教育方針
年間教育計画

だ。自社の経営戦略・事業戦略と人事戦略は明確かつ具体的に連動しているか。各種制度（評価、昇格・昇進、教育、賃金）は自社の実態や特性に適しているか。その人事フレームは連動性があるかを確認したい。

（5）テーマ別DX施策のプライオリティーと意思決定

ここまで五つのDXについて解説してきた。このすべてを一気に進める必要はない。自社の事情に合わせて、きちんとプライオリティーを付けて取り組むことが重要である。もちろん、自社のビジョン・戦略（経営者自身の意志と覚悟が込められた目指すべき姿）と現状のリソース、企業風土などの内部環境と、目まぐるしく変化する外部環境などによって優先順位は変わっていく。これらを考慮して戦略的に順位を付ける必要がある。

そのためにはまず、自社が目指す目標と現状のギャップを明確にする。自社の目標は、三年後に達成したい姿を五つのDXセグメントごとにイメージする。当然ながら、このイメージは「三年後にこうありたい」という経営者の意志を具体化したものでなければならない。

次に、現状のレベルをできる限り客観的な目で評価する。その際は、第2章【図表2-2】の「DXレベル判定表」に基づいてセグメントごとに五段階で現状を評価し、全体を把握していく。このレベル表は、あくまで簡易診断的に全体を俯瞰して考えるためのものであるが、まずは大まかな現状を把握しておくほうが詳細な診断から始めるよりも議論が進みやすい。

このようにして可視化される現状と目標とのレベルギャップが、今後の三年間で自社が乗り越えるべき推進テーマとなる。そのテーマが明確になれば優先順位を付けていく。ここでのポイントは三つある。

一つ目は、セグメント別に序列を付けること（どれからやるか）。

二つ目は、各セグメントのなかで取り組む順番を付けること（いつからやるか）。

三つ目は、セグメントごとに達成状況の優劣を付けること（どこまでやるか）。

セグメント別の序列（どれからやるか）の決め方は二つある。一つ目は「強みを伸ばす」パターン。高いレベルにあるセグメントをさらに強化する考え方である。二つ目は「弱みを克服する」パターン。低いレベルのセグメントを、他のセグメントと同程度まで引き上げることである。強みを伸ばすか、弱みを克服するか、はたまたどちらにも取り組むのか。この選択はＤＸの目的と現状の経営資源に基づいて行う。

ここで推奨したいのが、前述した「アジャイル」アプローチである。小さな単位でトライ＆エラーを繰り返す方法だ。小さな成功体験を積み重ねることができ、激しい環境の変化に対応しやすい。これは投資対効果の観点から考えても合理的である。ＤＸは多額の投資を必要とする分野であり、時間をかけて理想を追うよりもスモールスタートかつスピードスタートで実行することが、投資採算上でもより早く効果が得られるからだ。忘れてはいけないのは、全体として目指す目的を間違えないことである。大小問わず選択を迫られる局面では、必ずＤＸビジョンに立ち返ることを心掛けたい。

そして最後に、セグメントごとの達成状況の優劣を考える。あまりにレベルのギャップが大きい場合――例えば三年間で目標レベルに達するのが現実的ではないと判断された場合――には、目標を実現可能なラインに置き直すことも必要である。自社の持つ人、モノ、カネなどの経営資源に基づいて判断し、決して実現不可能な理想論にならないよう注意したい。

このような手順で行う優先順位付けこそが、ＤＸ戦略のロードマップになる。

第5章

テーマ別
ＤＸ戦略の要諦

1 ビジネスモデルＤＸ

（1）成果獲得のポイント

日本企業はデジタルを活用してマイナス（弱み）をプラスマイナスゼロにしようとする。それに対し欧米企業はデジタルをプラス（強み）に使い、コアコンピタンス（他社にはまねのできない核となる強み）を確立しようと試みる。日本企業は「予算の確保が難しい」「ＤＸ人材がいない」などの理由で〝ＩＴ化〟レベルのデジタル導入にとどまり、これがビジネスモデルＤＸを阻害している。

海外に目を向けると、新規製品・サービスの創出やビジネスモデルの根本的な変革に取り組む企業がほとんどだ。日本企業はデジタル技術でビジネスプロセスを変革する挑戦意欲を持つ経営層が少なく、目で見てわかりやすい業務効率化や経営数値に表れる生産性向上にとどまっていることが大きな問題である。ビジネスモデルＤＸは、デジタル技術によって自社のビジネスモデルを変革することであり、そのために必要な情報を収集・蓄積するとともに、経営層の意識を変えることが重要である。

①経営環境と顧客ニーズを把握する

「情報を制する者がビジネスを制する」といわれるように、ビジネスモデルＤＸにおいても自社を取り巻く経営環境や顧客ニーズに関する情報を把握しておくことが重要である。

具体的には、自社を取り巻く外部環境（国内・海外の経済情勢、マーケットの変化、競合他社の戦略、先端テクノロジーの動向、新規参入企業・代替品の脅威）や内部環境（自社のバリューチェーンの状況、事業の強みと弱み）を分析し、「真の顧客は誰か」「新たな成長市場は何か」「ニッチなホワイトスペース（未開拓の空白市場）はあるか」などを探る。また、キャッチアップすべき競合他社や手本としたいベンチマーク企業の設定、経営コンサルタントや大学研究機関など外部有識者の活用、顧客が抱えるペインポイント（悩みの種）、新たなライフスタイルやトレンドに対するニーズを調べ、新たなビジネスモデル創出を検討する。

既存顧客を分析し、自社の差別化ポイントを明らかにすることも重要である。なぜ、自社は今の顧客から選ばれているのか。どうして競合他社は選ばれないのか。自社が既存顧客に選ばれる理由を知ることで、競争優位性につながる差別化要因（コアコンピタンス）や、それを生み出すケイパビリティー（組織的能力）などが浮き彫りになる。

また、デジタル技術の動向からも目を離してはいけない。注目のキーワードは「生成ＡＩ」と「パーソナライズ化」である。生成ＡＩは前述したように今後のサービス開発で新たな境地を切り開く可能性が高いため、AI技術を活用できる人材育成が急務である。AIの利用においては、著作権や商標、意匠権、肖像権などの知的財産権や情報漏洩リスク、情報の正確性の見極めなど、法的・倫理的な問題に注意する必要があるが、個人の趣味趣向に合致した高精度のパーソナライズサービスの提供が可能になっており、ビジネスモデルとの掛け合わせによる今後の成長が期待できる。急成長しているプラットフォーム、利用者が拡大しているソフトウエア、AI技術の進歩、海外（特に米国）で注目されているIT系スタートアップ企業やデジタルサービスなどをモニタリングして、デジタル技術のトレンドを押さえる。

当然、自社が現在保有・運用しているデジタルインフラも精査しておきたい。たった一本の古いLANケーブルが、業務の非効率の原因になっているケースもある。また会社の命運を握る重要な社内システムが〝ワンオペ（一人の担当者がすべての運用を任されている状態）〟で維持されており、体調不良や退職によって誰もシステムトラブルに対処できないという職場も多い。

②自社のMVV（ミッション、ビジョン、バリュー）を確認する

経営理念や社是はあるが、ミッション、ビジョン、バリューで構成されるMVVを定めていない企業が多い。MVVは企業における行動の原点ともいうべき、きわめて重要な経営方針である。したがって、自社の事業活動の根幹に関わるビジネスモデルDXを進める前に、まずM

VVが策定されているか、また明確になっているかを確認したい。MVVがない、または不明確なのに、そもそものDXの目的となる「DXビジョン」を設定できるはずがない。

現在は省庁もMVVを策定する時代である。例えば、日本のDXの司令塔であるデジタル庁は、ミッションを「誰の何のために存在するのか」、ビジョンを「組織としてのあるべき姿とは何か」、バリューを「どのような価値観を持ち、日々どのように行動すべきか」と定義した上で、それぞれを次のように策定・公表している。

「誰一人取り残されない、人に優しいデジタル化を。」(ミッション)
「優しいサービスのつくり手へ。大胆に革新していく行政へ。」(ビジョン)
「一人ひとりのために 常に目的を問い あらゆる立場を超えて 成果への挑戦を続けます」(バリュー)

また同庁では策定して終わりにせず、組織文化の醸成を目的にさまざまな形でMVVを活用している。具体的には、MVVを体現した組織と個人を表彰しロールモデルとして庁内で共有する「MVV Award(アワード)」や、四〇人程度の有志がMVVの浸透活動を組織横断的に行う「バリューアンバサダー」、バリューに基づいて多面的な人事評価を行う「三六〇度

図表 5-1 MVV策定プロジェクトのイメージ（例）

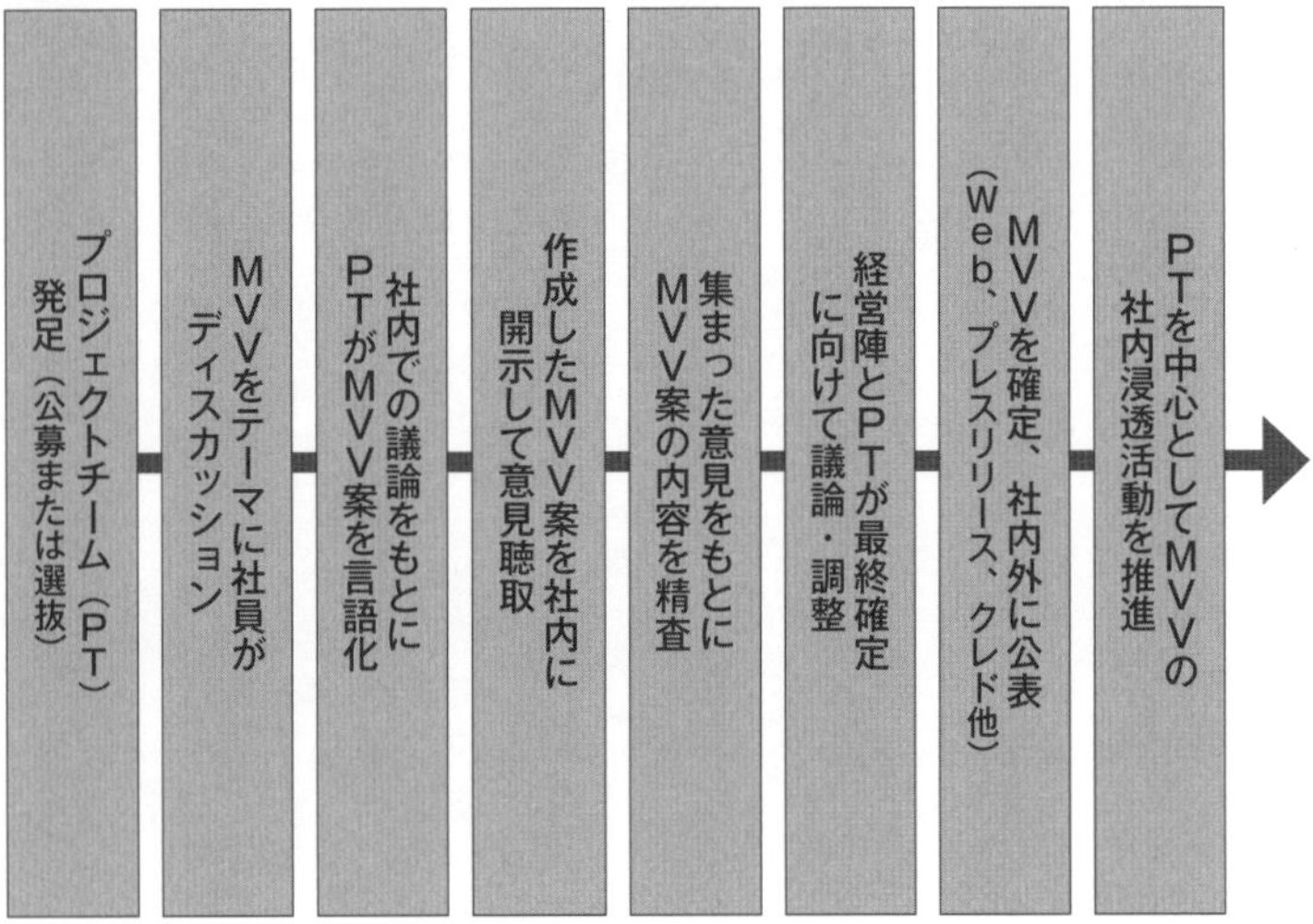
プロジェクトチーム（PT）発足（公募または選抜）
MVVをテーマに社員がディスカッション
社内での議論をもとにPTがMVV案を言語化
作成したMVV案を社内に開示して意見聴取
集まった意見をもとにMVV案の内容を精査
経営陣とPTが最終確定に向けて議論・調整
MVVを確定、社内外に公表（Web、プレスリリース、クレド他）
PTを中心としてMVVの社内浸透活動を推進

レビュー」の導入などである。

MVVがない、または改訂したい企業は**【図表5-1】**のイメージで進めるとよい。社員のディスカッションにおいては、「自社の原点は何か」を見つめ直す必要がある。創業者が経営理念に込めた[redacted]や創業以降の自社の成り立ちを知り、[redacted]社を存続させるために何を大切にして、ど[redacted]具体化してきたのかを探る。こうした自[redacted]の原点に立脚し、中長期的視点からMVVを[redacted]定・改訂していく。

そしてMVVに[redacted]づき、自社のDXビジョンを策定する。こ[redacted]で注意したいのは、DXの推進はあくまで[redacted]段であるということだ。自社のMVVに対[redacted]「テクノロジーを軸に自社がどのような社[redacted]を目指し、そのなかでどのような役割（ど[redacted]のような課題解決に貢献するのか）を果たしていくのか」が議論されているかどうかである。このDXビジョンを明確にしない限り、ビジネスモデルDXに向けた戦略やアクションプランを策定することはできない。

③ビジネスモデルDXの方向性を構想する

DXビジョンを策定した後は、それを具体化するビジネスモデルの方向性を考える。ビジネスモデルDXは大きく三つのカテゴリーに分けられる。

一つ目は「バリューチェーンへのDX実装」。非効率さの解消（コストとリスクの最小化）を目的にデジタル化を進め、省力化によって高収益モデルへと変革させる。例えば、アスクルは革新的バリューチェーンの構築を目的に、物流プロセスでのAIロボットの導入（搬送、ピッキング、荷下ろし）による省人化を進め、従業員の労働負荷軽減や無駄なコストの抑制を実現している。

二つ目が「サービス自体のデジタル化」だ。労働集約的なサービスをデジタル化することにより、新たなビジネスモデルへと変革させる。例えば小松製作所（コマツ）は、ドローン（三次元測量）やIoT（ICT建機）、デジタルツイン（シミュレーション）、AI（施工計画・管理）、クラウド（プラットフォーム）などを活用し、一万件以上の現場で安全性・生産性・環境適応性の高い施工を実現している。

そして三つ目は「新たな付加価値の創造」。ユーザー（利用者）とサプライヤー（供給者）をつなぐ〝場〟を創造したり（プラットフォームビジネス）、「誰に（ターゲット層）×何を（製品・サービス）×どのように（提供する仕組み）」という組み合わせや中身を変えたり（サブスクリプションやシェアリングなど）して、新たな付加価値を創造する。例えば、丸井グループはアパレル商品を仕入れて売る百貨店型の小売業から、店頭で採寸やカウンセリングを行ってネットから注文するD2Cブランドやサブスクリプション型ビジネスなど、デジタル主体の非物販売り場で店舗を構成する〝モノを売らない（非物販）小売業〟に転換。従来とは異なる収益構造にシフトし業績を大きく改善させた（後述）。

いずれのカテゴリーを選択するにせよ、自社のMVVとDXビジョン、そしてコアコンピタンスを理解した上で、デジタルを手段として戦略を立て、アクションプラン（行動計画）に落とし込む必要がある。その過程で戦略の推進に必要な情報システムや人的資本を把握し、新規導入や更新、補強、育成を図ることが求められる。

(2) 実装事例 丸井グループ／「売らない化」のビジネスモデルに転換

ファッションビルの「〇I〇I（マルイ）」を全国展開する丸井グループ（本社・東京都中野区）は、売上高経常利益率が約一七パーセント（二〇二三年三月期）と小売業では屈指の高利益率を誇る成長企業である。同社は東証プライム市場の業種区分こそ「小売業」だが、売上げの約七割をクレジットカード事業（フィンテック事業）が占めており、実質上は〝金融業〟の会社である（二〇二三年八月現在）。ただ、二〇一六年三月期時点では小売業の売上げが約七割を占めていた。この数年間で小売りと金融の売上構成比が逆転したのは、デジタル化を推進して抜本的にビジネスモデルを変革したからにほかならない。

①企業概要

同社は一九三一年、家具を月賦販売（月々の分割払い）する店として創業した。小売りと金融（信用取引）を掛け合わせる商法は創業当時からであった。戦後は百貨店業へ進出し、一九六〇年に日本企業で初めてクレジットカード（のちの「赤いカード」）を発行。高度経済成長期の一九七〇年代にアパレル・ファッション分野へシフトして業容が拡大させた。また二〇〇六年成立（二〇一〇年施行）の「改正貸金業法」を機に、ハウスカード（発行企業の店舗でのみ利用可能なクレジットカード）だった「赤いカード」を汎用カード（国際信販ブランドと提携し利用範囲が特定加盟店に限定されないクレジットカード）の「エポスカード」に切り替え、収益構造をキャッシングからショッピングクレジット（リボルビング払い）へと転換させた。

二〇一四年には取引先（テナント）との契約形態を、「消化仕入れ」方式（商品が売れた時点で取引先からの仕入れを計上する百貨店特有の取引形態）から、売り場区画ごとに期限を決めて賃貸借契約を結ぶ「定期借家」方式（以降、定借化）へ切り替えを進め、店舗事業構造を百貨店型からショッピングセンター型に転換した。この定借化によって、売り場区画の相場賃料分の売上げを確保できるテナントに入れ替えが進み、店舗の収益効率を高めることにつながった。同時に飲食や雑貨、ホビー、カルチャーなどのテナントを積極的に誘致し、従来のヤングファッション中心の店づくりから脱却を図った。

この定借化は、百貨店やショッピングセンターへの出店を断られやすいEC販売主体の小売店のテナント出店を取り込むことも狙いであった。その結果、二〇一三年度（二〇一四年三月期）の時点では消化仕入れが七割、定借が一割だったが、二〇二三年三月期は定借が九割、消化仕入れが一割と逆転している。

同社の成長の主役は売上げの七割近くを占める「フィンテック事業」であり、主な内訳は分割・リボ手数料、加盟店手数料、カードキャッシング利息などである。カード会員数は七三一万人（二〇二三年三月期）、カードクレジット取扱高は三・六兆円に達し、粗利益（売上総利益）全体の七割超を占めるドル箱事業となっている。

現在、同社は小売り・フィンテックに続く事業の柱として、新規事業投資（社内向け）と共創投資（社外向け）による「未来投資」事業を推進中である。このうち共創投資はスタートアッ

図表 5-2 丸井のビジネスモデルの変遷

	1931 年（創業）～	2006 年～	2019 年～
ビジネスモデル	労働集約型 小売主導	資本集約型 フィンテック主導	知識創造型 小売×フィンテック ×未来投資
資産 投資	固定資産 有形投資	金融資産 （自己株式取得）	無形資産 無形投資

出所：丸井グループコーポレートサイトより TCG 加工・作成

プ企業やファンドなどに出資し、社外と既存事業とのコラボレーションによるシナジーで貢献利益とファイナンシャルリターンの両方を得ることが目的である。同社では今後、小売り、フィンテック、未来投資という三位一体型のビジネスモデルと無形投資（ソフトウエア、人材・研究開発、新規事業）の促進を通じ、知識創造型のビジネスに進化させることを目指すという**【図表５－２】**。

②ビジネスモデルにおける課題

二〇〇六年から二〇一〇年にかけて、同社に大きな影響を及ぼす出来事が六つ発生した。一つ目は、二〇〇六年に可決・成立（完全施行は二〇一〇年）した「改正貸金業法」である。上限金利の引き下げと総量規制（年収の三分の一を超える貸し付け禁止）により、「赤いカード」のキャッシングサービスで多額の金利収入喪失と過払い金返還が発生。安定的かつ新たな収益源の創出が求められた。

二つ目は、「キャッシュレス化」である。二〇〇七年に交通系ＩＣカードの「ＰＡＳＭＯ（パスモ）」やセブン＆アイ・ホールディングスの「ｎａｎａｃｏ（ナナコ）」、イオングループの「ＷＡＯＮ（ワオン）」など電子マネーの発行が相次ぐなど、クレジットカード以外のキャッシュレス決済手段の普及が進んだ。

三つ目は、アップルのスマートフォン「ｉＰｈｏｎｅ」が日本国内で初めて発売されたことである（二〇〇八年七月一一日）。これを機にＥＣ利用者が飛躍的に伸び、ネットショッピングが完全に定着した。店に足を運んでモノを買うという購買行動が当たり前ではなくなり、書籍や衣料品を中心に消費者の「実店舗離れ」が進んだ。

四つ目は、シェアリングエコノミー（個人が保有するモノ・場所・スキルなどをネット上で共有する経済活動）の台頭である。個人間の民泊（民家での宿泊）を仲介する「Ａｉｒｂｎｂ（エアビーアンドビー）」（二〇〇八年設立）や配車アプリの「Ｕｂｅｒ（ウーバー）」（二〇〇九年設立）が米国でサービスを開始。商品を所有することに価値を感じる「モノ消費」から、商品を利用する体験そのものに価値を見いだす「コト消費」に消費者ニーズが変化していった。

五つ目は、リーマン・ショックである。これ以降、世界規模で金融不安が発生し、日本経済も急激に悪化。人件費削減を急ぐ企業が続出し、家計の実質可処分所得の減少で国内消費は大いに冷え込んだ。消費者の低価格志向はさらに強まり、特に百貨店業界では消費者が実店舗で商品の価格や性能を確認した後、他のオンラインモールから最安値で買う「ショールーミング」が深刻な問題となった。

そして六つ目が、「人口減少」である。少子高齢化が進む日本では、二〇〇八年をピークに総人口が一貫して減り続けている。国内人口の減少は、そのまま国内消費の縮小に直結する。また少子高齢化の進展によって、消費の主役が若年層・ファミリー世帯から高齢者層・単身世帯への移行が進んだ。さらにはリーマン・ショック以降の賃金の伸び悩みで嗜好品である衣料品への支出意欲が減退。とりわけヤングファッション市場の低迷が顕著となった。

これら六つの環境変化に直面した同社は、従来型の小売りビジネスに限界を感じデジタルによるビジネスモデルの変革に取り組んだのである。

③打った手と成果

同社は二〇一七年に「CDO（チーフ・デジタル・オフィサー／最高デジタル責任者）」を任命するとともに、経営トップが参加する「デジタル化推進委員会」を設置。全社横断でDXを推進して事業構造転換のスピードアップを図った。そして二〇一九年、新たな店舗戦略として公表したのが「デジタル・ネイティブ・ストア」構想だ。これは店舗でモノを売ることを前提にするのではなく、デジタルを起点として店舗で体験や顧客とのエンゲージメントの場を提供するテナントを拡大することで差別化を図るものだ。つまり「モノを売る店」から、「モノを売らない店」という従来の小売業にはなかったビジネスモデルへの転換である。これは前述したビジネスモデルDXの三つのカテゴリーのうち、「新たな付加価値の創造」に該当する。

具体的には、D2C（ダイレクト・ツー・コンシューマー＝自社商品を自ら運営するECサイトで顧客に直接販売する業態）ブランドやコンテンツ、飲食・サービスやシェアリングブランドのテナント出店を進め、ネット上では提供できない「コト」（体験やリアルコミュニケーション）を提供する店づくりを目指す。例えば、店頭で採寸だけを行い商品の購入はネットで行うオーダースーツ店をはじめ、フリマアプリの使い方を学べる店、店頭で髪質のカウンセリングを行い自分に合ったシャンプー・トリートメントをカスタマイズできる店、定額制（サブスクリプション）でモノを貸し借りできるアプリが実際の出品物を展示する店、オンラインとオフラインの相互送客を狙うネットショップのリアル出店などである。

基本的に各テナント店頭で物販は行わず、来店客は商品購入代やサービス利用料などをそれぞれテナント企業のECサイト内で決済する。丸井グループは利用金額に応じてポイントがたまる自社カードの入会・決済を促し、会員から手数料を得る仕組みである。D2Cブランドやカウンセリング業、ウェブショップなど〝コト〟を提供する企業は、実店舗での売上げが立たないため商業施設への出店が難しかったが、同社が推進する定借化とフィンテック事業の組み合わせにより、こうした企業群のテナント入居を可能とした。

またデジタル技術を活用し、小売店を「体験を提供する場」へ転換させる取り組みの一環として、D2Cでのビジネスエコシステム（多数の企業が分業・協業によって共存共栄する仕組み）を支援する会社「ディーツーシーアンドカンパニー（D2C&Co.）」を二〇二〇年に設立。D2Cスタートアップ企業への投資に加え、同社の経営資源を活用してモノづくりやECサイトの構築、リアル店舗の出店・運営に至るまで支援する。さらにアニメやゲーム、音楽、フードテック、コスメ、ソーシャル関連などのイベントも各店で開催し、来店動機を創出している。

この結果、同社の非物販カテゴリーの売り場面積構成率は三〇パーセント（二〇一九年三月期）から五六パーセント（二〇二三年三月期）と過半数に達した。内訳は、体験型テナントが二〇パーセント、食・サービステナントが三〇パーセント、常設イベントが六パーセントである。二〇二六年三月期には非物販テナントの構成比を七〇パーセントまで引き上げる計画だ**【図表5-3】**。

④学ぶべき成功のポイント

小売業は不安定なビジネスモデルである。今日来てくれた顧客が明日も来てくれるとは限らない。売れ筋商品を並べてみても、天気や景気の具合で客足が止まったり、ネット上の口コミ

図表 5-3　丸井グループの売り場面積構成比

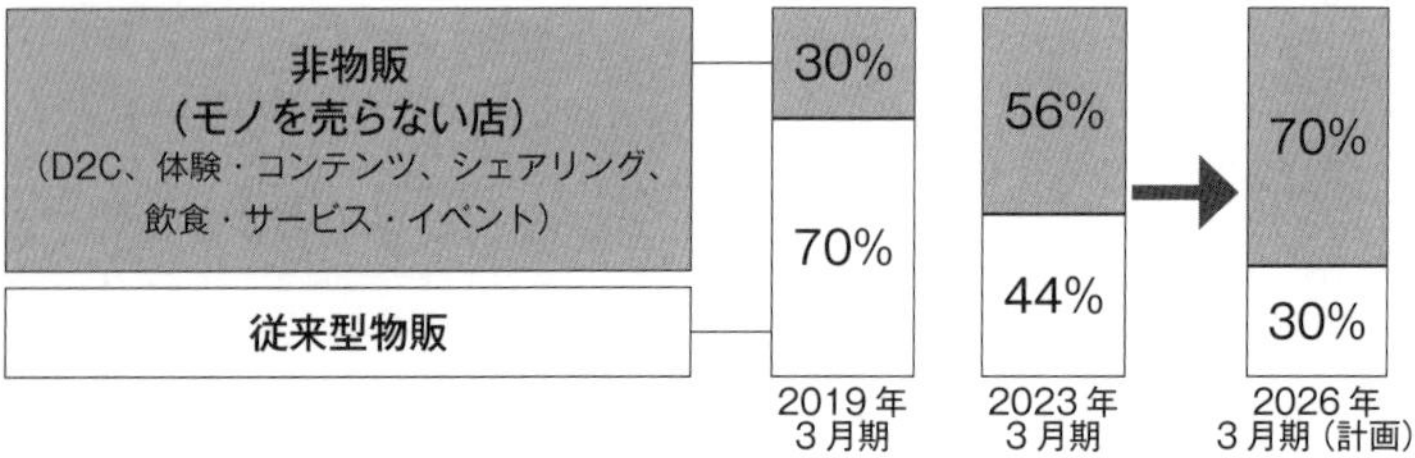

出所：丸井グループ「共創経営レポート 2019」および「2023 年 3 月期決算短信」をもとに TCG 加工・作成

やトレンドの風向き次第で売れる商品が急に変わったりする。インバウンド需要も為替相場や政治状況、感染症の流行状況などによって大きく変動する。特に、競合店の多い商業集積地やターミナル駅に立地し、買い回り品を中心に取りそろえる百貨店業態は、こうした外部要因に左右されやすく業績のばらつきが大きい。

そのため同社は、単年度ベース・仕入れ商品売り切り型というフロービジネスから、継続的に「リカーリングレベニュー」（店舗の不動産賃貸収入やクレジットカード手数料などの定期収入）を得るストックビジネスへと事業構造の転換を図った。そのため自社直営売り場や物販テナントを縮小し、デジタル技術を活用して「売ること」を目的にしないという従来の小売業ではあり得ない店づくりを選択した。

それぞれの来店客をエポスカード会員に誘導することで、テナントの家賃収入に加えてカード決済手数料も得られる仕組みを構築。一般的なショッピングセンターではテナントが

図表 5-4 丸井グループの目指す姿

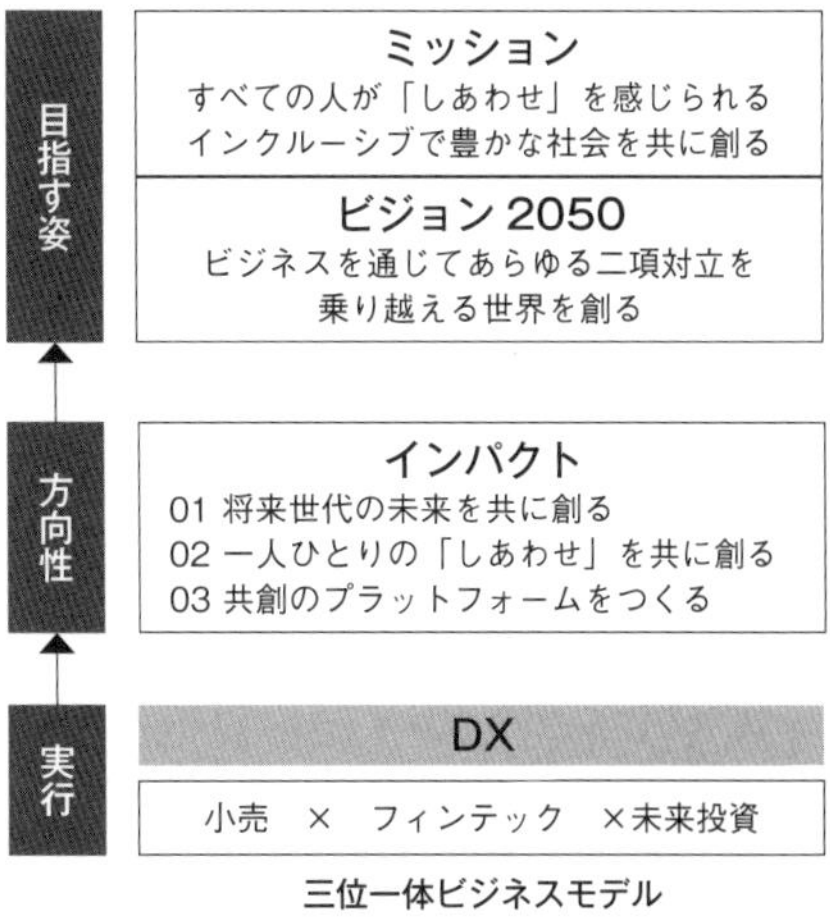

出所：丸井グループ「共創経営レポート2021」をもとにTCG加工・作成

売上げを伸ばしても家主のデベロッパーが得られる収入（家賃）は一定だが、同社の場合は家賃収入のほか、テナントの売上げ（エポスカード決済）が増えるほど手数料が多く入る仕組みである。これによって同社がテナントや顧客から得られる「LTV（顧客生涯価値）」は年々拡大し、翌期以降の収益化が確実なリカーリングレベニューが売上総利益の約七割（六七パーセント／二〇二三年三月期）を占めるまでになっている。

丸井グループは「すべての人が『しあわせ』を感じられるインクルーシブで豊かな社会を共に創る」ことをミッションに掲げ、その実現のため二〇五〇年に向けたビジョン（ビジョン2050）として「ビジネスを通じてあらゆる二項対立を乗り越える世界を創る」

ことを宣言した。同社はその手段としてデジタル化と技術革新による事業構造転換に取り組み、今後もＤＸを推進する考えだ【図表５‐４】。

2 マーケティングＤＸ

(1) 成果獲得のポイント

マーケティングＤＸとは、デジタルテクノロジーを最大限に活用し、マーケティングプロセスを変革して企業の競争力を強化する取り組みをいう。ニーズや行動が多様化する個々の顧客に合わせた（＝パーソナライズ）マーケティング活動を実行することにより、顧客との接点や関与を強化して事業の成長を促す。

ここで企業が目指すべきは「データドリブン」と「顧客中心の組織構築」である。顧客のニーズや行動を深く考え、それに基づいてパーソナライズされた製品・サービスを提供することだ。そのためには、全社でのデータ活用、組織におけるデジタルマインドセットの共有、新しいテクノロジーへの適応といった要素が求められる。

近年よく見られる推進方法としては、事業や商品を限定してデジタルマーケティングを展開し、目に見える具体的な成功事例をつくり、そのエッセンスをパッケージに凝縮して全社で横展開を図るケースである。たとえ小さな成果であっても、成功事例を可視化することによりデジタルシフトの機運と社内理解を促進し、「デジタルネイティブな組織」(デジタルが身近にあり慣れ親しんでいる組織)へと変革していく。したがってここでは、デジタルマーケティング領域にフォーカスした取り組みについて考察する。

コロナ禍を経た現在、ネット通販やキャッシュレス決済、ウェブ会議など、直接的な接触を避ける「コンタクトレスエコノミー(非接触経済)」の需要が拡大するなか、顧客の購買モデルはリアルから「リアル&デジタル」に大きく変化している。「ECサイトを開設した」「ウェブ広告を出稿した」「SNSでコンテンツを発信した」というのは営業施策や販売促進の手段を単にデジタル化しただけで、マーケティングDXを実装したとはいえない。

マーケティングの手段をデジタル化しても「ウェブページをつくりっぱなし」(コンテンツ不足)、「見込み情報(リード)を生かせない」(営業部門との連携不足)、「成果が限定的で競争優位にならない」(ターゲットやマーケットが広過ぎる)など、走り始めたまではよかったが、日がたつにつれ問題が山積するばかりというケースは多い。

マーケティングにおけるデジタル活用を競争優位性につなげるためには、「自社に即した〝成果が出る〟マーケティングへのデジタルシフト」がカギとなる。

①「コンテンツマーケティング」の展開

マーケティングDXでは、自社のターゲット顧客（一般消費者や企業の調達担当者など）の購買行動の前段階から接点（タッチポイント）をつくることが重要だ。そのためにも、既存客・見込み客・離反客・休眠客が抱えている課題をつかみ、その解決に向けた提案や情報を、それぞれのニーズに合わせた適切なコンテンツとして発信し、スムーズに購買の意思決定を促す必要がある。このように、顧客へ有益な情報提供を適切に行うことで、その後の購買活動につなげる手法を「コンテンツマーケティング」と呼ぶ**【図表5－5】**。

これは、ウェブサイトやSNSなどを駆使して情報を集めている顧客に対し、役立つ情報をタイムリーに提供して結果的に自社商品を選んでもらうためのアプローチであり、現在のコンタクトレスエコノミーに対応する上でも有効である。発信するコンテンツとしては、最新の業界・製品・技術トレンドや自社商品を活用した顧客の成功事例、社員と顧客のインタビューやイベントリポートなどである。

コンテンツマーケティングのポイントは大きく次の五点である。

図表5-5 コンテンツマーケティング

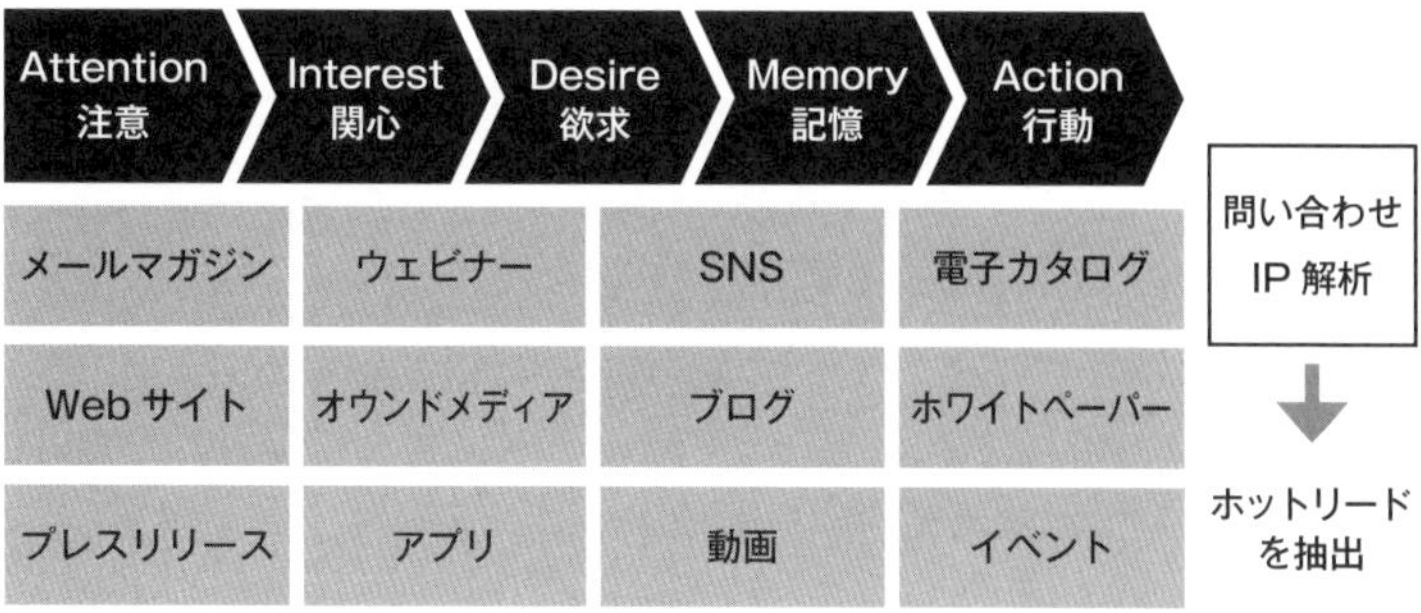

●コンテンツを多く制作する……検索エンジンの検索結果に表示されやすくなり、新規見込み客との接点の可能性が広がる

●良質なコンテンツを提供する……顧客の課題解決や生活・業務に役立つ有益な情報を提供し、顧客体験価値の向上につなげて競合他社と差別化を図る

●自社のウェブサイトに誘導する……見込み客にメールやSNSを発信し自社サイトへ誘導、サイト内の行動履歴から興味・関心を把握する

●タイムリーに情報発信する……顧客の購買プロセスに合わせて情報発信を行う

●ホットリード（購買意欲の高い見込み客）を把握する……サイト内の行動履歴からホットリードを抽出し、インサイドセールス（内勤営業）、そしてフィールドセールス（外勤営業）へつなげる

は「保有リード数」と「コンテンツ数」である。これら二つの〝ストック〟に先行投資する企業ほど大きな成果を得ている。保有リード数とコンテンツ数が多ければ、より多くの見込み客に、より適切な顧客体験（非対面による顧客課題の解決）を創造できるからである。

コンテンツマーケティングへの投資は、短期的な費用対効果を求めるのではなく、二、三年後を見据えた中期的視点で実施したい。しかし実際には、目に見える成果を早く上げようとするあまり、性急な「種まき」（情報提供、接点づくり）と「刈り取り」（商談設定、クロージング）、目先の利益にとらわれた投資判断など、時間をかけてホットリードを〝育成する〟という視点に欠ける企業が少なくない。

潜在顧客との継続的な関係性を強化することが、競合他社と異なる顧客体験を生み出し、「問い合わせ」というアクションにつながる。デジタル化で業務スピードが飛躍的に高まるからといって、顧客との関係性構築もスピードアップできると思ったら大間違いだ。リードを獲得するには、中期的目線での取り組みが不可欠ということを理解する必要がある。

②「デマンドジェネレーション」への取り組み

デマンドジェネレーションとは、営業部門に引き渡す見込み案件の創出・発掘活動をいう。

特に、BtoB（企業間取引）において効力を発揮するデジタルマーケティングの手法として活用が進んでいる。

大きく五つのプロセスで構成され、具体的にはリードジェネレーション（見込み客の獲得）、リードナーチャリング（見込み客の育成）、リードクオリフィケーション（見込み客の絞り込み）、インサイドセールス（関係構築と情報収集）、フィールドセールス（商談設定と成約獲得）と続き、受注に至るという流れである**【図表5-6】**。

従来のデジタルマーケティングといえば、SEO（検索エンジン最適化）やリスティング広告（検索連動型広告）を駆使してウェブ上で見込み客を効率よく集め、直接セールスをかけるというアプローチが主流だった。手っ取り早く見込み客を集めることがデジタルマーケティングの役割であり、そこから先はセールスの出番。見込み客を訪問して受注につなげるのはセールスパーソンの仕事であり、わざわざ時間と手間をかけて、デジタル上で顧客の育成や絞り込みまでするという概念がなかった。

ところが、コロナ禍による行動制限で見込み客に直接アプローチができなくなり、非対面を前提とした営業活動を余儀なくされた。一方、非対面による顧客接点を仕組み化した企業は、コロナ禍でも業績を伸ばすことに成功した。コロナ禍が収束して以降も、そうした企業はデマンドジェネレーションによって効率よく受注を獲得し、フィールドセールスのマンパワーに依

図表 5-6 デマンドジェネレーション

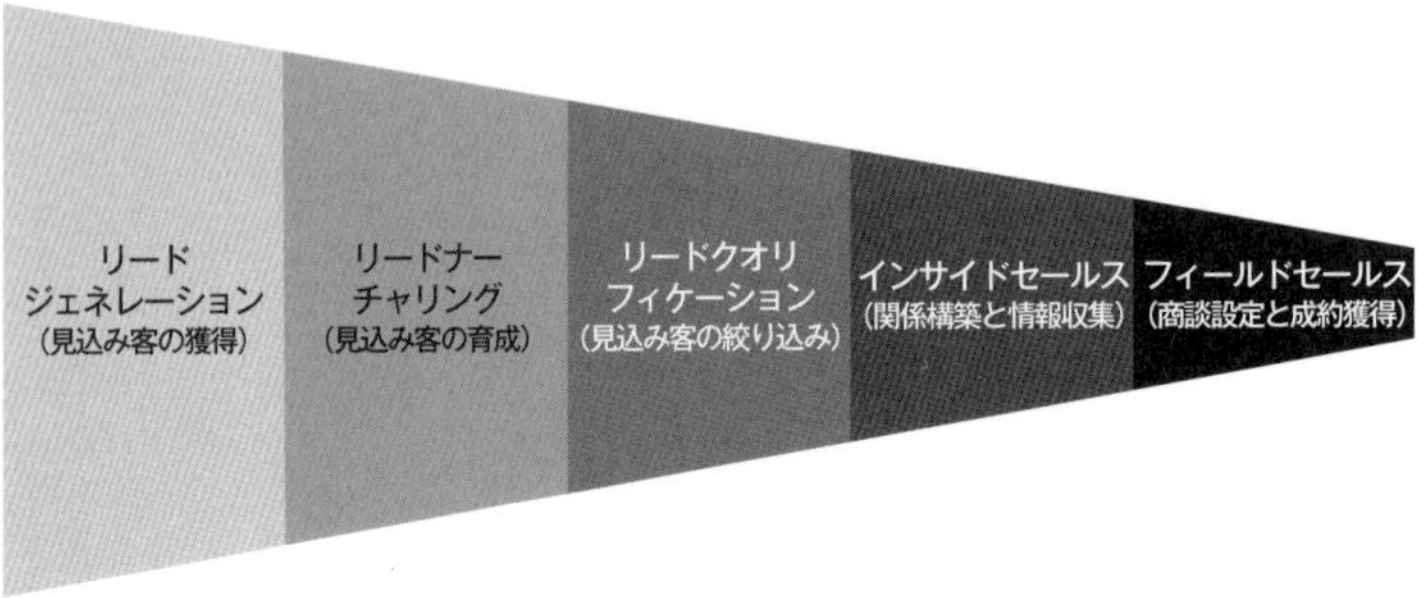

存する企業は逆に苦戦を強いられている。

デマンドジェネレーションを進めるには、データマネジメントが必要不可欠だ。SFA（営業支援システム）やCRM（顧客管理システム）、MAツール、エクセルで作成したイベント参加者リストや営業担当者の机の引き出しに眠っている名刺など、見込み客情報や履歴情報があちらこちらに散らばっていると一貫したマーケティング活動が展開できない。

リード獲得からクロージングまでのデータマネジメント体制を構築する場合、社内横断的にコミュニケーションをとり、一定の権限を持って活動する組織が必要になる。そのため、強力なデマンドセンター（デマンドジェネレーションの推進チーム）を組成することも重要である。

デジタルマーケティングの技術は急速に進化を続けており、顧客の消費行動や購買活動も大きく変化している。しかし、いまだに旧来のイメージでマーケティングを捉える企業は多く、マーケティングDXに積極的に取り組む企業との間には大きな開きが生まれている。マーケティングDXは、ウェブ広告の手法でもなければ、デバイスを使ったプロモーション施策でもない。BtoB、BtoCにかかわらず企業が今後勝ち残っていくためには、魅力的な非対面式のタッチポイントをデジタルで設計し、競合他社より良質な顧客体験を提供することである。

(2) 実装事例 アシックス／ランニングエコシステムの構築

大手スポーツ用品メーカーのアシックス（本社・神戸市中央区）は、全売上高の七割超を海外市場が占め、特に欧米ではランニングシューズで強固なブランド力を誇る。だが、コロナ禍による個人消費の低迷と東京オリンピック開催延期が直撃し、二〇二〇年一二月期連結決算で二桁減収・営業赤字転落を余儀なくされた。しかし、二年後（二〇二二年一二月期）に二桁増収・営業黒字転換と業績が大きく改善し、売上高・営業利益ともに過去最高を更新した。このV字回復の原動力となったのが、無料会員プログラム「ＯｎｅＡＳＩＣＳ（ワンアシックス）」を軸に「ランニングエコシステム」を構築するという、デジタルマーケティング戦略であった。

①企業概要

同社は鬼塚喜八郎氏が一九四九年に神戸市で創業（鬼塚商会、のちのオニツカ）した。非行に走る戦災孤児らをスポーツの道で更生させたいという思いと、製靴業が地場産業という神戸の地の利を生かしてスポーツシューズの製造を手掛けるようになった。鬼塚氏にスポーツシューズの製造を勧めた戦友が口にした古代ローマの詩人ユベナリスの言葉「健全な身体に健全な精神があれかし(ANIMA SANA IN CORPORE SANO)」は、同社の現社名(ASICS)の由来となった。当時、最も製造が難しいとされていたバスケットシューズの開発からスタートし、陸上、ゴルフ、バレー、サッカーなどさまざまな競技用シューズに手を広げていった。

一九六〇年代に米国市場へ本格的に進出し、その際に同社製シューズの米国販売代理店として設立されたのがナイキの前身「ブルー・リボン・スポーツ」である。一九七七年にはスポーツウエア・用品メーカーのジェレンクとジィティオと合併して総合スポーツメーカー「アシックス」が誕生し、現在に至る。

創業当初は資金も設備も知名度もない、神戸の町工場だった同社を世界的ブランド企業に押し上げたのが「頂上作戦」である。これはランニングシューズ購買層のうち、最も影響力が強いトップアスリートをターゲットに設定し、そこを起点に下位のレイヤー（階層）へと浸透させていくマーケティング戦略だ。具体的には、オリンピックメダリストや国際大会で上位に入る一流選手の要求をもとに製品を開発、商品化する。トップアスリート層の動向に敏感な若年ランナー層が追随し、市民ランナーやフィットネスランナーなどの愛好家や初心者層も買うようになり、商品が市場に浸透していく。

同社は一九六四年に開催された東京オリンピックで、日本代表選手団や各国のトップ選手に独自開発のシューズを供給し、五輪閉幕後に一般販売したところ大ヒットした。トップレベル層が満足する製品を作れば必然的に一般消費者も満足する商品になるとの考え方であり、現在はスポーツ用品以外の分野でも一般的なマーケティング方法となっている。

二〇二〇年、同社は日米欧の三市場でランニングシューズのシェアナンバーワン奪還を図るべく、社長直轄組織「Cプロジェクト」を発足した。Cは、鬼塚氏の言葉である「まず頂上から攻めよ」の〝頂上（Ｃｈｏｊｏ）〟の頭文字が由来だ。社内横断的に各部署の若手人材が集結し、トップアスリートと連動したモノづくり・コトづくりを行っている。

②マーケティングにおける課題

同社は二〇一六年以降、主力の米国市場でランニングシューズの販売不振が続き、それと比例して全社業績も下降曲線を描いた**【図表5-7】**。米国の小売市場におけるチャネルシフトの動きと消費者ニーズの変化に対し、後手に回ったことが大きな要因であった。

同社の売上高で最も多くを占めているチャネルはホールセール（小売企業への卸売）であり、BtoBtoC（消費者向け企業間取引）が売上げ全体の八割を占めていた。しかし、二〇〇〇年

図表 5-7　アシックスの連結売上高（全体および米州）の推移

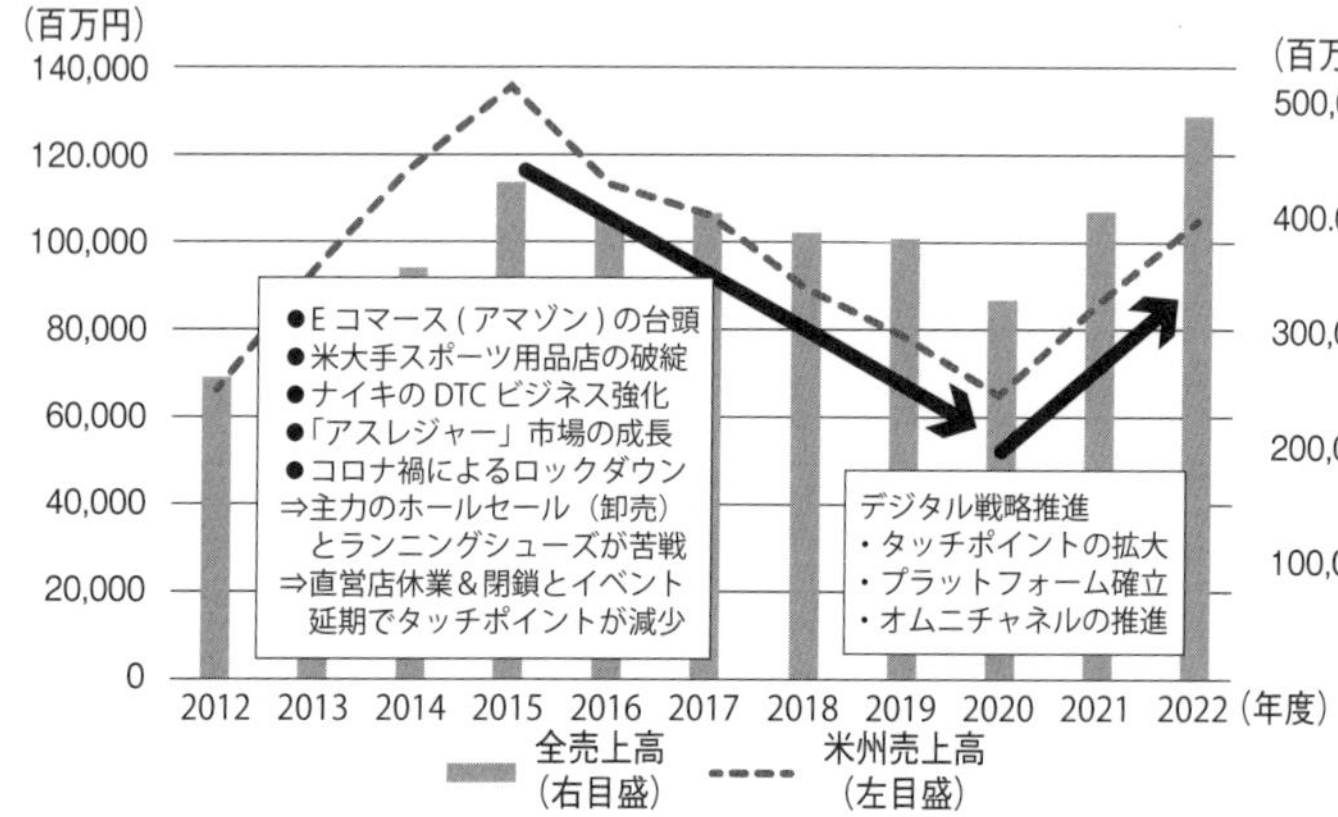

注1）2019 年度より米州地域に含めていた南米の売上高を「その他地域」に移管
注2）決算期の変更（3 月→12 月）により 2014 年度決算は 9 カ月の変則決算
出所：アシックス IR 資料より TCG 作成

代後半からネット通販サイトのアマゾンが台頭し、名門百貨店や大手量販店が相次いで倒産。これらの現象は「アマゾンエフェクト（急成長するアマゾンが他の企業や業態に及ぼすネガティブな影響）」と呼ばれ、実店舗を展開する小売企業の脅威となった。

スポーツ用品市場においても、最大手のスポーツ専門店チェーン「スポーツオーソリティ」が破綻（二〇一六年）。専門店やショッピングモールの閉店ラッシュで、アシックスは米国の有力な売り先を失うこととなった。当然、他のスポーツメーカー各社も主力チャネルがホールセールであったため、同社と同様に大きな打撃を受けたが、各社は小売店に商品を卸すBtoBから自社のECサイトや直営店による消費者直販（DTC＝Direct to

Consumer）へシフトする戦略転換を選択した。

特にナイキは二〇一七年に「コンシューマー・ダイレクト・オフェンス」戦略を発表し、デジタルに軸足を置いたDTC事業（ナイキダイレクト）を立ち上げ、既存顧客（小売店）との卸取引を縮小した。二〇一九年にはアマゾンとの取引もやめた。四つのアプリ（通販、フィットネス、ランニング、情報収集など）を通じ、パーソナライズ化されたコンテンツやサービスを提供して消費者とのタッチポイントを広げつつ、個々に適した自社商品を紹介。また、購入した商品を店舗で受け取れるBOPIS（ボピス）（Buy Online, Pick-up In-Store）の展開や店舗購入に対する限定特典を付与するなど、デジタルとリアルを融合するマーケティングDXを推進した。

一方、アシックスは早くから直営店を展開していたが、ホールセールも重視したため小売店との関係からEコマースへの取り組みが遅れていた。売上高全体に対するEコマース比率は二〇一五年度で一・四パーセント、二〇一八年度時点でも三・八パーセントに過ぎなかった。また米国は日本よりも先行してスマートフォンの普及が進んでおり、競合各社はモバイルマーケティングでタッチポイントの増強を図ったが、当時の同社はモバイルをマーケティングに活用しきれていなかった。そのため消費者の購入経路（オンラインストア）と、同社の供給経路（オフラインストア＝実店舗）の間でズレが広がっていった。

さらにカナダ発のヨガウエアブランド「ルルレモン・アスレティカ」が北米で急成長し、エクササイズやフィットネスなどのファッションスタイルを街着に取り入れるトレンドが若い世代を中心に流行した。それを機に「アスレジャー（アスレチックとレジャーを組み合わせた造語）」と呼ばれるカジュアルファッションが生まれ、スポーツウエア・用品市場を席巻した。同社の強みである高機能ランニングシューズ市場においても、スポーツとファッションの境界がなくなり、アシックスブランドのプレゼンスが低下した。

シリアス層（熱心にスポーツに打ち込む人々）が対象のアスレチック（運動競技）領域を主戦場としていた同社は、気軽にスポーツを楽しむ層への商品訴求が手薄だった。また店頭の購買情報を卸取引先経由で得ており、一般消費者とのタッチポイントも限られていたため、ニーズの変化やトレンドの傾向をタイムリーに捕捉することが難しかった。

③打った手と成果

実店舗の急速な衰退とマーケティングのデジタルシフトを見た同社は、二〇一八年に中期経営計画「ＡＧＰ２０２０」を修正し、最重要施策としてデジタルを掲げ、Ｅコマースやオンラインサービスに経営資源（マーケティング投資、人員）を集中すると表明した。ところが新型コロナウイルス感染症の世界的流行により、個人消費の急激な冷え込みに加え、各種競技大会の中止や規模の縮小、直営店の休業・閉店を余儀なくされ、「ＡＧＰ２０２０」の最終年度である二〇二〇年度決算では二桁減収・営業赤字転落という厳しい状況に直面した。

そこで同社は二〇二〇年一〇月、将来（二〇三〇年）のありたい姿を表した長期ビジョン「VISION2030」を策定。同社の創業哲学である「健全な身体に健全な精神があれかし」の英訳である「Sound Mind, Sound Body（サウンドマインド・サウンドボディー）」をブランドスローガンとして掲げ、それを体現する事業ドメインとして「プロダクト（製品）」「ファシリティとコミュニティ（場の提供）」「アナリシスとダイアグノシス（分析と診断）」の三つを設定。デジタル技術を活用し、顧客の嗜好や価値観にパーソナライズされた製品、運動プログラム、最適なスポーツ環境を提供することで、人々の心と体の健康の実現を目指すとした。

そして「VISION2030」の達成に向け策定した「中期経営計画2023」では、戦略目標の一つとして「デジタルを軸にした経営への転換」を掲げ、三つの柱を中心とするデジタル戦略を全社で推進した【図表5-8】。

一つ目は「デジタルビジネス」で、ランニングエコシステムの構築によるタッチポイントの拡大を目指す。二つ目が「デジタルマーケティング」で、同社の無料会員サービスプログラム「OneASICS」をプラットフォームとしたデジタルマーケティングの推進。そして三つ目は「デジタルオペレーション」で、オムニチャネル（DTC）の展開強化に向けERPやPLM（製品ライフサイクルマネジメント）、MDM（モバイル端末管理）などバックエンドシステムの構築

図表5-8 アシックスのデジタル戦略のイメージ

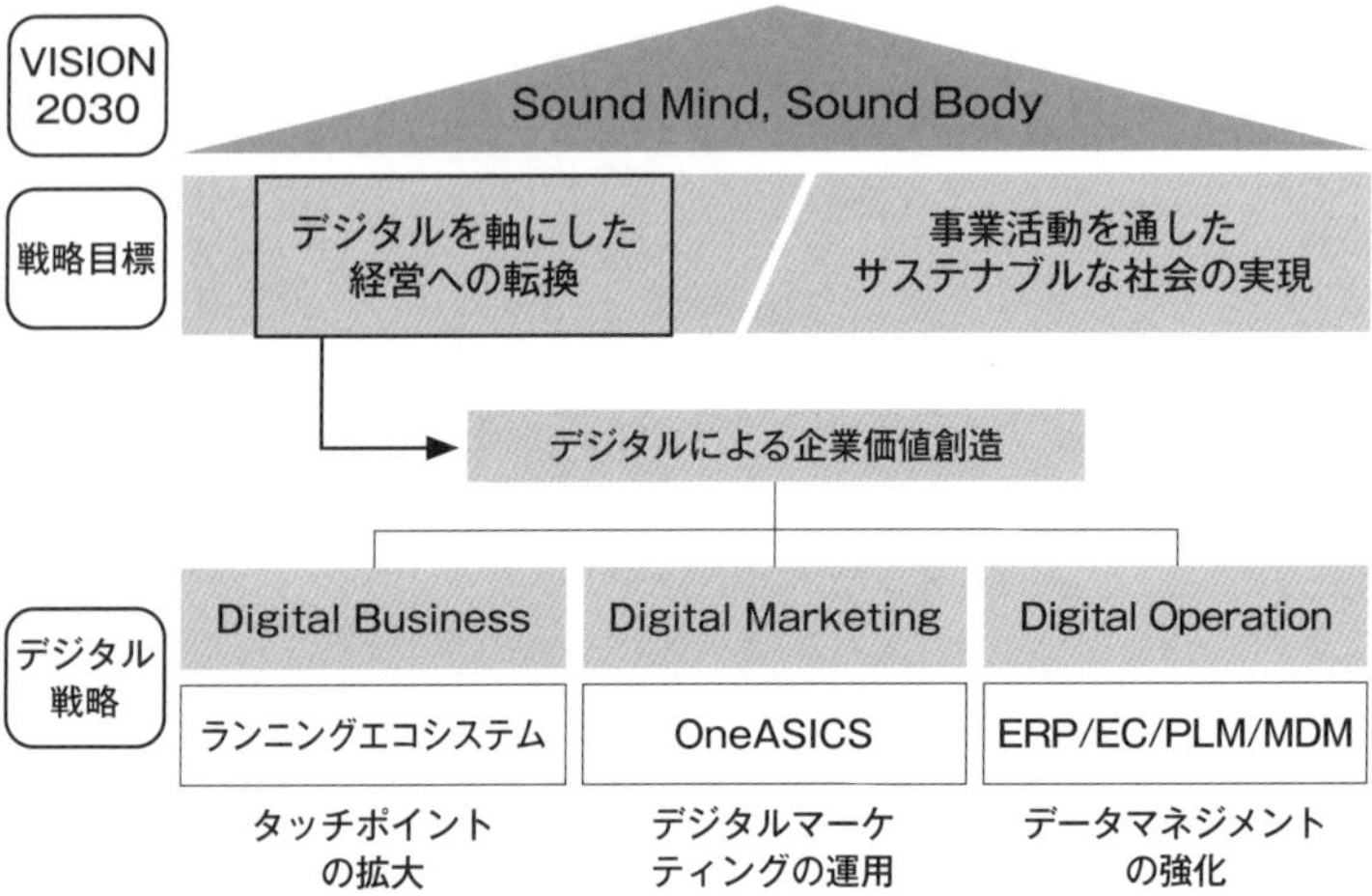

出所：アシックスIR資料をもとにTCG加工・作成

によるデータマネジメントの強化である。

　同社はまずメインユーザーであるランナーを対象にカスタマージャーニーを検討。「トレーニング」（ランニングアプリ）、「レース登録」（レース登録サイト）、「デジタルマーケティング」（ワンアシックス、SNSなど）、「オムニチャネル販売」（DTC）、「ロイヤリティプログラム」（ポイントプログラム）と、デジタル活用でタッチポイントを増やすエコシステムモデルを作成した【図表5-9】。

　そしてデジタル戦略のプラットフォームとして、さまざまな会員特典サービス（オンライン購入商品の送料無料、メールマガジンやウェブコンテンツによる情報発信、各種イベント招待、ポイントプログラムなど）を提供するワンアシックスをスタートさせた。さらに、エコ

図表5-9　アシックスのカスタマージャーニー（ランニングエコシステム）

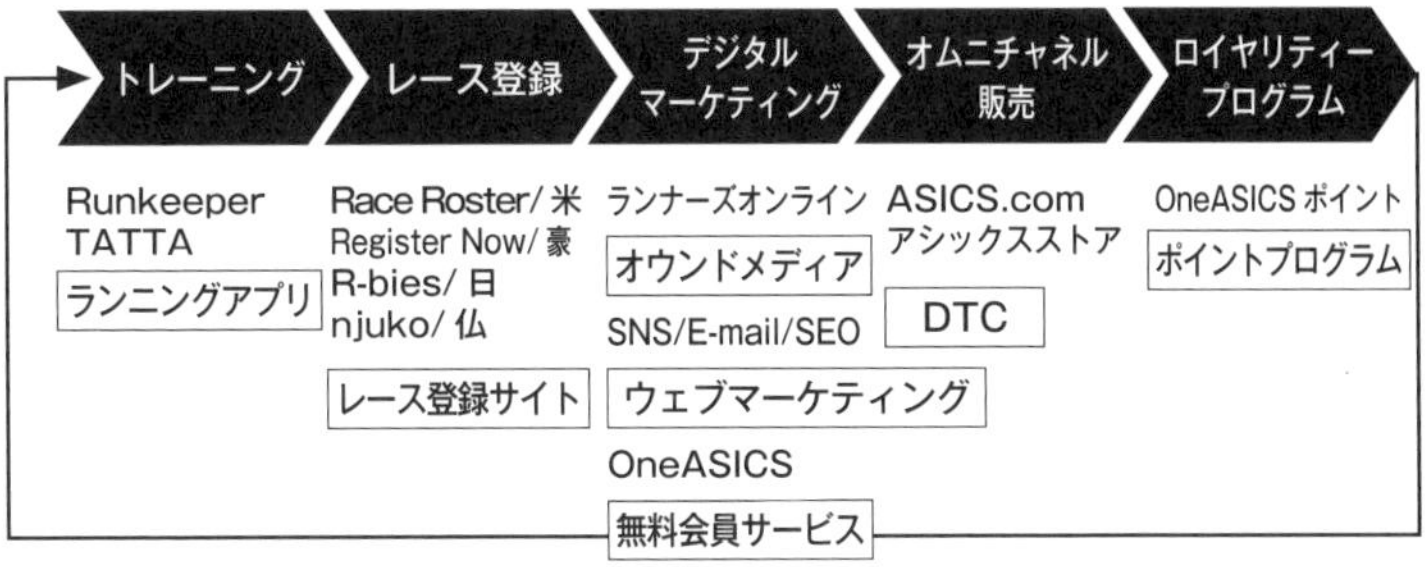

出所：アシックスIR資料をもとにTCG加工・作成

システムのミッシングピース（戦略実現に足りない要素）を埋めるためランニングアプリや各地域（日米欧豪）でレース登録サイトを運営する企業を相次いで買収した。

ワンアシックスを軸とした「ランニングエコシステム」の構築により、ユーザーはアプリを使って日々トレーニングを行い、自分に合ったレース大会へエントリー。その準備のため新しいシューズやアパレルの情報を検索して購入し、たまったポイントは同社運営のトレーニング施設や商品購入などに使ってもらう。レースを完走したユーザーは、次の大会イベントに参加するため、アプリを使ってトレーニングに励むというサイクルが生まれる。こうした一連のコンテンツマーケティングによりデジタルのタッチポイントが増えた結果、同社のEコマースの売上げが飛躍的に増加したほか、直営店への送客も進んで粗利益の高いＤＴＣの売上構成比が大きく上昇した**【図表5-10】**。

また、ランニングアプリ、レース登録、ＤＴＣ（直営店・

図表5-10 アシックスのECおよび直営店比率の推移

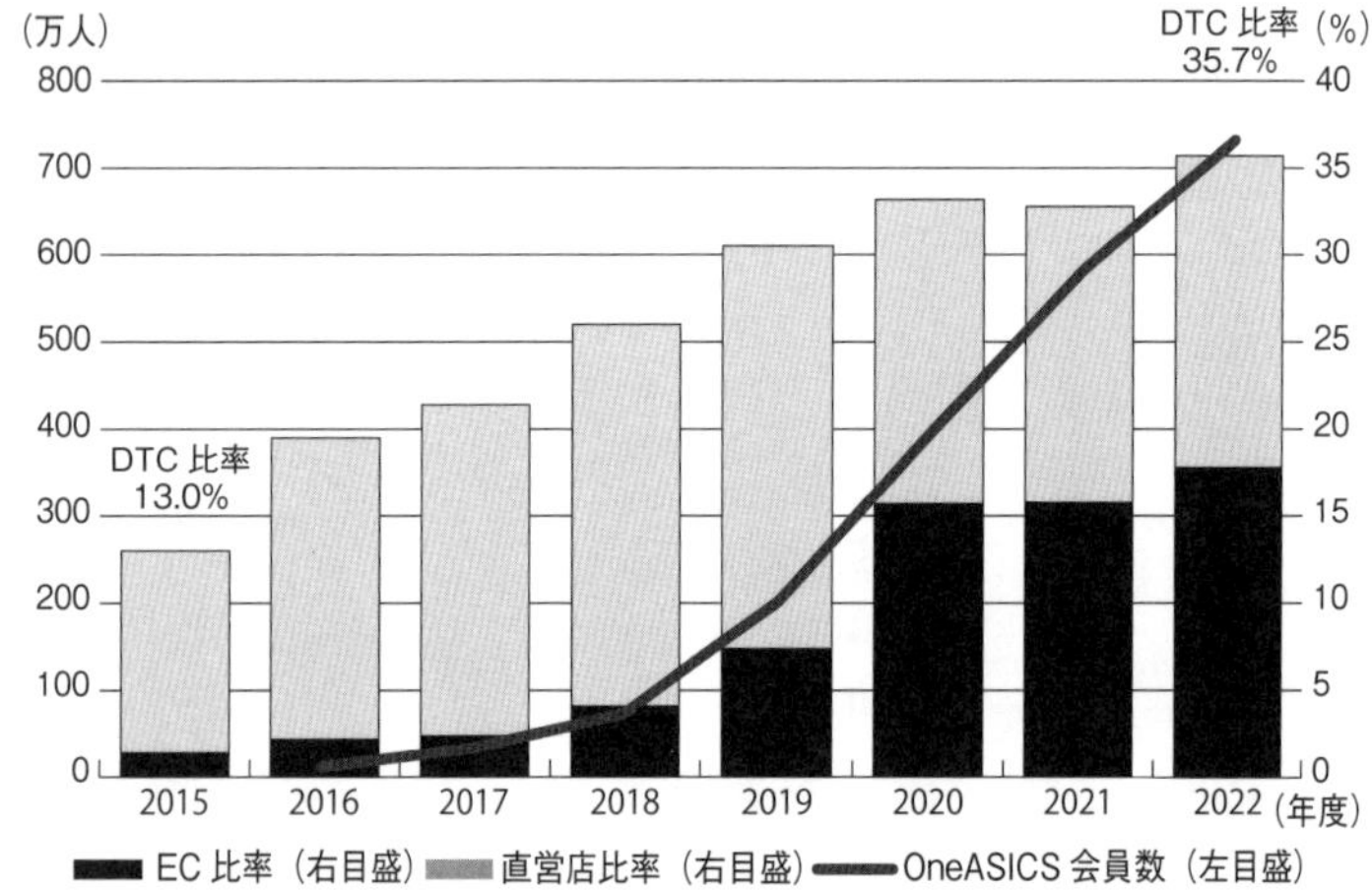

出所：アシックスIR資料よりTCG加工・作成

オンラインストア）のデータは一つのＩＤでワンアシックスに保存されるため、システム連携により最適な顧客データ分析が可能となり、顧客が必要とする情報をタイムリーに提供できるようになった。さらにマーケット動向をより早く、正確に把握することで商品戦略やマーケティング戦略に活用できるようになった。その結果、同社は二〇二二年度連結決算で過去最高の売上高と営業利益を計上し、中期経営計画の数値目標を一年前倒しで達成したほか、目標値を大きく上回った。Ｅコマースの売上比率やワンアシックス会員数などのＫＰＩも一年前倒しで達成した。

同社は、このデジタルエコシステムをテニスやトライアスロンなど他のスポーツカテゴリーにも広げていく考えだ。

④学ぶべき成功のポイント

ランナー一人がレースに一回参加する場合、レース登録費（五〇〇〇～三万円）、シューズやアパレルなどの商品購入費（五〇〇〇～二万五〇〇〇円）、トレーニングアプリ利用料（～二〇〇〇円）、栄養・食事サポート（～二万円）、移動・宿泊費（一万～三万円）までを含めると一〇万円以上を消費するといわれる（アシックスIR資料より）。関西大学名誉教授・宮本勝浩氏の試算（二〇二二年）によると、市民マラソンの経済効果は年間七一一三億円（コロナ禍前）に上り、二〇二二年におけるアスレチックウエア（二〇二二億円）やスポーツシューズ（三三三五億円）などの市場規模を上回る（矢野経済研究所調べ）。一方、日本のジョギング・ランニング推計人口（二〇歳以上、笹川スポーツ財団調べ）は二〇二〇年に過去最多の一〇五五万人に達し、今後も健康意識の高まりから市民ランナーが増える見通しである。

同社のマーケティングDXが成功したポイントは、長期ビジョンに基づいた戦略目標として設計したこと、ランニング市場でナンバーワンになるために経営資源を集中したこと（選択と集中）、ランニングエコシステムの構築によってLTV（顧客生涯価値）の向上を実現したこと、M&A（合併・買収）を有効に活用したこと、コンテンツマーケティングをはじめとしたタッチポイントの拡大で新規客と既存客をEコマースに誘導したことなどが挙げられる。

ランニングにおけるデジタルマーケティングの入り口（トレーニングアプリ、レース登録プラットフォーム）を押さえることで、これらの全世界のデジタルユーザー約一二〇〇万人を会員プログラムやEコマースへのシームレスな送客を実現したのである。

3 マネジメントDX

（1）成果獲得のポイント

①DX時代におけるマネジメントのあるべき姿（ToBe）

企業における「マネジメント」は業務範囲こそ多岐にわたるが、デジタル化の改善効果を最も実感しやすい領域であるといえる。例えば、社内データ蓄積・分析機能の実装、リアルタイムでの情報確認、〝プレイスレス（Placeless）〟な働き方を可能とするデジタル業務の移管、ルーティン業務の自動化などである。

ただ、マネジメントDXの目的は「高効率かつ情報集約機能を持った経営インフラの構築」と「データ活用による高度な意思決定機能の実現」にある。単一システムの導入効果でうたわことは当たり前の水準であり、それらを通じてどれだけ企業価値の向上へ結び付けられるかがマネジメントＤＸの肝である。

マネジメントＤＸを推進するには、「スピード」「実行力」「覚悟」「風土醸成」という四つが求められる。つまり、スピードとは計画や業務を停滞させない期限管理と意思決定の仕組み、実行力とは決めたことを行動に移すための仕掛け（実行力）である。また、マネジメントＤＸは全社員の業務に影響を及ぼすため、経営陣全体が覚悟を持って自社の方針やスタンスを明確に打ち出す必要がある。さらに全社員がシステムへの関与を求められるため、ＤＸに前向きな風土を醸成しなければスキル不足によるＤＸ機能不全が起こる。人材育成を通じて社内のＤＸリテラシーを向上し、ＤＸ風土を醸成することが必要である。

②マネジメントＤＸの具体化ステップ

ここでは単なるデジタルツールの導入に終わらせず、継続的に運用・定着させることで、マネジメントＤＸを具体化していくステップについて解説する。具体的には「現状認識」「ビジョン＆戦略設計」「システム構築＆実装・運用」という三つのステップで行う。

●ステップ1：現状認識

現状認識は外部環境と内部環境の両面から行う。まず外部環境についてはマネジメントDXに関連するデジタル技術を知る必要がある。生成AIや量子コンピューターなど最先端技術に目を奪われがちだが、まずは実用レベルの技術で何ができるかを調べることから始める。「業績可視化システム」「○○&BIツール」などのキーワード検索をかけると、マネジメント（業績管理、業務管理）関連の情報が見つかる。システムの比較サイトや技術コラムのまとめサイト、事例紹介サイトなどから、どのようなツールやサービスがあるのか、自社のビジネスにマッチしそうかという視点で調べる。

次に内部環境については、社内の課題を調査する。現状の管理業務の全体像を書き出し、どこに解決すべき事項（課題）があるかを整理していく。課題設定においてはマネジメントDXを実現する狙いを考えることだ。一般的には業務や管理面でのQCD（品質・費用・納期）の向上が挙げられる**【図表5-11】**。

例えば管理面では、管理会計（KPI）や社内コミュニケーション（会議体）、ドキュメント類の管理などで課題はないか。管理会計は「定量的な目標設定」や「三カ月先の先行業績が可視化されている」ことが理想だが、現状はどうだろうか。「業績を可視化する方法が属人化していないか」「手作業の集計で時間がかかっていないか（可視化に数日を要している）」など、Q

図表5-11 QCDの向上

Q（品質）	ムラをなくす	アプリやツールを使って業務を行う場合、事前段階で業務を標準化するため人による手際の違いなどのムラをなくすことができる
C（費用）	手間をなくす	帳票作成をシステムで実行したり、システム間で連携を図ったりすることで、集計や転記、紙印刷の手間をなくすことができる
D（納期）	時差をなくす	グループウエアを使用することでチャットやファイル共有を瞬時に行い、情報共有の時差をなくしてタイムリーな指示や判断ができる

CDの観点で掘り下げると課題があぶり出されるはずである。

●ステップ2：ビジョン&戦略設計

課題が見えてきた段階で、管理・業務の双方のあるべき姿を可視化する。簡単なイメージ図でよいので現状とあるべき姿を並べてみて、前例主義ではなく今の手法を変える、標準化するなど、何をどう変えるのかを関係部署や現場担当者と認識を合わせる。

この構想は上層部だけでなく、現場の担当者や管理者も交えて「どのような業務やマネジメントの姿に変えていくべきか」を決めていくことが重要だ。わが社らしい、社風に合ったあるべき姿を描き、可能な限り多くの社員が真に目指したいと思える姿を描く。それによって、開発段階で発生する困難にも一丸となって取り組めるようになるだろう。検討や開発の進捗も定期的に共有することで、ＤＸの取り組みに関心を持ち続けてもらうことがのちの導入・運用段階での現場の

図表5-12 マネジメントDXの推進体制例

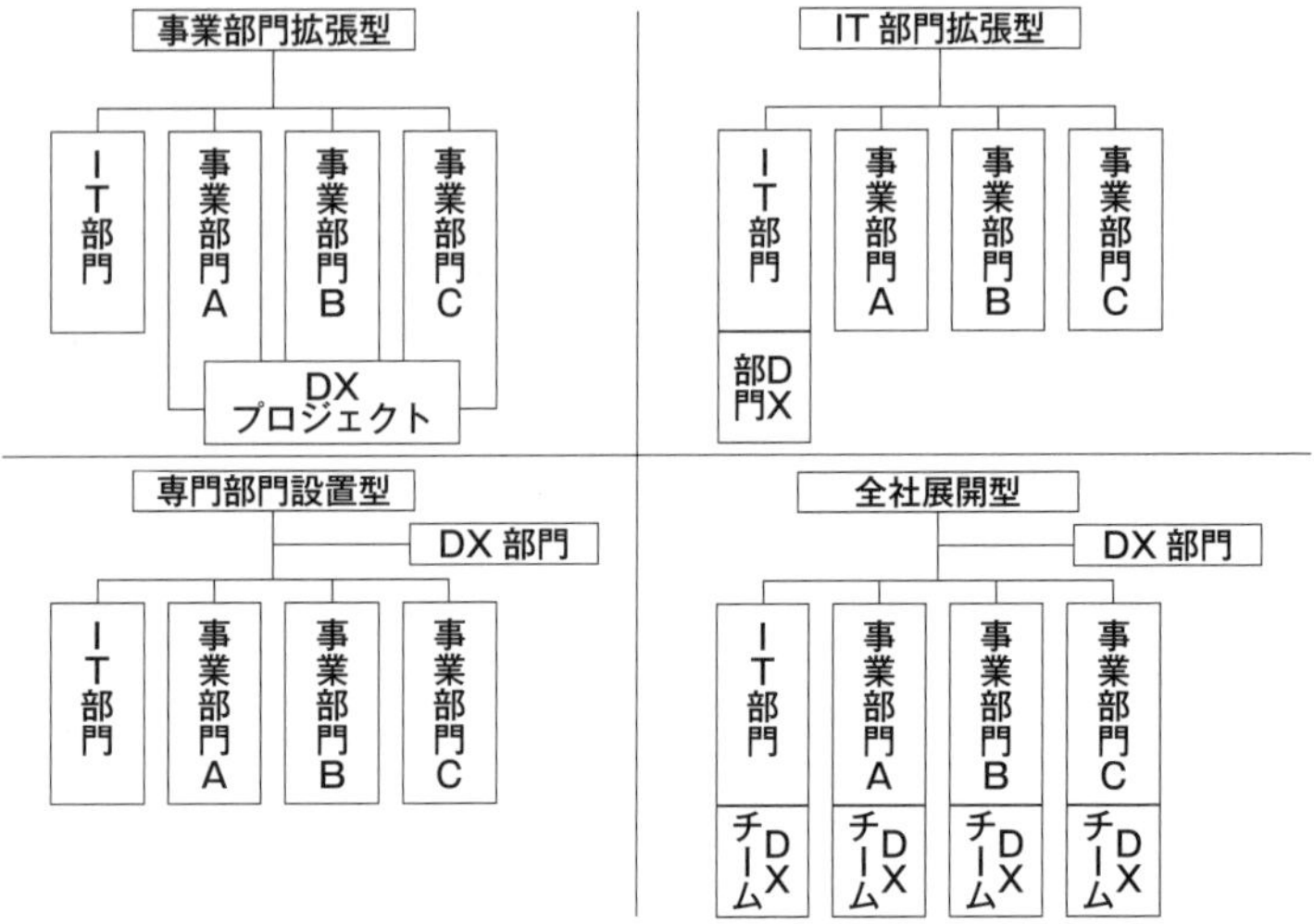

関与を強めるポイントである。

次に開発から運用・定着までを見据えた体制を決めていく【図表5-12】。マネジメントと現場の関係者が参画できる体制とし、現場オペレーションの負荷も考慮しながら目的の達成要件をまとめる。マネジメントDXの目指す姿は意思決定の高速化・高品質化である。その実現に必要なのは、どういった指標を可視化することで意思決定ができるのか（マネジメント層視点）、その指標を可視化するためには業務のどのシステムでどういったデータを登録・整理しなければならないのか（現場視点）という、二つの視点が連動していることである。また、推進体制にシステム部門やITに詳しい担当者が含まれていることが望ましい。

●ステップ3：システム構築&実装・運用

システム化については、市販のパッケージシステムか、スクラッチシステム（オリジナルシステム）を検討することになるが、ポイントは「（システム化で）何をやりたいのか」という自社の要件を文章化することである（これを「要求仕様の明確化」という）。システムベンダーから適切な情報や提案を受け、必要十分なシステムを構築するためにも必須である。難しい場合はITコンサルタントやベンダーに依頼して要求仕様を引き出してもらうことも有効だが、丸投げはせず、自分事化して主体的に開発に関与すべきである。

例えば業績指標の可視化ツールであれば、指標をどう活用したいのか（目的）、そのためには何の指標をどのくらいの頻度で可視化したいのか、可視化するためにはどういったデータが必要で、誰がそのデータをいつ登録する運用にするのか、など目的から落としてシステム側への要件をまとめていく。

実際の構築においては、小さく始めてトライ&エラーでつくり上げていく「アジャイル開発」の進め方がよい。最近はプログラミングスキルがなくても簡単なアプリ開発ができるノーコード、ローコードツールが増えている。システムも操作のわかりやすいものが多く、ITに詳しくない人でも開発に関わりやすくなっている。したがって、時間をかけてシステムを構築するのではなく、簡単なプロトタイプ（例えば、優先項目だけに絞った管理表など）をノーコードで作成し、有効性を検討しながら少しずつブラッシュアップしていく。

システム実装においては、運用前に社内で説明会を開き、あるべき姿と狙いや目的、機能と運用ルール、操作方法などを周知し、理解度を高めておく必要がある。運用開始後にも、質問への対応や改善要望の受付窓口（ヘルプデスク）などサポート体制の整備が必要だ。開発初期から現場担当者の意見を取り入れ、運用後も現場のリテラシー向上を図りつつ、改善の要望があればその対応状況を定期的にリポートする。「一緒に開発している」「要望が反映されている」ことを可視化することが、システム実装のポイントである。

また、システムの運用においては、適切なデータマネジメント（組織的なデータの管理運用）がしっかりと現場で行われているか、経営陣のデータドリブン（データに基づく意思決定）に貢献できているかを定量的に評価することが重要である。そのためにも、重要な指標データを一元的に可視化した「経営ダッシュボード」を作成し、モニタリングしていく必要がある。

現場で日常的にデータの収集・蓄積・分析が行えているか、業務や意思決定に要する時間・コストを削減できているか、経営陣はデータに基づいた意思決定を行えているか。それらで効果が見えなければ原因は何かを調べ、対策を打つというＰＤＣＡを繰り返す。これにより現場の運用定着と改善継続の好循環が回っていく。

(2) 実装事例 ヤマハ発動機／「Y・DX1 経営基盤改革」

オートバイ大手のヤマハ発動機（本社・静岡県磐田市）は二〇二二年一二月期連結決算で過去最高の増収増益を達成し、初めて売上高が二兆円を突破した。さらに営業・経常利益も初の二〇〇〇億円台に到達した。世界的インフレの影響で原材料費や物流費などコストが大幅に上昇するなか、円安効果の恩恵と新興国の二輪車需要の回復を受け、二期連続で売上げ・利益ともに過去最高を更新した。同社がコロナショックの業績不振から早期回復を果たす基盤となったのが、長期ビジョンの実現に向けて策定されたＤＸ中長期計画「Yamaha Motor to the Next Stage（ＹＮＳ）」である。

①企業概要

同社は一九五五年にピアノメーカーの「日本楽器製造」（現・ヤマハ）がオートバイ製造部門を分離・独立させた企業である（初代社長はヤマハ四代目社長・川上源一氏が兼務）。戦時中に航空機のプロペラや試験用エンジンを製作していたことから、その技術をバイクに転用することが目的であった。なお、現在はヤマハと株式を持ち合う関係にあるものの、支配従属関係はなくそれぞれ独立した経営を行っている。

二輪車のエンジン技術を応用して船外機やボート、産業用無人ヘリコプターなどに事業領域を拡大。一九九三年には世界で初めて電動アシスト自転車を量産化。現在は二輪車をはじめとする「ランドモビリティ事業」が売上げ全体の約六割を占める。そのほか船用エンジンやボート、漁船、プール施設などを手掛ける「マリン事業」、産業用ロボットや半導体製造装置、ドローンなどを製造する「ロボティクス事業」という三つの柱を展開。海外における売上比率と生産比率がともに九〇パーセント超を占め、一八〇カ国・地域でビジネスを展開するグローバル企業である。

二〇一八年には、「ART for Human Possibilities（人はもっと幸せになれる）」をスローガンとする長期ビジョンを策定。〝ART〟とは、同社が注力する領域である「ロボティクス技術の活用(Advancing Robotics)」「ヤマハらしいソリューションの発案(Rethinking Solution)」「モビリティの変革（Transforming Mobility）」の頭文字を示し、これらの領域に対する取り組みを通じて社会課題解決へ貢献するというものである。

この長期ビジョンの実現に向けた中期経営計画（二〇二二-二四年）では、売上高成長率と投下資本利益率（ROIC）により事業の位置付けを明確化し、経営資源を適正配分するポートフォリオマネジメントの実装を推進している**【図表5-13】**。

具体的には、モビリティサービス（二輪車を活用した移動・輸送サービス）や、低速自動走行車、

図表 5-13 中期経営計画（2022-24 年）のポートフォリオマネジメント

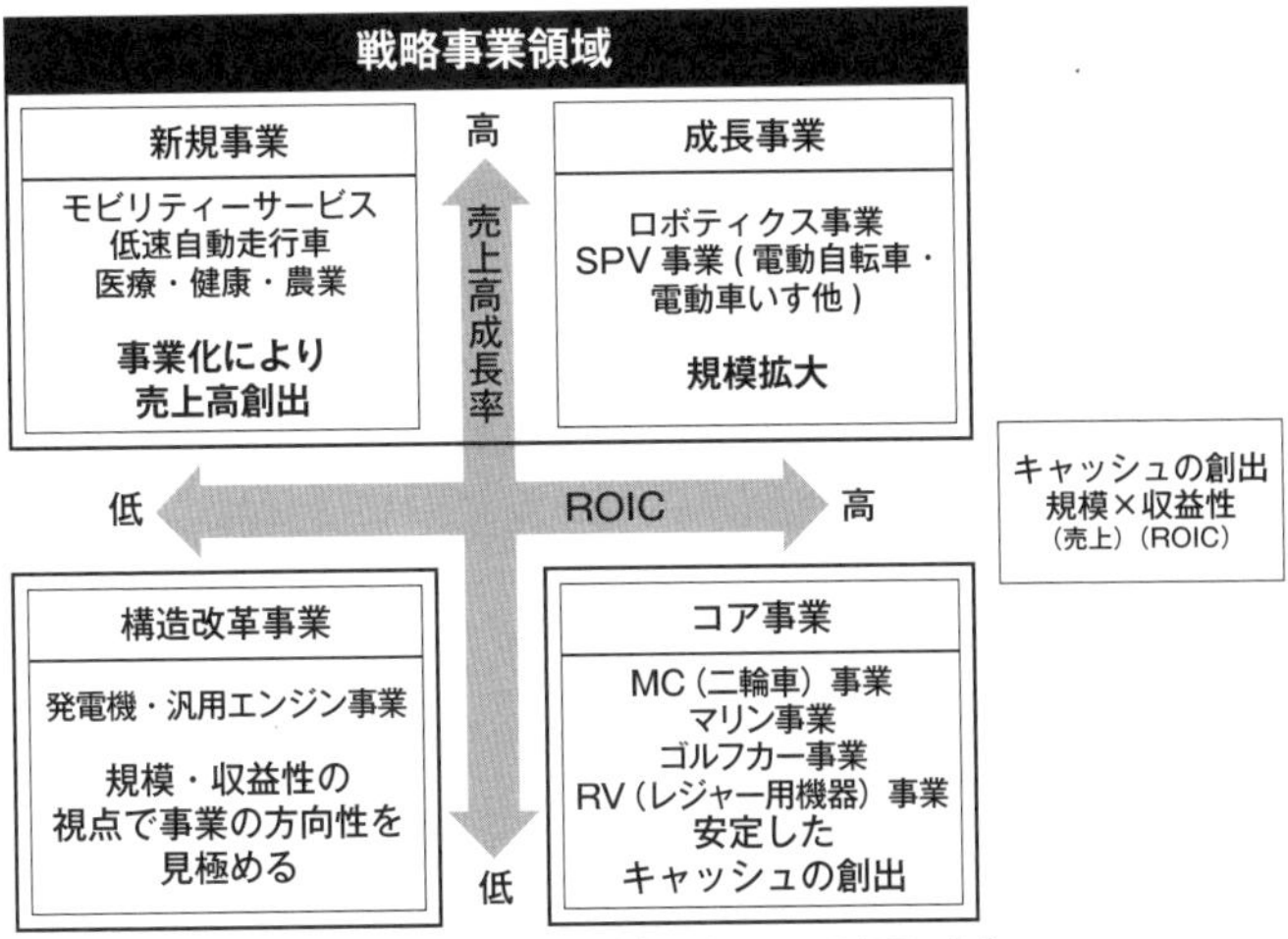

出所：ヤマハ発動機「新中期経営計画 2022-2024 年」をもとに TCG 加工・作成

医療機器などの新規事業と、ロボティクス事業、電動アシスト車両などの成長事業を「戦略事業領域」として定め、将来のコア事業へ育てるべく積極的に投資を実施している。

②マネジメントにおける課題

同社の実質的な創業者である川上源一氏は、「慎重とは急ぐことなり」との格言を残している。人は慎重さが求められるとき、不安を覚えて決断や行動に時間がかかり、物事が前に進まなくなる。一方で世の中の変化のスピードは速い。時間は待ってくれない。したがって慎重な姿勢で臨むときほど、行動を急ぐ心構えが必要という意味である。事実、同社は創業当時に二輪車の試作機開発をスタートしてから一号機を出荷するまでの期間が実質八カ月という、異例のスピードで市場参入した。このスピードを重視する社風は現在も受け継がれ、行動指針の一つ（スピード　あらゆる変化に素早く対応）に掲げられている。

しかし、事業の成長に伴ってビジネスの場が世界へ広がり、今や国内外に一二七社のグループ会社と延べ八九拠点（開発、製造、販売）を展開し、連結従業員数は五万人を突破するまでに業容が拡大。進展するデジタル化や顧客ニーズの変化への迅速な対応が求められるなか、機動的かつ事業横断的な経営判断や意思決定が難しくなってきた**【図表5-14】**。

一方、同社は二〇〇四年から「理論値生産」活動を国内でスタートさせ、翌年から海外のグループ企業にも展開した。理論値生産とは、生産活動の「価値稼働時間」（正味稼働時間から不良・手直しにかかる時間を差し引いた時間）をさらに価値・準価値・無価値に分解し、価値を生まない要素を徹底的に分析して最小限にしようとする同社独自の生産効率化手法である。つまり、さまざまな作業を分析して本当に価値を生む作業だけを「価値作業」とし、その理論上の価値作業に現状の作業を到達させるため努力を続ける。一般的な改善手法は現状から見た無駄の排除を積み重ねていくのに対し、理論値生産ではまず「ありたい姿」を描いてから、その実現に向けて改善していくことが大きな特徴である。

この活動を海外グループ会社や部品サプライヤーなどと連携し、グローバルに推進していくためには、ものづくりに関する情報（製造条件・品質情報）を可視化・共有化する必要がある。

図表 5-14 ヤマハ発動機の課題認識

	従来（～ 2010 年）	現在（2010 年代）	今後（すでにスタート）
ビジネスモデル／プロセス（例）	●地産地消 ●大量生産	●プラットフォームモデル、グローバルモデル ●完成車・部品相互調達 ●多種少量	●デジタル化の流れ ●パーソナライズ、ライフタイム ●モノ＋サービス ●事業の多軸化 ● M&A ／社連携
意思決定要件（例）	●拠点最適 ●拠点別需給調整	●連結最適 ●連結需給調整／利益シミュレーション	●機動的／事業横断的経営判断 ●会社横断的ものさし ●ニーズ変化への迅速対応
IT 基盤	●拠点／プロセス最適	●個別最適が足かせに	●全体最適・革新へ

今後の中長期的成長戦略を見据えた
デジタル・IT 基盤の構築が急務

出所：ヤマハ発動機 山田典男・執行役員 IT 本部長「『Yamaha Motor to the Next Stage』～ヤマハ発動機における DX の取組み」（日本自動車部品工業会 DX セミナー〈抜粋資料〉、2021.8.26）

だが、グループ各社や拠点の業務ごとにそれぞれ独自のＥＲＰや内製ソフトウエアが構築・運用されていたため、データの連携や共有化が進まず生産性の向上を阻害する要因となっていた。

このためデジタル・ＩＴ基盤の構築によってマネジメント基盤を刷新し、徹底した情報の見える化と一元化による意思決定のスピードアップを図ることが急務となったのである。

③打った手と成果

同社は二〇一八年にデジタル基盤整備を担う専門組織「デジタル戦略部」を設置し、翌年にはＤＸを推進するＩＴ本部を発足。推進体制を構築した上で前述の長期ビジョンを達成するため、最新のデジタル技術やデー

図表 5-15 ヤマハ発動機の DX 戦略イメージ

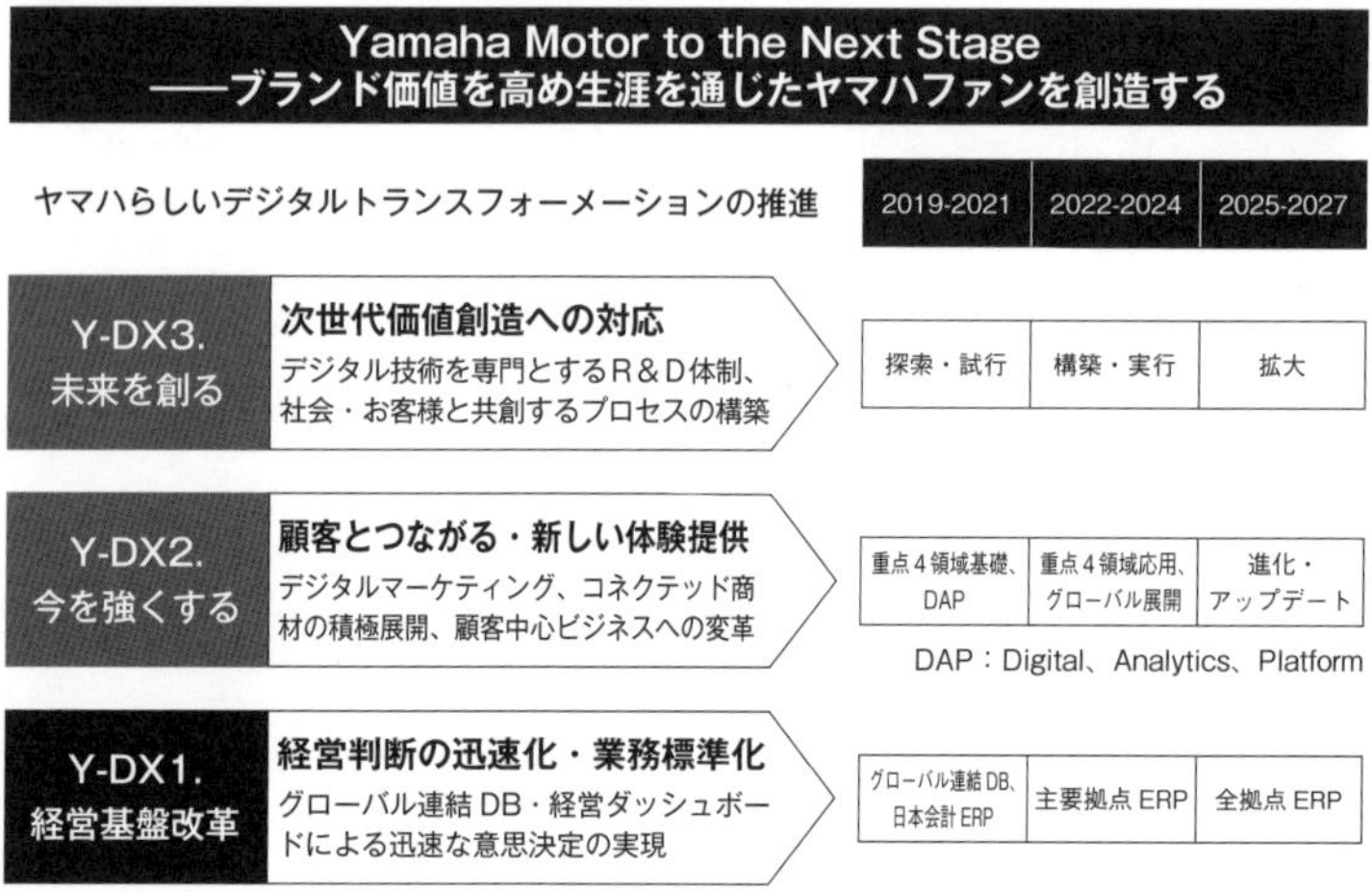

出所：ヤマハ発動機「新中期経営計画 2022-2024 年」をもとに TCG 加工・作成

タの戦略的活用を図る中長期計画「Yamaha Motor to the Next Stage（YNS）」を策定し、IT本部を中心にグローバルにDXを推進している。具体的には「Y-DX1：経営基盤改革」「Y-DX2：今を強くする」「Y-DX3：未来を創る」という三つのDXを同時並行、リンクさせているのが特徴である【図表5-15】。

●Y-DX1：経営基盤改革

日々進化・変化していくグローバル市場のニーズに対し、迅速な経営判断を行うには、日々起きているビジネス情報を的確に入手し、一〇年先の未来を見据えた経営システムを構築することが必要である。そのため世界一二〇以上のグループを連結したデータベース（ＤＢ）の導入を進める。またグローバルのデータを的確・迅速に集めるには、各国で実行されているオペレーションやシステムを標準化するとともに単純化が不可欠。国をまたいだ業務の標準化、システム統一を達成することでデータの全社活用を図るとともに、標準業務のシェアサービス化と競争領域へのリソースシフトを進める。

●Ｙ－ＤＸ２：今を強くする

デジタル重点四領域（コネクテッド、デジタルマーケティング、スマートオペレーション、データ分析）の取り組みにより、ユーザーに新たな感動と体験価値を提供する。具体的には、顧客とのデジタルタッチポイントを強化し、製品への興味喚起からスムーズな購入体験、パーソナライズされた顧客体験をデジタルマーケティング活動とコネクテッド製品により実現する。コネクテッド製品とは、スマートフォンアプリとの連携機能を搭載した製品で、バイクであればオイル、バッテリーの交換時期の通知、燃費・走行履歴や駐車位置の記録、車両故障の注意喚起などが利用できる。

●Ｙ－ＤＸ３：未来を創る

コネクテッド製品とさまざまな外部サービスやＩｏＴデバイスと接続できるよう、他業種との連携やユーザーとの共創を進め、新たな顧客価値創造や社会課題の解決に挑戦する。

このうち、本書のマネジメントDXに当たるY‐DX1では「経営判断の迅速化・業務標準化」を進めている。前述のように、これまで同社グループのオペレーションを支える基幹系ITシステムは、地域や業務プロセスごとに個別最適化されており、グループ連結での迅速な経営・事業判断を行う上で足かせとなっていた。そのため二〇二四年末までの六カ年でグループのマネジメント基盤となるグローバルの基幹系システムを刷新し、経営情報の徹底的な見える化・一元化と、意思決定のスピードアップ、間接業務の効率化による成長領域へのリソースシフト、そしてデータ活用による予知型経営（一〇年先を見据えた経営システム）の実現を目指している【図表5‐16】。

このY‐DX3における大きな成果といえるのが、同社の経営基盤改革を支える「ヤマハモータービジネスダッシュボード（YBD）」と、グローバル連結会計システムの稼働である。これは日本アイ・ビー・エム、SAPジャパンと同社が共同開発したもので、日本、北米、欧州、アジア、中南米の全世界一二〇拠点の経営情報を一元化・可視化できる経営ダッシュボードである。

具体的には、財務・管理会計や部門のデータ、例えば月次で財務・管理会計データや卸、小売り、在庫などの台数、一部モデル別の台数まで一二〇以上に上る全拠点からデータを収集し、

図表 5-16　経営基盤改革のイメージ（ヤマハ発動機）

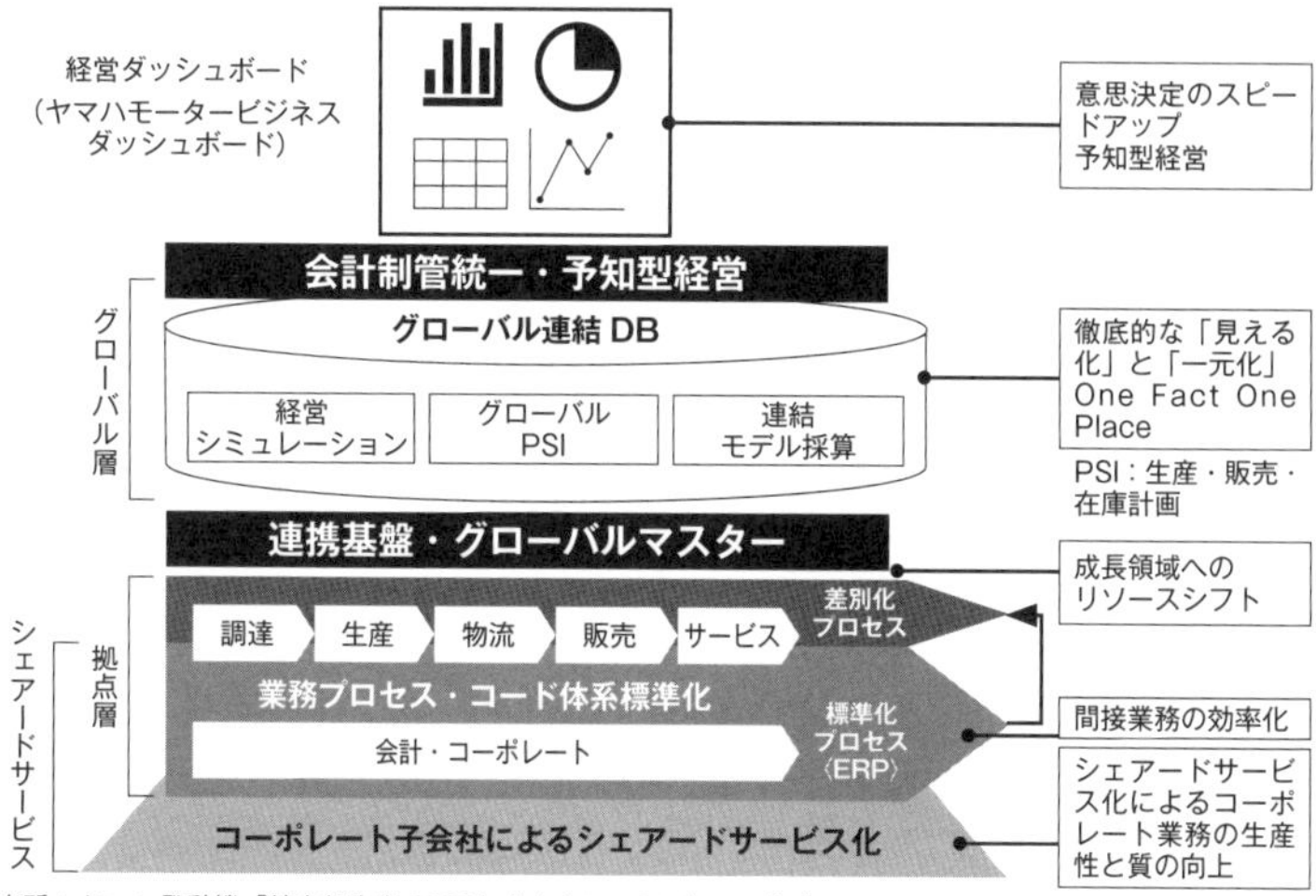

出所：ヤマハ発動機「統合報告書 2020」をもとに TCG 加工・作成

経営ダッシュボードとして一元的に可視化することでタイムリーに実態を把握できる。これにより本社と各拠点が同じデータを共有し、指標をもとに迅速な意思決定と各拠点への実行方針の展開が可能となる。また、リアルタイムでの現状把握と主力製品の中長期の需要予測分析による予知型経営を実現。さらに情報伝達・共有工数の削減による間接業務の標準化・効率化で、経営資源を成長領域へシフトすることが期待されている。

同社では、二〇三〇年に全拠点の勘定科目を統一し、子会社、孫会社とも連携、管理粒度に即した製品の可視化と、全モデル別の台数や採算までの可視化を目指す計画であるという。グローバルでのシステム統一により、日次単位での小売りデータやロケーション別の在庫データの把握、決算の早期化と予測精度の向上など、シームレスなデータ連携によるリアルタイムでの分析と経営判断が可能となる。

④学ぶべき成功のポイント

一般的に企業が取り組むマネジメントＤＸは、「会社側（マネジメント層）の負担を楽にする」という一面的なメリットだけで捉えられがちである。そのため同社は推進するＹＮＳプロジェクトが、会社だけでなく働く社員個人にもメリットがあることを明らかにしている。すなわち、経営基盤改革を進めることにより「システム」「オペレーション」「組織」という三つがシンプル化することにつながるとし、個人が得られるメリットと会社が得られるメリットを整理している【図表５-17】。

経営情報がグローバルでタイムリーに共有されることで、マネジメント層は迅速な意思決定が可能になり、社員個人も事務作業の負担が軽減されて業務にゆとりが生まれ、よりクリエイティブな仕事に軸足を置けるようになる。また現場の業務標準化と間接業務の削減が進むと、組織もシンプルなものとなる。

マネジメントＤＸを推進する上では、同社のように経営側と現場側の双方がメリットを得られるということを、しっかり訴求することが重要である。いくら多額の投資を行ったところで、

図表 5-17　経営基盤改革を進める効果

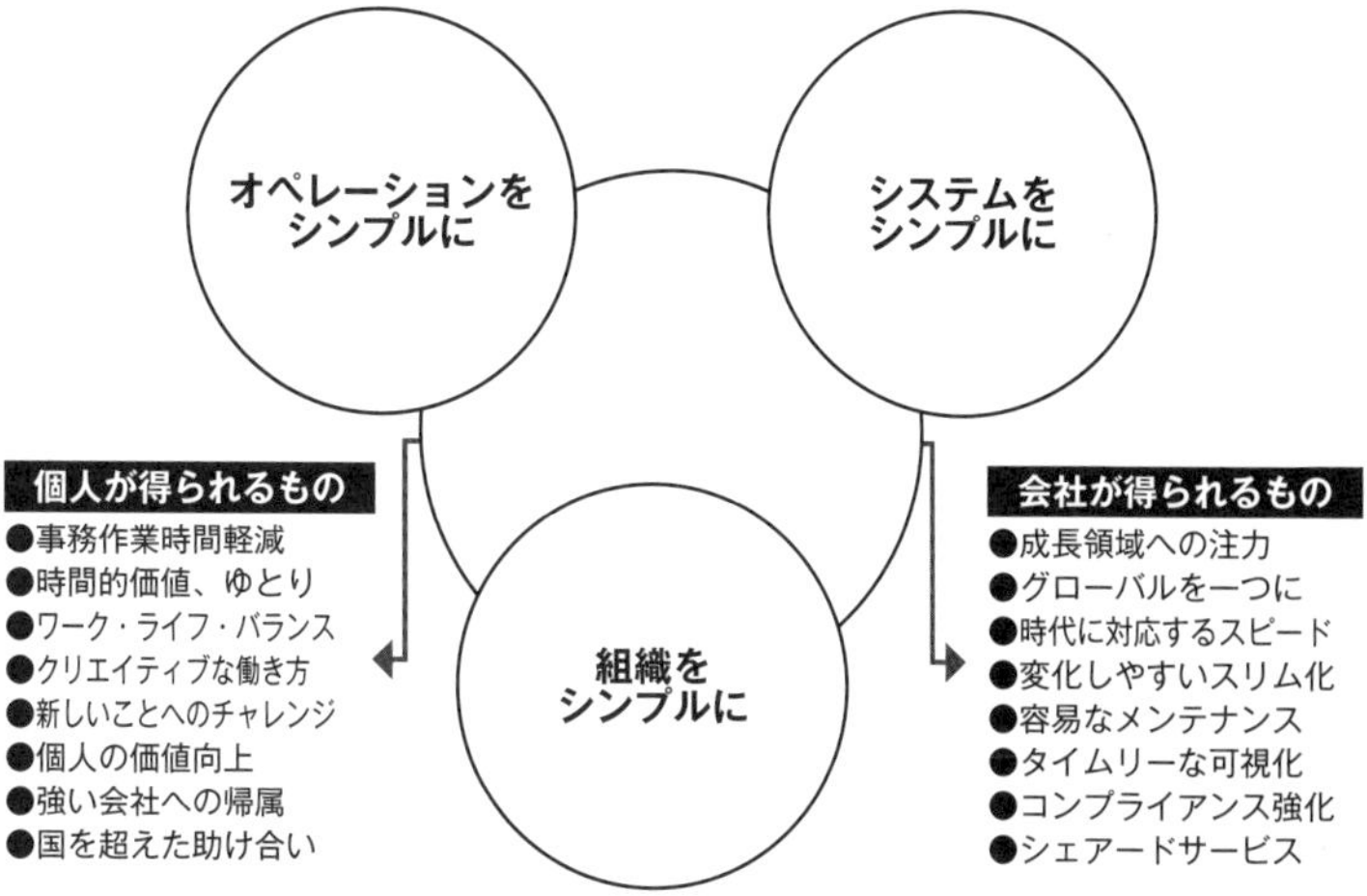

出所：ヤマハ発動機「統合報告書 2023」をもとに TCG 加工・作成

社員がその意義を理解・納得しなければ成功する可能性は限りなく低い。現場や社員にモチベーションを持って取り組んでもらうためにも、経営側による積極的かつ継続的なコミュニケーションが求められる。

また、同社はYNSプロジェクトと併せてDX人材の育成にも着手していることが、マネジメントDXの取り組みを加速させている。「誰もがデータ活用できる会社」を目指して二〇一八年から育成に取り組んでおり、既存社員向けのOJT教育をはじめ、専門知識を有した人材の積極的採用を実施。テックリード（エンジニアチームのリーダー）や社内データサイエンティスト、ERPエンジニアといったDX人材の拡充に取り組んでいる。その結果、デジタルを掛け合わせて業務遂行や判断のできる人材が現場レベルで増加し、ＹＮＳプロジェクトを推進する人材基盤が形成されつつある。

4 オペレーションＤＸ

(1) 成果獲得のポイント

①四つの成功ポイント

オペレーションＤＸとは、バリューチェーン上の開発・設計・調達・生産・物流といったオペレーション領域で、アナログとデジタルの融合により突出した差別化ポイントを実装し、現場の生産性やエンゲージメントを高める労働環境づくりを経て、事業収益の向上を目指すものだ。このオペレーションＤＸで成果を上げるポイントは四つある。

一つ目は、バリューチェーン上の開発・設計・調達・生産・物流において、どの機能（または工程）で「突出」するかを意思決定することだ。「現場で何ができるか」という視点でスターである省人化や省力化といった現場生産性の向上にとどまってしまう。なお突出した差別化ポイントは、足元の競争環境のみならず、一〇年先の自社が戦う想定マーケットから見て検討することをおすすめしたい。

二つ目は、経営ニーズと現場ニーズを接続するコーディネーターの配置である。経営者が実現したいことや知りたい情報と、現場のオペレーターが実現したいことや知りたい情報は異なる。どちらかに偏るとデジタル実装は失敗に終わる。このため経営ニーズと現場ニーズの接点づくりと、接点で実装するデジタル技術をコーディネートすることが重要である。このあたりの対応はシステムベンダーでは難しく、コンサルティング会社やデジタル実装サービス会社など外部パートナーと連携することが主流となっている。外部のパートナーと連携すれば、DXで実現したいビジョンを可視化でき、デジタルへの投資効果を実装前に検証もできる上、DXでもたらされるメリットも社内で共有しやすくなるからである。

三つ目は、アナログとデジタルの融合による取り組みである。オペレーション領域すべての工程をデジタル化することは現実的ではない。技術的に可能であってもデジタル実装の数に比例してイニシャル投資、ランニングコストがかかる。このため、突出した差別化ポイントにしていく工程を中心に、まずアナログによる業務改革、つまりモノとデータフローの整流化と効率化を図り、同時にデジタル化を設計・実装していくとよい。

四つ目は、エンゲージメントが高まる労働環境づくりという観点を持つことである。肉体的・

精神的にきついといわれる労働環境は、労働者の年齢を問わず敬遠される。ウェアラブルカメラやスマートウオッチなどのデバイスを装着して働き、デジタル活用により効率的に成果を追求できる労働環境が整備されるとQCDS、つまり、品質マネジメント・コストマネジメント・納期マネジメントおよびサービス水準が向上するにとどまらず、そこで働く人たちのエンゲージメントが高まるという効果がある。

ゲーミフィケーション、さまざまなゲーム的要素として生産高やコストダウン額、改善提案件数などの成果をデジタルで可視化することで、現場のモチベーションアップやエンゲージメント向上へとつながる。デジタル実装の目的を省人化・省力化とせず、エンゲージメント向上や採用強化を目的とする企業もあるほどだ。

②現状認識

オペレーションDXを具体化する上で重要なカギを握るのが、外部環境・内部環境の「現状認識」である。

まず外部環境では、ベンチマーク企業のオペレーションDXがどの程度進んでいるかを把握する。例えば、設計図と現物によるすり合わせを繰り返す開発設計工程をデジタル化し、リードタイムを大幅に短縮した事例などである。DXで日本より先行するEUや米国など海外のベンチマーク企業を視察したり、オペレーションDXに関連する展示会を見学したりして情報収集しておきたい。その際、必ずしも同業界である必要はない。異業種の事例を取り込んでイノベーションを起こした例は多い。

次に定量面と定性面の両方から内部環境を把握する。定量面では、バリューチェーン各機能における生産高やコスト、利益を可視化してどの工程で稼ぎ、どの工程で損失が出ているか、収益性を押さえる。さらに一人当たり生産高や一日当たり設備費などの生産性指標も把握する。収益性と生産性を数値で可視化すれば、どの工程を突出させ、改革すべきかが見極めやすくなる。可視化した数値をベンチマーク企業やライバル企業と比較できるとなおよい。定性面については**【図表5 - 18】**をもとに課題を押さえる。

横軸は現場に投下される経営資源（人や設備、手法など）を、縦軸は現場で管理する要素（製品や品質、原価など）を表している。押さえるべきはモノとデータフロー、オペレーション上の業務・システム運用面である。例えば生産工場において、原材料・仕掛品・完成品在庫の工程間移動が現物引き渡しのみか、紙伝票による処理がなされているか、バーコードリーダーでデータ処理されているか。またタイムリーな在庫情報の把握が可能か否か。もしなされていない場合の原因は何かを具体的に特定する。この特定作業には多くの時間と工数がかかるが、ここを省略するとデジタル実装の前段階となるシステム・デバイス要件定義を見誤り、結果とし

図表 5-18 リソース＆マネジメントマトリクス

		Resource					
		人	設備	材料	手法	技術	財務
Management	製品 Production	モーション マインド	生産 キャパシティー	投入・使用量	VE ※1 BPR ※2	VE 効率化	生産高 在庫高
	品質 Quality	オペレーション スキル	オペレーション メンテナンス	不良率	オペレーション マニュアル	デザイン 思考・VE	品質ロス
	原価 Cost	マンレート	マシンレート	仕入れ単価 VE	BPR VE	VE	カテゴリー別 粗利益 限界利益
	納期 Delivery	シフト マネジメント	稼働・故障率 MTBF ※3・ MTTR ※4	生産計画	サイクル タイム	アジャイル 開発	製造・販売 ロス
	安全 Safety	作業環境 安全教育	フェールセーフ フールプルーフ	資材管理規定	BPR	フォールト トレラント※5	リスク マネジメント
	管理 Management	ビジョン・KPI マネジメント	メンテナンス 計画	購買 マネジメント	BPR	先端・既存技術 マネジメント	コスト・生産性 マネジメント

※1 Value Engineering：性能や価値を下げずにコストを抑えること
※2 Business Process Re-engineering：既存業務・組織の抜本的見直し
※3 Mean Time Between Failure：平均故障間隔
※4 Mean Time To Recovery：平均復旧時間
※5 Fault Tolerant：システムや機器に障害が発生しても予備系統に切り替えるなどして正常に稼働を続けること
出所：TCG 作成

てデジタル実装が失敗に終わる。現状認識は的確な要件定義のためにも具体的に押さえる必要がある。

③工程別DX戦略のポイント

オペレーションDX戦略は、何を目指すのかを明確にする必要がある。推進目的としては次の三点が挙げられる。

一点目は、業務プロセスを可視化し、データを一元管理することでタイムリーな経営判断ができる仕組みの構築。二点目は、バックオフィスを含めた業務の軽量化を図り、非付加価値業務に充てる時間を付加価値業務へ再配分する。三点目が、デジタル化でカバーしきれない業務はアナログで改善を図ることである。

また、オペレーションDX戦略は全体視点から工程別にブレークダウンすることが大事だ。各工程がそれぞれ目の前の業務改善だけを進めると部分最適に陥り、前後工程の生産性を極端に落としたり、余分な業務が増えたりする恐れがある。単なるオペレーションの改善ではなく、自社の強みの発揮を目指して事業のやり方を根本的に見直すことだ。

ここでは、オペレーションDX戦略で重要な工程である調達、生産、物流の各DX戦略の重点ポイントを解説する。

●調達DX戦略

「利は元にあり」といわれるように、原材料の品質やタイミングによって生産性や在庫状況、歩留まりが大きく変わる。仕入れの巧拙は企業の利益を大きく左右するだけに、調達業務のDXはオペレーションDXのなかでも利益向上に直結する取り組みとなる。

業種・業界によっても異なるが、調達計画は通常、「PSI計画」(Product=製造部門の生産計画、Sales=営業部門の販売計画、Inventory=物流部門の在庫計画)をベースに立案される。ERPで一元管理と情報共有化を行いつつ、担当者の経験と勘に頼るのではなく、AIを導入し過去のデータのパターンから欠品しないぎりぎりの最低ロットを予測、高い精度の最適数量調達を行う。

ただ、AIの分析結果をそのまま自動発注につなげるのではなく、人がチェックするべきである。AIはデータを分析して「判断」することはできるが、〝決断〟はできない。現在は国際政治、自然環境、人手不足、エネルギー需給、為替相場、物流動向など、さまざまな要因で原材料価格が変動する時代である。不確定要素が増えるなかで安定的な原価管理を実現するには、次工程へ臨機応変にバトンをつなげる調整役が必要だ。調達DXは、データ活用のデジタル化を進める一方、人が介在すべきアナログ領域も必要である。

例えば、新規仕入れ先の開拓は重要な調達機能の一つである。今、ウェブ上には仕入れ先の開拓につながる多くの情報が散見される。将来を見据えた仕入れ候補先をデータとして蓄積し、必要に応じて速やかな検索ができる状態を構築したい。特に、販売に注力している企業は自社サイトにマーケティングページを設け、MAなどの機能を入れていることが多い。したがって、興味がある製品や原材料を検索すると、その企業から情報が自動的に収集できることも多い。

一方、アナログ領域ではリアルの展示会へ常に足を運んでほしい。さまざまな企業が最新の情報や製品を発信している。なかにはネット上で情報発信していない技術を知ることができる場合もある。今必要ではないが、将来活用できる情報や企業が出展している可能性もあり、デジタルと併せてアナログでも情報収集することが大事である。

●生産DX戦略

生産現場のデジタル化が進む一方、紙の手書きデータをタブレットに手入力する工場も見受けられるなど、アナログ文化が根強く残る現場も少なくない。生産をスムーズに進めるためにも、デジタルを活用し、精度の高い生産計画を策定して生産状況を可視化するとともに、問題をいち早く察知できる仕組みを構築する必要がある。

生産工程のデジタル化を通じ、いかに企業価値を高めるかという視点が重要だ。デジタル化できる工程を見極め、費用対効果や優先順位を明確にし、省人化を進めることでゼロからプラスへと転化する。例えば、需要予測や販売計画からＡＩが生産計画を自動計算するシステムを導入したり、ＩｏＴで人の手作業を極力デジタル化して作業の余剰時間を付加価値業務に再配分したりするといったことである。

同時にマイナスをゼロやプラスに変える視点も必要だ。非効率な生産活動の発生要因は、設備トラブルや手待ちなどの停止時間である。設備が止まってから対応するようでは遅い。ＡＩやＩｏＴを活用すれば、現状の可視化だけでなく〝将来の可視化〟も可能である。設備故障の予兆管理や製品不良の発生予測により工程内での品質安定化を図り、人の目や感覚に頼ることなく手戻りを減らして直行率を上げる。

もっとも、生産現場ではデジタル化だけで効率化が図れない領域もある。５Ｓ活動やからくり改善（簡単な機構や仕組みを使って負荷軽減や効率化を図ること）などアナログで課題解決を図れる工程が存在することも事実であり、デジタルとアナログのバランスをとることが大事である。

●物流ＤＸ戦略

生産活動が最適化されても、納品が不適切だとすべての努力が無駄となる。いわば物流は、自社の存在価値を発揮して顧客満足度を上げる最後の砦といえる。一方、物流部門は深刻な人手不足に直面している企業が多く、最もデジタル化が迫られている領域である。特に最近は、消費者ニーズの多様化や在庫リスクの低減、品切れ防止などへの対応から小ロット多品種生産・多頻度小口配送が求められる半面、ＳＤＧｓの観点で環境負荷の低減や労働環境の改善も必須事項となっており、ＤＸへの取り組みが欠かせない状況となっている。ところが、最終的には顧客のもとへ人の手で運び、積み下ろしせざるを得ない労働集約型の業務であるため、デジタル化が遅れているのが実態である。

ただ、荷姿や梱包サイズが明確であれば、デジタルを活用して効率的な輸配送が可能である。例えば、適切な荷姿をシステム化し、梱包サイズなどを自動計算して最適な保管方法や輸送方法につなげている企業がある。また、業界の垣根を越えて、トラック便（帰り便）の空きスペース情報を複数企業で共有し、合い積み輸送を行うケースが増えている。自動倉庫や無人搬送システム、ＩＣタグを導入して省人化、省力化、ミス軽減につなげる企業も多い。

オペレーションＤＸは複数の工程にわたるため、各工程の目的を明確にし、「どの領域で尖ったＤＸを推進するのか」、その費用対効果も考慮した上で優先順位を決めることが大事である。そして何をデジタル化し、どれをアナログ的な改善でオペレーションするのか。併せて属人作業を排除し、標準作業へと進めることで効率的なオペレーションＤＸを実現できる。

また、オペレーションＤＸは各工程の現場を熟知したメンバーを中心にボトムアップ型で進められることが多いが、往々にして部分最適に陥ってしまい、結果として全体不最適に終わるケースも少なくない。したがって経営トップのリーダーシップ発揮が重要である。現場を熟知したプロジェクトメンバー、全体最適のアドバイスができる第三者（コンサルタントや専門家）、社内調整と意思統一を図る経営トップの三位一体で推進していくことが望ましい。

(2) 実装事例 HILLTOP（ヒルトップ）／二四時間稼働の無人工場

ドイツが二〇一一年に製造業の革新を目指す産業政策「インダストリー4・0（第四次産業革命）」を発表して以降、IoTやビッグデータを活用して無人化工場の実現に挑む動きが世界的に広まった。製造工程の自動化率七五パーセントを達成したドイツ・シーメンスのアンベルク工場がその先進モデルとされている。しかし、それより以前の一九八〇年代に無人化工場を目指し、システムを構築した会社が日本にある。アルミ切削加工メーカーのHILLTOP（本社・京都府宇治市）だ。同社では加工技術・作業工程を最適化・データ化・標準化し、二四時間無人加工を実現。さらにはリピート品であれば最短三日以内の短納期、一個からの多品種少量生産にも対応するという、ものづくりの常識を覆すイノベーションを起こした。

①企業概要

ＨＩＬＬＴＯＰは一九六一年、「山本鉄工所」として京都市南区に創業。アルミ切削部品の試作品加工やＦＡ（ファクトリーオートメーション）・医療機器などの装置開発を主力事業としている。取引先は国内のさまざまな業種の上場大手メーカーやベンチャー企業であり、米国法人ではウォルト・ディズニー、ＮＡＳＡ（米国航空宇宙局）からも受注するなど幅広い。工場では五軸マシニングセンターなど約二〇台の工作機械が黙々と二四時間無人稼働している。

社員約一四〇人中、製造部所属は約四〇人。そのうち機械オペレーターはほんの数名で、大半はオフィスでＮＣ（数値制御）工作機械を稼働させるための加工プログラムを組むなど、デスク作業を行っている。オフィス内部は部署ごとの間仕切りなどもなく、八角形にデスクが配置され、中央にはすぐ打ち合わせができるように円卓が設置されている。

同社で生産される製品は、自動車・航空・医療機器・ロボットなどの精密機器部品から、ミュージシャンのマイクスタンドに至るまで多岐にわたる。また他の加工メーカーが嫌がる、いわゆる「一品もの」「試作品」も多く、受注の約八割が一、二点の単品もので、一カ月に約三〇〇〇種類の加工を行っている。しかも、これだけの多品種少量の製品を新規五日以内、リピート品は三日以内という短納期で供給しているのが大きな特長だ。二〇一四年には米国法人を設立し、カリフォルニア州アーバインにヘッドオフィス・工場を設置したほか、テキサス州にオフィス

（二〇二一年）を開設している。

二〇二二年には、クラウドエンジニアリングサービス「COMlogiQ（コムロジック）」を開発し、サービス提供を始めた。このサービスはユーザーが設計データ（3Dデータ）をクラウド上にアップロードして穴・公差指示を行うと、AIによって工程設計・プログラミングが行われ、NCプログラム（工作機械稼働用データ）と加工手順書（調達する材料のサイズ、使用する治具、材料のセッティング位置・方法など）が自動生成される仕組みだ。このサービス提供を通じて、人手不足や技能継承、事業承継などの製造業全体が抱える課題の解決を目指している。サービス提供方式は月額固定利用料に従量課金というサブスクリプション型を採用した。

熟練職人が暗黙知として蓄積してきた加工技術を最適化・データ化し、誰でも使用可能な形で共有できるように標準化を実現したことが高く評価され、二〇二三年に「データガバナンス賞」（主催／一般社団法人日本データマネジメント・コンソーシアム）を受賞した。

②オペレーションにおける課題

創業時の同社の祖業は「鉄工所」であった。現社長・山本勇輝氏の祖父が家族三人で創業し、自動車メーカーの孫請けとして来る日も来る日も「丸物」と呼ばれる自動車部品を油まみれになって作り続けていた。全売上げの八〇パーセントを取引先一社が占めており、その取引先次第で受注がゼロになる可能性があるという「受け身」のビジネスモデルであった。

さらに毎年五パーセントのコストカットを要求され、受注を失うことを恐れるあまり不利な条件で取引を続けるため、経営は薄利で苦しかったという。自社の裁量でできることも少なく、人が機械のように深夜まで働いている状況で、いわゆる「きつい・汚い・危険」と呼ばれる3Kの「町工場」から抜け出せない悪循環であった。

そんななか、一九七七年に勇輝氏の父で現相談役の山本昌作氏が入社した。「世界に冠たるモノづくり大国・日本の底辺を支える熟練の技」——。日本の中小企業を語る際、しばしば耳にする賛辞だが、工場に入った昌作氏が目にしたのは、そんな理想とはかけ離れた、不合理な古い慣行が闊歩する世界だった。

あるとき、職人に円筒形の部材を削って円すい状の台形へと加工してもらった。見ていると、刃物台を傾けながら延々二時間にわたって初めから終わりまで同じ調子で少しずつ削り続けていた。「最初は粗く削り、最後の微妙なところだけ注意しながら削ればもっと早く削れるはずだ」と昌作氏は思った。こんなこともあった。職人が円盤状の部材に六カ所の穴を均等に開けている。その作業を見ていると、数十キログラムの回転テーブルを据え付け、時間をかけて芯出しをして最初の穴を開け、そこから三六〇度を六で割っておのおの穴を開けていた。「三角関数を使えば簡単にできる。たいそうな道具まで使って滑稽なことをやっているなあ」。

一事が万事だった。昌作氏は疑問が生じるたびに「なぜそうするのか」と問うて回った。説明に納得できず、質問を繰り返すと職人は次第に不機嫌になっていく。「うるさい」「グズグズ言わず目で盗め」。そして最後には「オレにもわからへんのや」「こうやれと言われてきたのや」と音を上げた。

「『日本は職人の国』『技術立国』などといわれますが、一種の神話のようなものではないでしょうか。確かに価値ある技術を持った職人もいて、マスメディアなどで取り上げられますが、同一人物が何度も紹介されるケースがよくあります。職人の大半は、たいしたことでもないことを、言われた通り、しきたり通りやっているに過ぎません。理屈を解き明かし知恵を絞るという姿勢は希薄だというのが現場の実感です」（昌作氏）

③打った手と成果

度重なるコストカットの要求で人が機械のように働いている状況を打破すべく、同社は売上げの八割を占めていた自動車メーカーとの取引を打ち切り、大量生産をやめ多品種少量生産に特化した。人の成長を目的とし、毎回新しいものに挑戦することで、よりクリエイティブな仕事をするためだ。感覚と我慢で仕事をする職人が支配する工場から、知恵を絞って楽しく働ける場所にするという昌作氏の挑戦が本格化し始めた。

一九八〇年代に入りマイクロプロセッサーを使用したコンピューター（マイコン）が登場し、一九八二年に量産化が始まった。昌作氏はこれに目を付けた。目指すはマイコンと工作機械とのオンライン化。すなわちマイコンによる機械加工の数値制御だ。それまで、工作機械をコントロールするためのデータは、もっぱら紙テープに開けたパンチ穴で機械に伝えられた。このテープを鑽孔(さんこう)（または穿孔(せんこう)）テープと呼び、通常は一列中の八個の穴の有無で「0」「1」の信号を記録する。

昌作氏は「マイコンも鑽孔テープも言語は一緒。オンライン化できるはず」と考えたが、FAメーカーは「できない」の一点張り。自力でやるしかないと腹をくくった同氏は、大阪のソフトウエア会社を二週間かけて探し回った。そのなかの一社が応じてくれたが途中で挫折。さらに会社を探してようやくオンライン化に成功した。これにより四畳半の保管庫いっぱいの鑽孔テープのロールが五インチのフロッピーディスク一枚に収まった。保管庫の棚から段ボール箱を下ろして目的のテープを探すという骨の折れる作業も不要になった。またフロッピーのデータは上書きができるため、データ変更も容易となった。

オンライン化と並行して職人が個々のやり方で行っていた作業の標準化と、業務全般のデータベース化を進めた。ただ、熟練者の技術を定量化するのはそう簡単ではない。例えば刃物の選定、刃物で削るときの回転数、切り込み量、刃物で削る送りスピードなど、加工するための条件がいくつもある。こうした職人技を一つ一つ定量化しなければならない。また、熟練者一人一人に製造工程のなかで「なぜその加工条件が重要なのか」を聞き出し、暗黙知を理解しながら定量化する必要がある。だが同じ製品の加工でも、職人によって答えがバラバラ。それぞれが経験や勘を頼りに加工するためやり方が違う。行き当たりばったりでたまたま成功したやり方を「正しい」と思い込んでいる職人もいる。そうした個人の経験に偏った情報を聞き出し、バラバラな意見をすり合わせて最適化を進めた。

一年かけてデータベース化を終えると、プログラムをつくり実際に機械を稼働させる段階に入っていく。昌作氏は社員に「プログラムをつくり、機械を始動させたら帰宅せよ。工場に残るな」と命じ、一年半にわたり社員が会社に残っていないかどうかをチェックした。とはいえ、今のようにシミュレーションソフトなどがない時代。すんなりいくはずがない。翌日、出社した社員が見たものは、折れた刃物、引きちぎられたネジ、部品の締め付け工具まで黙々と削っている機械だった。毎朝のように繰り広げられる悲惨な光景に、社員から「こんなこと、もうやめましょう」という大合唱が起きたのは当然だった。

「ここが勝負どころだ」。昌作氏は社員を説得するため語りかけた。「一週間で折れた刃の金額を全部足していくらになる？　五万円じゃないか。一日六時間無人化し、それを一週間続けたほうが得でしょう」と。実際には二〇万円の締め具が破損したり、機械が大破して三〇〇万円

図表5-19 HILLTOP Systemのイメージ

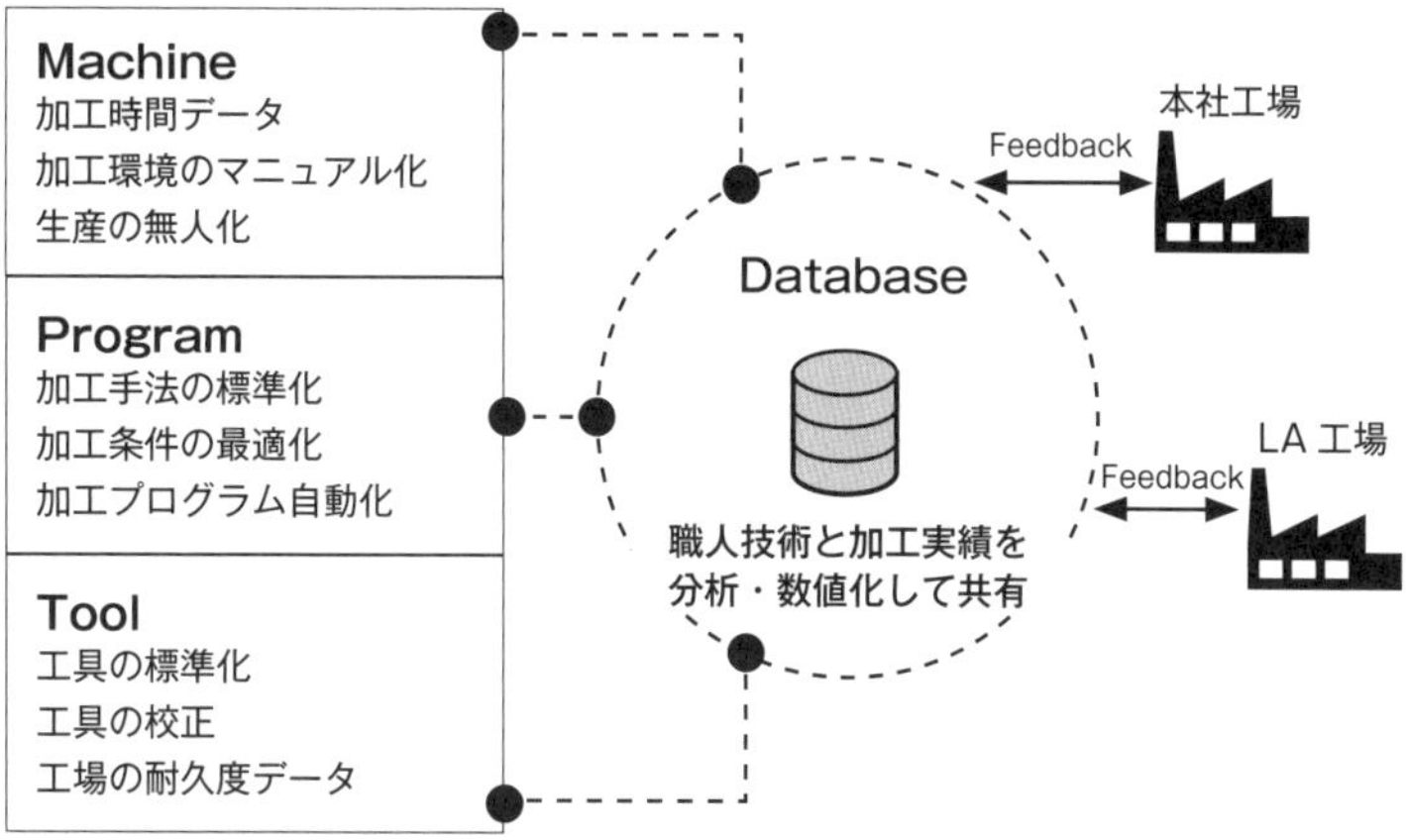

出所：未来投資会議構造改革徹底推進会合「地域経済・インフラ」会合(中小企業・観光・スポーツ・文化等)第1回配布資料/HILLTOP経営戦略部長山本勇輝氏「生産現場におけるITとIOTの活用」(2017年10月12日)

の修理費がかかったりしたこともあったが、ずっと下請けを続けてジリ貧になるよりましだった。「へこたれるな!」。自身にも社員にもそういい聞かせ続けた。

こうして、職人の技術やノウハウを定量化し、その最適値をデータベース化し、人が昼間につくったプログラムで機械が夜働き、多品種少量を受注から五日(リピートなら三日)で納品する「HILLTOP System」**【図表5-19】**が出来上がった。このシステムを活用することで、通常は5軸加工機のプログラミング習得に約五年かかるところを、製造知識のない文系の新入社員でも約三カ月で習得することが可能になったのである。

さらに工作機械を稼働させる際の安全確認も仕組み化した。加工手順書のデータを読み込ませるだけで加工環境をバーチャルシミュレーション上で再現するシステムを自社開発した。このシミュレーションの特長は、多品種少量でも瞬時に加工環境を再現し、若手社員でも簡単に安全確認が可能になった点である。また、バーチャル上でシミュレーションを流すため、プログラマーは工作機械の前で安全確認を行う必要がなくなった。これにより米国法人の工場にある工作機械に、日本で組んだプログラムのデータを送信して遠隔稼働させることも可能だ。

そして、加工工程をデータベース化することで、リピート注文が来た際には人の記憶に頼らずすぐ対応できる。そのため社員はルーティン作業から解放され、毎回新しいものに挑戦することで、よりクリエイティブな仕事に集中できる。機械が二四時間無人稼働で製品を作り、多品種少量生産を短納期で納品する。これが他社との大きな差別化ポイントになっている。

④学ぶべき成功のポイント

現在、同社には売上構成比が三〇パーセントを超える取引先はない。「三〇パーセントを超えると自分で決められなくなる」(昌作氏)。図面をもらわなければ仕事ができないような、顧客任せの下請け企業ではない。開発、企画、設計、デザインの段階からモノづくりに関わり、提案する「サポーティングインダストリー」を標榜する。パートナーは自動車、半導体、医療などあらゆる業種に広がり、そこからの受注の八割が一、二個という数量である。このスタイルで利益が出せるのは、夜間も休日も無人で働く機械と、それを稼働させる社員のモチベーションとスキルの高さゆえだ。

取引依存度の高い上得意先や、売上構成比の上位を占める少数の売れ筋商品に頼るのではなく、その他のあまり売れない商品やニッチな商品の販売量を積み重ねて全体の売上げを確保する。消費者、生産者、出品者をオンライン上で結ぶことで、ボリュームゾーン（売れ筋商品）だけに頼らず少量でニッチなニーズもすくい取るというビジネスモデルは「ロングテール」と呼ばれ、アマゾンやネットフリックスなどが採用していることでも知られる。同社が展開する多品種少量生産は、こうしたロングテール戦略の製造業版といえる。コスト競争力が求められる量産品ではなく、数は少ないが技術力を強く求められ、開発プロセスになくてはならない「試作品」という領域を主戦場とする一方、月当たり約三〇〇〇品種に及ぶ試作品を短納期で提供し、米国法人では北米を中心に海外市場へ販路を拡大するまでに成長した。

同社には「楽しくなければ仕事じゃない」とのポリシーがある。昌作氏は、町工場の時代から「油まみれとは無縁な、白衣を着て働く工場にする」という夢を持っていた。それを実現するための取り組みが、職人技の定量化であり、多品種少量生産であり、二四時間無人稼働の実現であった。人の仕事が「ルーティン作業」から「人には人にしかできないクリエイティブな業務」にシフトすれば、新しい事業を生み出すための時間を創出することもできる。現在、同社は自動搬送用ロボットや錠剤検査装置など、部品加工事業から装置開発事業、ソフトウエア開発事業へとそのフィールドを広げている。

金属加工を手掛ける企業が数多くあるなか、同社は多品種少量生産かつ短納期で提供するという難しいサービスを、加工技術・作業工程の最適化・データ化・標準化によって属人化を防ぎ、誰もが簡単に加工プログラムを組めるようにすることで実現した。このHILLTOP Systemにより多品種少量生産の二四時間無人稼働が可能となり、ライバルが敬遠する仕事も受注し、それが次の受注を生んでいる。自社の現状を捉えた上で、どのような工場になりたいかという「夢」をしっかり持ち、製造工程を見直す。その上で自社はどこを尖らせるかを明確にし、そこに向けて徹底的な最適化・データ化・標準化を進めたことが同社の成功要因である。ありたい姿に向けDXを推進し、成果をさらなる発展に振り向ける。こうした「善循環」を回し続けることが重要なのだ。

5 HRDX

(1) 成果獲得のポイント

①バックボーンなきHR（ヒューマンリソース）DXは混乱を招くだけ

HRDXとは、人事に関わるデータの解析を通じて、人材活躍に向けた仕組みの最適化を図り、経営戦略・事業戦略の達成を目指すことである。昨今、デジタル化の急速な進展で各種データの収集が容易となり、統計的な分析・解析によってエンゲージメントの向上や人材要件の見直しなど、効率的な人事施策の立案に向けた動きが本格化している。

例えば、社員（離職者、不採用者も含む）の人事データを一元管理・可視化して人材開発や適材適所の配置・育成に活用する「タレントマネジメント」に取り組む企業が増えている。これは社内で管理している社員情報を、一つのデータレイク（大量の生データの貯蔵庫）に格納し、それをもとにデータを加工。さらに人事KPIを設定して「HRダッシュボード」を作成する。人事KPIは、社員の総人員数や男女比、年齢構成、有資格者数、離職者数、社員エンゲージメントや高ストレス者率の推移などが多い。現状レベルと目標値との比較を可視化し、ギャップを埋めるための人事施策や経営上の意思決定に活用するというものである。

従来の人事領域では、個々の人材が持つスキル（技術）やノウハウ（技能）を「その人に固有の感覚的な能力」と捉えていた。そのため、これらの技術・技能が暗黙知化し、定量的に評価することも難しかったのが現状である。ＨＲＤＸはその〝ブラックボックス〟を解消すべく、人事データを活用して感覚的に量る能力から「統計的に測る能力」に変換しようとするものだ。ただし、やみくもにデジタルツールを導入してもＨＲＤＸは成功しない。つまり、デジタルツール（ＨＲテック）によって採用管理や人事評価などの人事業務を効率化することだけがＨＲＤＸではないことに留意すべきだ。

ＨＲＤＸの成果獲得のポイントは、基本属性（生年月日、年齢、性別、住所など）や保有免許・資格、所属部署、経験業務、勤怠状況、実績、エンゲージメントサーベイや適性検査、性格診断などの人事データをもとに、経営・事業戦略と連動した最適な人材配置、エンゲージメントマネジメントの仕組みを充実させる人事戦略があるかどうかだ。

とはいえ、人事戦略と経営戦略・事業戦略が連動していない、あるいは人事戦略すらない企業も見受けられる。だが、背骨（バックボーン）のない動物は体を支えられないのと同様、企業もバックボーンを持たなければ経営を支えることはできない。ＨＲＤＸは価値判断の基準と

図表 5-20 理念と戦略（経営・事業・人事）の関係

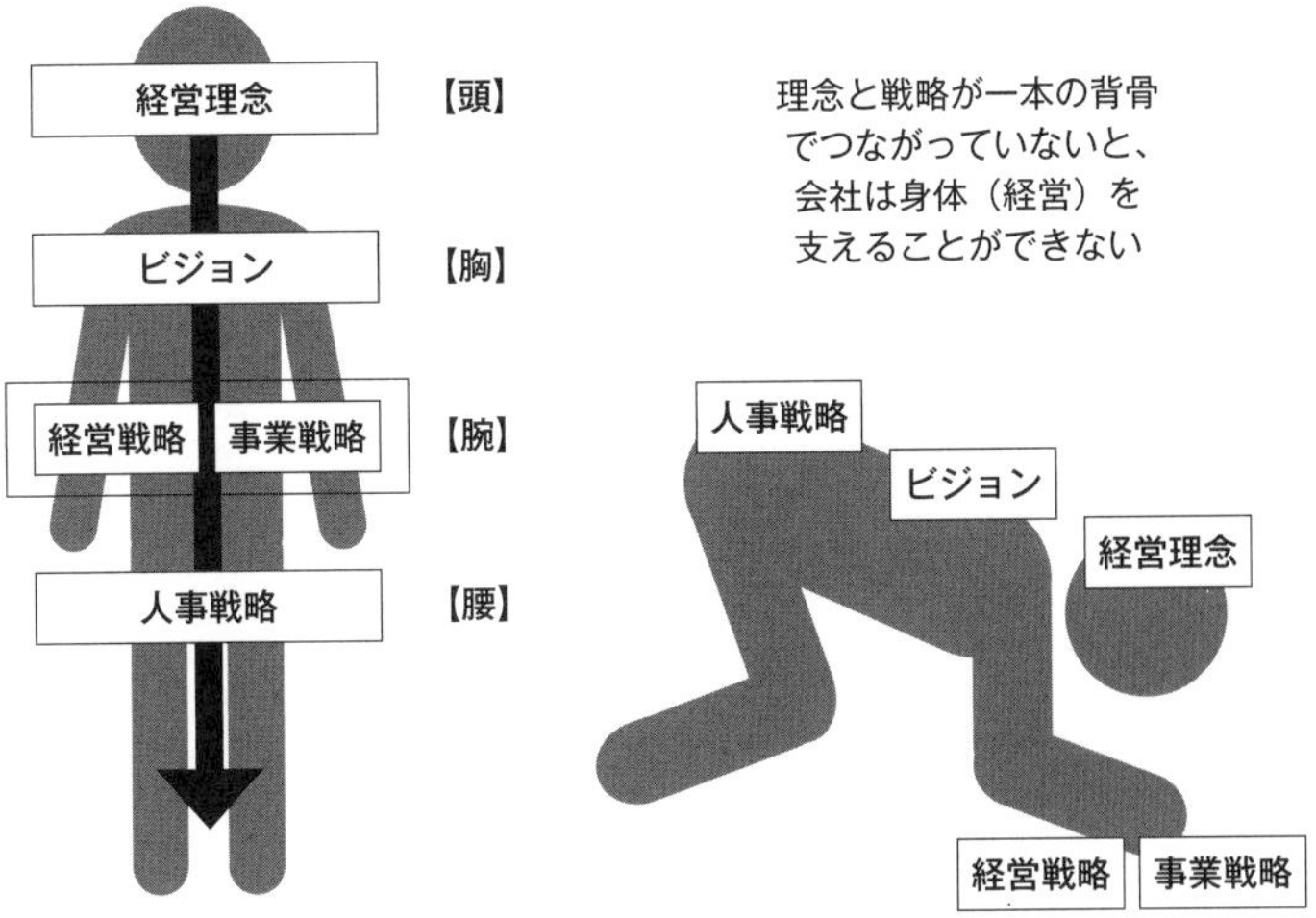

なる「経営理念」「ビジョン」を起点に、それにひも付く経営・事業戦略と連動した人事戦略のもと、一気通貫したシステムである必要がある【図表5‐20】。

どのDXについても同様のことがいえるが、戦略が不明確な手段としてのDXは結果として生産性と競争力を低下させてしまう。ましてや、DXを目的にするのは本末転倒であり、組織の混乱を招くだけである。

②ピープルアナリティクス

人材を「資本」として捉え、その価値を最大限に引き出し、中長期的な企業価値の向上につなげる「人的資本経営」が近年注目されている。人的資本の情報開示を求める投資家の声が強まり、上場企業を中心に人事データの収集・分析ニーズが高まった。これに伴い、勘や経験から感覚的に判断していた人事業務を、社内に蓄積している人事関連データの分析に基づいて戦略的に意思決定する「ピープルアナリティクス」に取り組む企業が増えている。

前述したタレントマネジメントは人材データを一元管理して可視化することであるが、ピープルアナリティクスはその人材データを収集、分析し、統計的アプローチやエビデンスに基づき人材の採用・育成・配置・評価のほか、退職防止や人事施策の意思決定を行う。つまりタレントマネジメントはピープルアナリティクスのためのサポートシステムとして機能する。

ピープルアナリティクスのデータ閲覧・分析ツールは、主に統計分析ソフトやBI（ビジネスインテリジェンス）ソフトのダッシュボード機能、エクセルなどの表計算ソフト、人事基幹システムの分析機能、コンサルティング会社が提供するデータ処理・分析サービスなどがある。

分析する人事データは大きく「動的データ」と「静的データ」に分けられる。前者は社員の日々の活動を示すデータ、後者は一年に数回しか更新されない個人の属性データであり、ピープルアナリティクスで重要なのは前者である。具体的にはエンゲージメントサーベイの結果やモチベーションの変化、勤務時間や残業時間、パソコンのログ、工場や店舗であれば行動導線などが挙げられる。一方、後者の静的データは社員の性格診断や資質診断の結果、人事評価、スキル・資格などである。

静的データはエクセルなどで管理している企業が多く、管理できていない企業でも簡単にデータを収集することができる。それに対して、動的データは収集できていない企業が多く、収集もしづらい。だが、ピープルアナリティクスには動的データは欠かせない人事データなのだ。

では、具体的にどのようにピープルアナリティクスを実施するのか。新卒採用を例に説明しよう。最初に分析対象データを用意する。ここはタレントマネジメントシステムで管理しているデータを活用する。ここでの分析対象データは、「学生情報」（適性検査・ステータス）と「社員情報」（同）、いわゆる静的データである。

社員情報を整理し優秀な実績を残している人材を抽出する。そこから優秀な人材は「なぜ優秀なのか」、例えば優秀人材はどんな性格なのか、上司・先輩と相性がよいのか、仕事の仕方はどうかなど、人事データに基づいて統計的に分析する。

学生と優秀人材のデータを照らし合わせて分析することで、新卒人材要件の設定や選考方法の設計、教育体系の見直しなど、効果的な人事施策が立案できる。このピープルアナリティクスで用いられる主な分析手法は次の通りである。

●回帰分析……結果と原因の関係を明らかにする。離職分析やハイパフォーマー分析などが挙げられる。どのような人材が離職したり好成績を残したりするのかを統計的に明らかにする

●重回帰分析……結果と複数要因の関係を明らかにする。どの要因が結果に対し最も影響を及ぼしているかがわかる。回帰分析での要因の影響度を見る場合などに用いられる

●t検定……同じ項目の二つの平均値を比較し、統計的に有意（確率的に偶然と考えられず、必然である可能性が高い）な事象かどうかを分析する。業務改善分析、人事施策の効果測定が挙げられる。例えば、人事制度の改定前後に社員のエンゲージメントを調査し、改定後にエンゲージメントが上がった（下がった）のは偶然ではなく、有意な事象であることを実証する場合などに使える分析手法である

●クラスター分析……異なる性質を持つクラスター（集団）を、類似点や共通項で分類する。組織分析や最適配置分析などが挙げられる。社員個人の属性データを分類することで人事異動などの意思決定精度を向上することができる

このほかにも分析手法は存在するが、いずれにせよ分析自体はシステムやＡＩが行う。ただ分析目的の設定や分析対象データの選定、分析結果の考察とそれに基づいた人事施策の立案は、当然ながら人が行う必要がある。

(2) 実装事例 荏原製作所／ピープルアナリティクスＡＩと「アンバサダー制度」

大手産業機械メーカーの荏原製作所（本社・東京都大田区）は長期ビジョンと中長期経営計画に基づき、経営・業務部門・ＩＴ部門が三位一体となって攻めと守りのＤＸ戦略を推進している。なかでも「人材の活躍促進」を重要課題の一つとして掲げており、効率的・効果的な人材計画や人材配置を実現するためＨＲテックの活用に着手。そして二〇二一年、自社開発のピープルアナリティクスを新卒採用で導入し、多様なタイプの人材獲得で成果を上げているという。

①企業概要

同社は東京帝国大学（現・東京大学）・井口在屋（いのくちありや）教授が考案した渦巻きポンプ（遠心力を利用したポンプ）の実用化を目的に、弟子である畠山一清氏が一九一二年に創業した「ゐのくち式機械事務所」を起源とする。当初は大学発ベンチャーの設計事務所だったが、二年後に工場を設置して操業を開始。水道向けポンプの国産化に成功するなどして飛躍を遂げ、現在は祖業のポンプを中心に風水力事業、廃棄物処理を手掛ける環境プラント事業、半導体の製造装置やコンポーネントを製造する精密・電子事業を展開している。標準ポンプや冷却塔で国内トップシェア、半導体製造装置（ＣＭＰ装置）では世界二位のシェアを占める。二〇二二年一二月期連結

図表 5-21 荏原製作所のあるべき姿とのギャップ（一部抜粋）

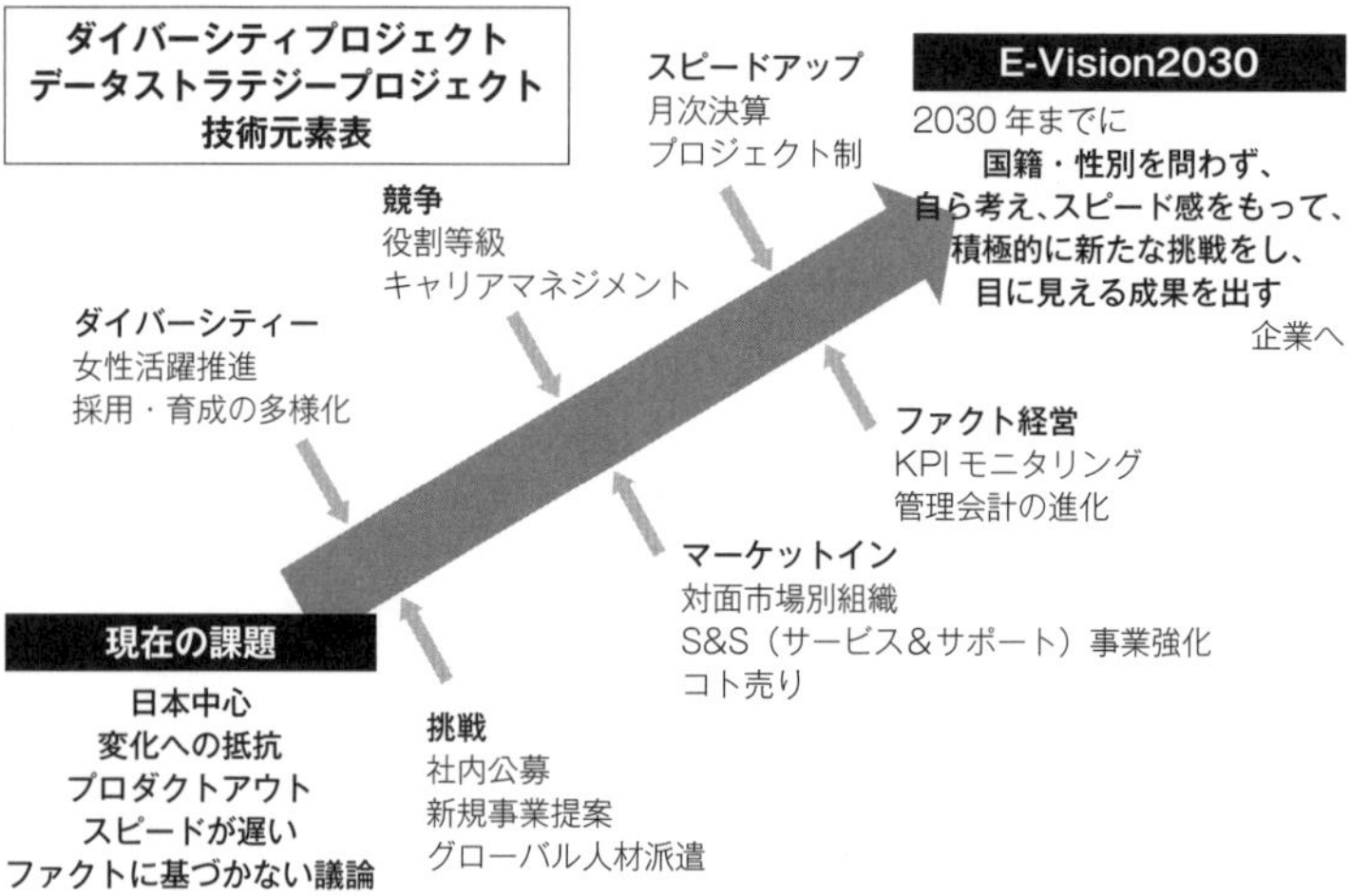

出所：荏原製作所「2022 年 ESG 説明会」資料をもとに TCG 加工・作成

決算では売上高、営業利益ともに二期連続で過去最高額を更新し、コロナ禍前（二〇一九年一二月期）に比べ売上収益が約一・三倍、営業利益は約二倍に達するなど好業績を上げている。

同社は二〇二〇年、一〇年後（二〇三〇年）を見据えた長期ビジョン「E-Vision2030」を策定・公表した。「技術で、熱く、世界を支える」というスローガンを旗印に、二〇三〇年に向けて解決・改善していく「5つのマテリアリティ」（重要課題）として「持続可能な社会づくりへの貢献」「進化する豊かな生活づくりへの貢献」「環境マネジメントの徹底」「人材の活躍促進」「ガバナンスの更なる改革」を設定した。このうち人材の活躍促進については、多様な人材が働きがいと働きやすさを感じながら活躍することで〝競争し挑戦する企業風土〟を具体化するとしている。

同社は二〇三〇年のあるべき姿として「国籍・性別を問わず、自ら考え、スピード感をもって、積極的に新たな挑戦をし、目に見える成果を出す」企業を目指すとし、それに対する現状の課題をピックアップ。あるべき姿とのギャップを埋めるため対策を整理した**【図表5-21】**。

社員の資質や適性を可視化し、効率的かつ効果的な人材育成と配置を行うため、先端のHRテックを駆使する「HR tech専門チーム」を二〇二一年に設置するとともに、二〇二二年度入社の新卒社員の採用活動で自社開発したピープルアナリティクスを導入した。二〇二二年にはVR（仮想現実）のヘッドマウントディスプレイとメタバースを活用し、仮想空間での体験から得られる生体情報とピープルアナリティクスを融合させ新たな人材開発モデルの構築に取り組むなど、独自のHRDXを展開し注目されている。

②HRにおける課題

同社は二〇一七年を初年度とする中期経営計画「E-Plan2019」で、「競争し、挑戦する企業風土」を目指す方針を掲げ、人事制度・組織体制・働き方改革を含む企業風土改革を実施した。人事制度改革では、年功序列の排除と実力・成果主義の徹底を図るため、職務の遂行能力を評価（経験重視）する職能等級制度から、役割の達成度を評価（成果重視）する役割等級制度に移行。また「総合職」「一般職」など従来の職群を廃止したほか、基幹職（管理職）要件の認定試験を刷新し、年齢・性別・国籍を問わず実力を適切に評価・処遇する人事制度の運用を開始した。さらには組織運営の効率化を目的に組織階層のフラット化（三階層化）を進め、組織数を全体（国内の主要子会社を含む）で四割減少させた。

一方、多様で優秀な人材を採用するため、社員が一緒に働きたいと思う人材を自ら推薦する「リファラル採用」を二〇一九年から導入。二〇二〇年には外国人留学生や海外の大学を卒業した日本人学生を対象に一〇月入社を導入するなど、時期にとらわれない採用活動でグローバル人材の獲得にも注力している。また二〇二一年度の入社者より「職種別採用」を開始した。それまで新卒採用者の配属先は入社後に本人の適性を見て決めていたが、応募の段階で学生が就きたい職種を選択できるようにした。入社後のミスマッチを防ぐとともに、早期の段階からキャリアパスの設計を主体的に考えてもらうことが狙いだ。

タスクダイバーシティー（能力・経験・知識など内面的な多様性）の推進により、新卒者、キャリア人材、海外留学生、外国籍人材などから幅広く挑戦する人材を採用する同社だが、その人材を選ぶ側である社内の採用担当者は自分の経験や知識をもとに評価し、面接でも「（自分と）波長が合った」「感じの良い人だった」など主観的に採否を判断していた。人材要件に従って公平に評価したつもりでも、同質的な人材の採用に偏ってしまう。結果として組織が硬直化し、多様なアイデアが生まれにくくなる課題が出てきたという。

人間には、ステレオタイプ（多くの人に浸透している偏見や固定観念。「血液型がB型の人は自己中心的」など）やハロー効果（目立つ特徴が全体評価に影響を及ぼすこと。「一流大学を卒業した人は仕事の面でも優秀」など）といった無意識の思い込み（アンコンシャス・バイアス）がある。人の判断だけではスクリーニングの精度や面接担当者による評価のバイアスが入るため、同社が目指す人材の多様性を実現するには限界があった。客観的なデータと事実（ファクト）に基づいて人材を採用できる仕組みと、チャレンジ精神を有する人材を集める仕掛けを構築する必要があった。

③打った手と成果

同社の長期ビジョンが目指すあるべき姿を実現するには、自ら考え、行動することにより変革を起こす人材の育成が欠かせない。そこで同社は社員の資質や適性を可視化し、効率的かつ効果的な人材計画・人材配置を可能にするため、二〇二一年にHRテックの専門チームを立ち上げ、HRDXに本格的に着手した。

具体的には、独自のピープルアナリティクスAIを開発し、二〇二二年度入社の新卒社員の採用活動から導入した。応募者のエントリーシートの属性データ（専攻分野、性格、特技など）

や適性検査、面接情報などから同社に必要な人材像を定義。社内のHR専門のデータサイエンティストが統計や行動心理学などさまざまな観点から応募者のデータを分析し、四つの人材タイプに分類（ポートフォリオ）して可視化した。採用担当者の理解のもと採用面接の評価項目や採用基準に客観的なデータを取り入れ、データから導き出された課題とソリューションを活用するなどして人材の見える化を図った結果、同社は幅広いタイプの人材の獲得につながったという。

一方、同社はピープルアナリティクスAIを運用するなかで、求める人材（挑戦する人材）が持つ要素を特定。その上で、挑戦する人材を多く採用するには、まず面接担当者がそれらの要素を備えている必要があると考えた。またピープルアナリティクスAIの分析により、応募前の引き付けや魅力付け、ブランディング、面接担当者と応募者の相性、内定後のオンボーディング（新卒・中途社員の定着と早期戦力化を図る取り組み）などについては十分に対応できていないこともわかった。

そこでピープルアナリティクスAIで導き出した人材ポートフォリオから、人間関係に興味がありプレゼンテーション能力が高い因子を特定し、この因子が高い人材を「アンバサダー」と定義。〝広告塔〟として会社の魅力を社外に発信する「ブランディング」、応募者に対して入社の動機付けを行う「リクルーター」、入社後にコミュニケーションを通じて精神的支援を行う「オンボーディング」という三つの役割を担う専門ジョブ（役割）として創設した。アンバサダーのメンバーは社内公募や外部採用により集め、採用説明会でのプレゼンテーションや面接官、メンターとして活動している。

これら一連の施策により、同社は多様な人材の獲得に成功しただけでなく、「第8回HRテクノロジー大賞」（主催／「HRテクノロジー大賞」実行委員会）の「採用部門優秀賞」を受賞（二〇二三年）するなど、企業ブランディングの向上にもつながっている。

④学ぶべき成功のポイント

同社は二〇二二年に、いわゆる〝KKD（経験・勘・度胸）〟に頼るのではなく、データとファクトに従って判断・行動していくデータドリブン経営を実現するため、社長直轄組織として「データストラテジーチーム（DST）」を発足した。同チームは一〇のセクションで構成され、ブランディングや人的資本経営の実践、AIやメタバースなど、それぞれが横断的にテクノロジーの活用を進めている。人材採用においては、同チームと人事が連携してデータを収集し、データベースを構築。ピープルアナリティクスAIにより採用施策の問題を抽出し、改善するサイクルを繰り返すことでデータドリブンな人材採用を実現している【図表5-22】。

同社は今後、人材採用にとどまらず、労務など他の人事領域においてもピープルアナリティ

図表 5-22　人材採用におけるデータドリブンの取り組み（荏原製作所）

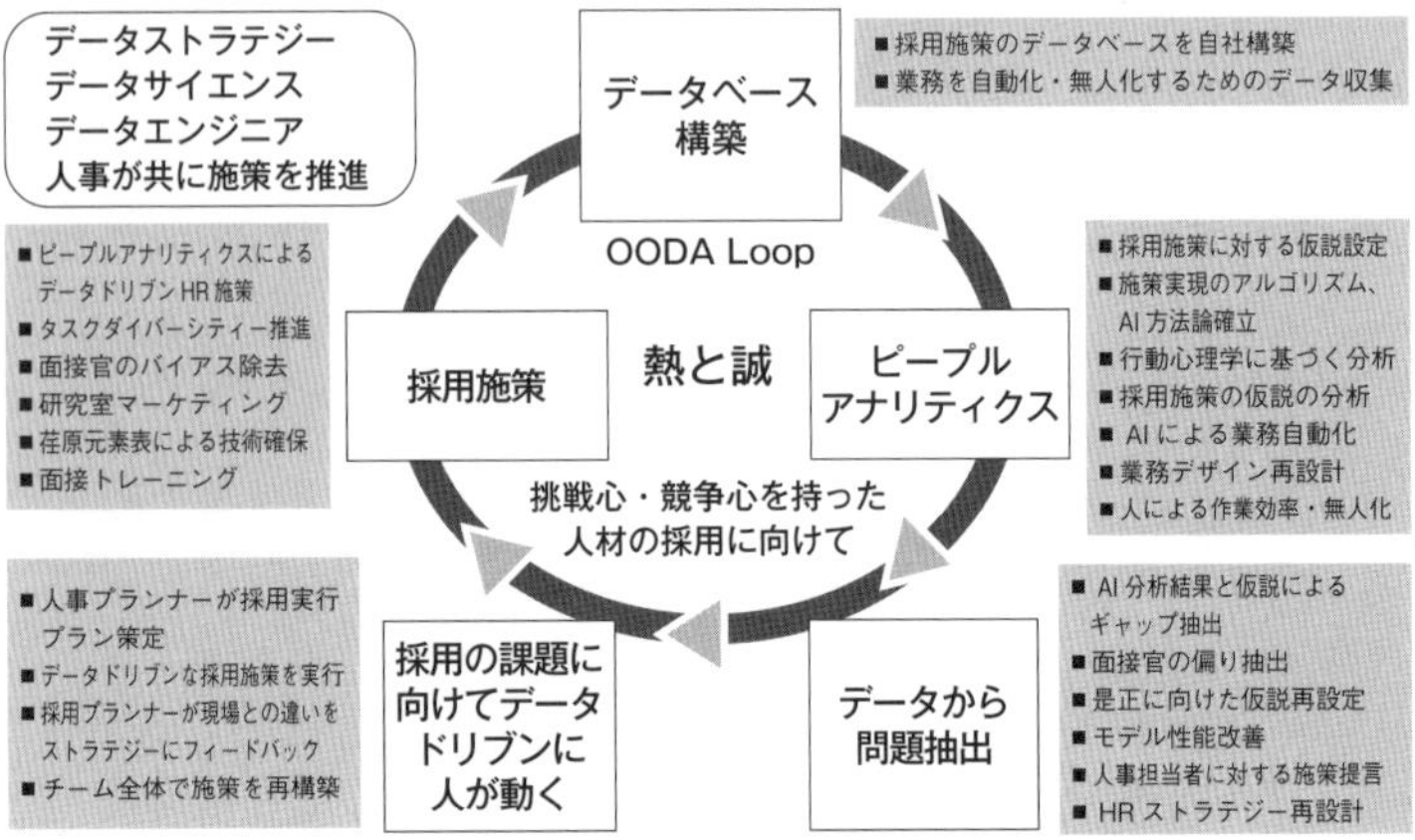

データストラテジー
データサイエンス
データエンジニア
人事が共に施策を推進
データベース構築
■採用施策のデータベースを自社構築
■業務を自動化・無人化するためのデータ収集
OODA Loop
熱と誠
挑戦心・競争心を持った人材の採用に向けて
■ピープルアナリティクスによるデータドリブンHR施策
■タスクダイバーシティー推進
■面接官のバイアス除去
■研究室マーケティング
■荏原元素表による技術確保
■面接トレーニング
採用施策
ピープルアナリティクス
■採用施策に対する仮説設定
■施策実現のアルゴリズム、AI方法論確立
■行動心理学に基づく分析
■採用施策の仮説の分析
■AIによる業務自動化
■業務デザイン再設計
■人による作業効率・無人化
■人事プランナーが採用実行プラン策定
■データドリブンな採用施策を実行
■採用プランナーが現場との違いをストラテジーにフィードバック
■チーム全体で施策を再構築
採用の課題に向けてデータドリブンに人が動く
データから問題抽出
■AI分析結果と仮説によるギャップ抽出
■面接官の偏り抽出
■是正に向けた仮説再設定
■モデル性能改善
■人事担当者に対する施策提言
■HRストラテジー再設計

データドリブン人事施策をOODA※で実施

※ OODA：Observe ／観察、Orient ／状況判断、Decide ／意思決定、Act ／行動

出所：荏原製作所「2022年ESG説明会」資料(2022年12月2日)をもとにTCG加工・作成

クスＡＩの活用に取り組んでいくという。

同社の取り組みで強調したいのは、ＨＲＤＸの主眼が、長期ビジョンで設定したあるべき姿（ＴｏＢｅ）と現状（ＡｓＩｓ）のギャップを克服することに置かれていることだ。ダイバーシティーやスピードアップ、新たな挑戦、競争・実力主義などの具現化を目指すため、「人」に着眼してピープルアナリティクスＡＩを自社開発。多様な人材を採用して社内風土を変革するとともに、ＤＳＴを発足して採用と関連するセクションと人事担当者が連携しながらデータドリブンな人事施策を推進している。

もう一つの同社の特筆すべき点は、ＨＲＤＸの取り組みを「採用ブランディング」の強化につなげている点だ。採用ブランディングとは、新卒者や転職希望者におけるブランド力のことである。経営理念やビジョン、社風、社員の働く姿や職場の雰囲気、福利厚生、待遇、経営者の魅力、社会貢献活動などを発信し、採用市場で共感や信頼感を得て、多くの人に「この会社で働きたい」と思ってもらうことである。会社自体の知名度は高くなくても、採用ブランド力が高ければ応募数は多くなる。同社は自社開発したピープルアナリティクスＡＩの分析をもとにアンバサダーという独自の専門職を創設し、採用イベント（社員座談会、大学の研究室訪問など）でのプレゼンテーションを通じ自社の魅力付けと入社意思の獲得を進めるという、いわば採用活動の〝社員インフルエンサー〟を育成することに成功している。

第6章

ＤＸブランディング
――ＤＸを推進し
企業イメージを刷新する

1 DXブランディング戦略

(1) コーポレートブランディングとDX

ＤＸの進展は多くの企業にさまざまな恩恵をもたらす半面、持続的成長を阻害する要因にもなる。例えば、ＡＩの進展や通信インフラの超高速大容量・多接続化により、競合他社や異業種の後発企業にキャッチアップされるリスクが急速に高まっている。また、スマートフォンとＳＮＳの普及が情報過多社会を生み、付加価値の訴求が難しくなっており、あらゆる業界でコモディティー化（汎用品化）が進行中である。新たな商品やビジネスモデルを開発しても、すぐに模倣・追随されて、機能やサービス、価格、品質、納期などで競争優位性を発揮しにくい状況となっている。

すなわちＤＸが進めば進むほど、自社が競争優位性を発揮するためには「ブランディング」が欠かせない。ブランディングとは、自社がターゲットとするエンドユーザーや顧客の信用・信頼を得て、他社と差別化するためのさまざまな活動である。一〇〇年先も一番に選ばれる「ファーストコールカンパニー」を目指す企業にとっては、きわめて重要度の高い施策となる。

図表 6-1 ブランドの構築・維持のための取り組みの有無

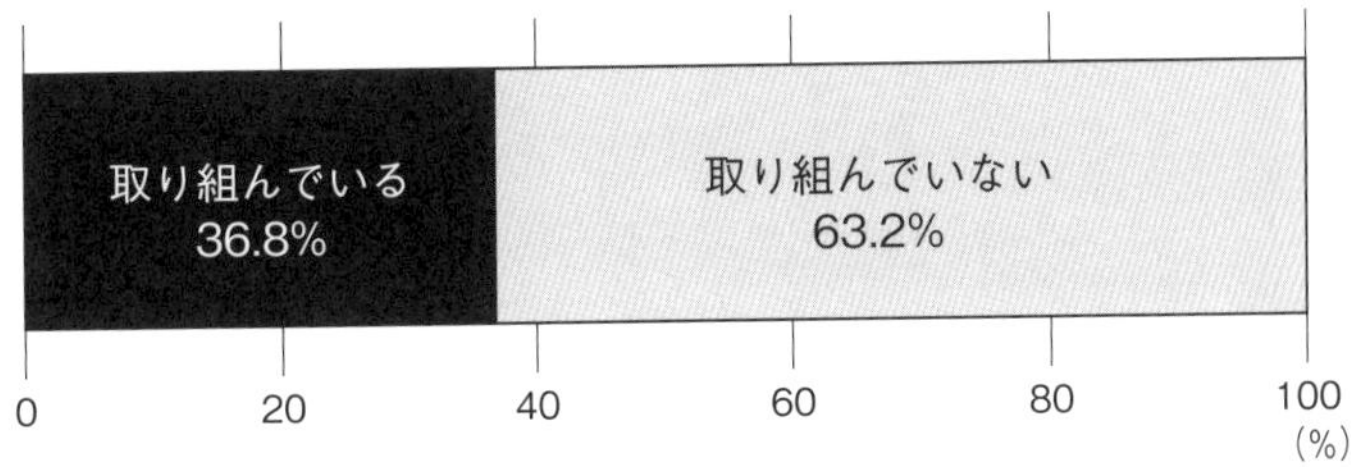

資料：東京商工リサーチ「中小企業の経営理念・経営戦略に関するアンケート」
出所：中小企業庁「中小企業白書」(2022 年版) をもとに TCG 加工・作成

だが、ブランディングを実施する日本企業は多くない。「中小企業白書」(二〇二二年版)によると、ブランドの構築・維持に取り組む企業の割合は三分の一(三六・八パーセント)である**【図表6‐1】**。

ブランディング活動に積極的なBtoC(企業消費者間取引)企業だけを見ても半数程度(五二・五パーセント)に過ぎない。多くの日本企業がブランディングに関心を示さないのは、費用対効果が見えにくい上に、効果が数字に表れるまでに数年を要するという時間的な事情もある。とはいえ、ビッグテック(アップル、メタ、グーグル、アマゾン、マイクロソフト)やLVMH(モエ・ヘネシー・ルイ・ヴィトン)、メルセデス・ベンツ、ネスレなど、多くの欧米企業が長期的視野でブランド戦略を構築、投資をして結果的に日本企業よりも高収益を得ているのは事実だ。

人的資本や特許、商標、ソフトウエア、ブランドなどのいわゆる「無形資産」は、企業のイノベーションの源泉である。

特にブランドは顧客が頭のなかで思い浮かべる企業のイメージそのものであるため、決して無視することができない中長期的な成長資産だ。日本企業はブランディングを忌避する限り、いくら懸命にDXに取り組んでも「技術は一流、商売は二流」という立ち位置から脱することは難しいだろう。

ブランディングの対象としては、企業そのもの、事業、カテゴリー、製品・サービスなどが挙げられるが、このうち企業そのもののブランディング、「コーポレートブランディング」が重要となる。コーポレートブランディングとは、自社の経営理念・ビジョンと、その実現に向けた一貫した姿勢を明確に示し、企業好感度を向上させてステークホルダーから選ばれるための取り組みだ。これをいかにストーリー化して社内外に発信できるか、が重要となる。

コーポレートブランディングの活動内容としては、社会や顧客にブランドメッセージを発信する、あるいはブランドコンセプトを示すロゴ、マークやブランドカラー、スローガン、キャラクター、パッケージデザイン、サウンドロゴなどの作成、SDGsへの取り組みなどさまざまだが、これらに加えて自社のDX活動をコーポレートブランディングにつなげることが可能である。

DXへの取り組みを通じたコーポレートブランディングを、「DXブランディング」と呼ぶ。

(2) DXブランディングとは

DXブランディングとは、DX活動を通じて自社のブランド価値を向上させる取り組みである。DXは、デジタル技術を組織全体に取り入れ、ビジネスプロセスやマネジメントで変革を起こすことが目的だが、DXブランディングは、この一連の取り組みを内外に訴求し、自社に対する認知度や印象度、信頼性を向上させ、マーケットにおけるプレゼンス(存在感)を変革することが目的となる。

具体的には、デジタルメディア(SNS、ウェブサイト、モバイルアプリなど)やオールドメディア(新聞、テレビ、雑誌、ラジオ)、イベントプロモーション(展示会、セミナー、記者会見、企画イベントなど)を通じて広範なオーディエンスにアクセスし、DXへの取り組みを伝える。

現在の消費者や顧客は、発想と行動がデジタル前提になっている。したがって、デジタルに対応できない、あるいはデジタル化に遅れているというイメージを持たれてしまうと、それだけで購買対象やネットワークから排除されてしまう恐れがある。オンラインにおけるプレゼンスが弱い企業は、顧客満足度を低下させるばかりか、チャンスロス(機会損失)にもつながり、将来に敏感な若手社員のモチベーションも奪いかねない。

逆に、DXが進んでいるというイメージが浸透すると、競合他社との差別化につながる。特に、デジタル化が遅れているＢtoＢ領域では、デジタルテクノロジーの知見やデータ活用ノウハウを渇望している企業がほとんどだ。取引実績がない中小企業でも、ＤＸを訴求するだけで大企業が話を聞いてくれるケースは多い。

「ブランディングは効果測定がとても難しい」との声をよく聞くが、ＤＸブランディングについてはデジタル化の進展でＫＰＩが数値化しやすくなっており、把握が比較的容易である。ＤＸブランディングの効果測定に関連する主な指標は、次の通りだ（企業や業界により指標が異なる場合がある）。

①認知度……社名や商品名が知られている度合いを示す指標

指名検索数（会社名、サイト名、製品・サービスの名称など）、プレスリリース記事化率（自社のプレスリリースがメディアで紹介・掲載された割合）、リーチ数（ウェブ広告が表示されたユーザーの総数）、インプレッション数（ウェブ広告が表示された数）、展示会でのブース訪問者数など。

②印象度……会社のイメージや評価のレベルを示す指標

自社のイメージ調査（外部委託）、顧客アンケート調査（社内実施）、新卒者の採用歩留まり率（会社説明会に参加した人のうちエントリーシートを提出した人の割合、またはエントリーシート提出者のうち選考受験に応募した人の割合）、ホワイトペーパーダウンロード件数、メールマガジン開封率、ダイレクトメールのレスポンス（反応）率、ＳＮＳのエゴサーチでのポジティブな評判件数など。

③信頼度……顧客との信頼関係を表す指標

ウェブサイトやアプリのユーザーアクティビティー（ページビュー、滞在時間、アクションなど）、ＳＮＳのエンゲージメント（いいね、コメント、シェアなど）、リピート購買率、顧客満足度調査（オンラインリサーチ）、イベントやコミュニティーへの参加頻度、既存顧客維持率、解約率（チャーンレート）など。

ＫＰＩはブランディングの目標や戦略に合わせてカスタマイズすることが重要である。定期的に測定し、分析して評価し、改善に活用することで成功につながる。

2 「DX認定」の取得

（1）「DX認定」とは

DXブランディングを推進する上で、企業規模にかかわらず有効な〝ツール〟となっているのが、経済産業省の「DX認定制度」である【図表6-2】。

同制度は二〇二〇年に施行された「改正情報処理促進法」に基づき、経営とシステムのガバナンスが優良な企業を国が認定し、日本全体のDX促進を図る制度。IPAが審査を行い、「デジタルガバナンス・コード」の認定基準【図表6-3】をクリアする企業を経済産業省が認定する。有効期間は二年間（更新手続きが必要）で、認定事業者は八〇〇〇社超（二〇二三年九月六日現在）を数える。

認定を受けると「DX投資促進税制」の税制優遇申請の選定条件の一つが満たせるほか（二〇二五年三月末まで）、「DXに積極的に取り組んでいる企業」であるという国のお墨付きが得られる。また認定事業者はIPAのウェブサイトで公表されるほか、認定ロゴマークを利用でき、ステークホルダーに対してPRできる。東証上場企業の場合は「DX銘柄」の選定条件

図表6-2 DX推進施策の体系

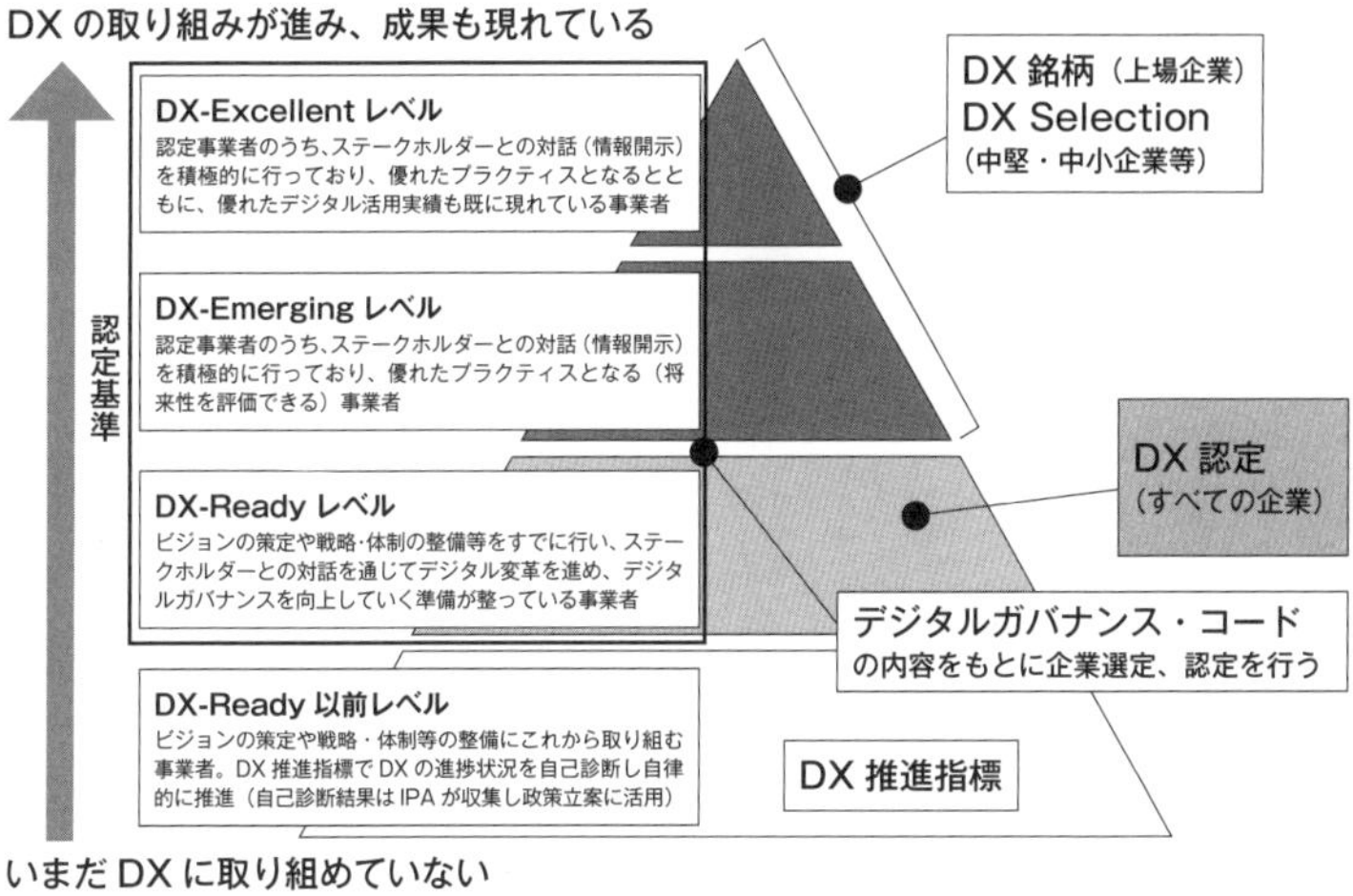
DXの取り組みが進み、成果も現れている
DX-Excellentレベル
認定事業者のうち、ステークホルダーとの対話（情報開示）を積極的に行っており、優れたプラクティスとなるとともに、優れたデジタル活用実績も既に現れている事業者
DX-Emergingレベル
認定事業者のうち、ステークホルダーとの対話（情報開示）を積極的に行っており、優れたプラクティスとなる（将来性を評価できる）事業者
DX-Readyレベル
ビジョンの策定や戦略・体制の整備等をすでに行い、ステークホルダーとの対話を通じてデジタル変革を進め、デジタルガバナンスを向上していく準備が整っている事業者
DX-Ready以前レベル
ビジョンの策定や戦略・体制等の整備にこれから取り組む事業者。DX推進指標でDXの進捗状況を自己診断し自律的に推進（自己診断結果はIPAが収集し政策立案に活用）
認定基準
DX銘柄（上場企業）
DX Selection
（中堅・中小企業等）
DX認定
（すべての企業）
デジタルガバナンス・コード
の内容をもとに企業選定、認定を行う
DX推進指標
いまだDXに取り組めていない

出所：経済産業省「DX認定制度概要」をもとにTCG加工・作成

図表6-3 DX認定基準（デジタルガバナンス・コード）

(1)デジタル技術による社会および競争環境の変化の影響を踏まえた経営ビジョンおよびビジネスモデルの方向性を公表していること	(5)デジタル技術を活用する戦略の達成度を測る指標について公表していること
(2)デジタル技術による社会および競争環境の変化の影響を踏まえて設計したビジネスモデルを実現するための方策として、デジタル技術を活用する戦略を公表していること	(6)経営ビジョンやデジタル技術を活用する戦略について、経営者が自ら対外的にメッセージの発信を行っていること
(3)デジタル技術を活用する戦略において、特に、戦略の推進に必要な体制・組織および人材の育成・確保に関する事項を示していること	(7)経営者のリーダーシップの下で、デジタル技術に係る動向や自社のITシステムの現状を踏まえた課題の把握を行っていること
(4)デジタル技術を活用する戦略において、特に、ITシステム・デジタル技術活用環境の整備に向けた方策を示していること	(8)戦略の実施の前提となるサイバーセキュリティー対策を推進していること

出所：経済産業省「DX認定制度概要」をもとにTCG加工・作成

も満たせる。なお、ＤＸ認定では申請手続きや認定適用時、認定の維持などで費用が発生することはない。

経済産業省が認定事業者にＤＸ認定のメリットを尋ねたところ、「顧客に対する企業イメージ向上」（五六・四パーセント）と「人材確保に向けた企業イメージ向上」（七二・七パーセント）が上位に挙げられており、ＤＸ認定の取得が社会的認知や信用力といったコーポレートブランディングに一定の効果を見込めることがわかる【図表6－4】。

また、ＤＸを推進する際の論点整理や戦略推進に向けたコミットメント効果（目標を対外的に宣言することで達成確率が上がる効果）といったメリットも期待される。

(2) ＤＸ認定の取得プロセス

ＤＸ認定の取得に向けたプロセスは、【図表6－5】の通りである。

ポイントは、経営ビジョンに即したＤＸ戦略の策定と推進体制の策定だ。ビジョンとＤＸ戦略の因果関係、戦略に即した組織がＤＸ成功に不可欠であるとともに戦略からオペレーションまでのつながりが重要であることがわかる。

図表 6-4　DX 認定事業者の取得メリット

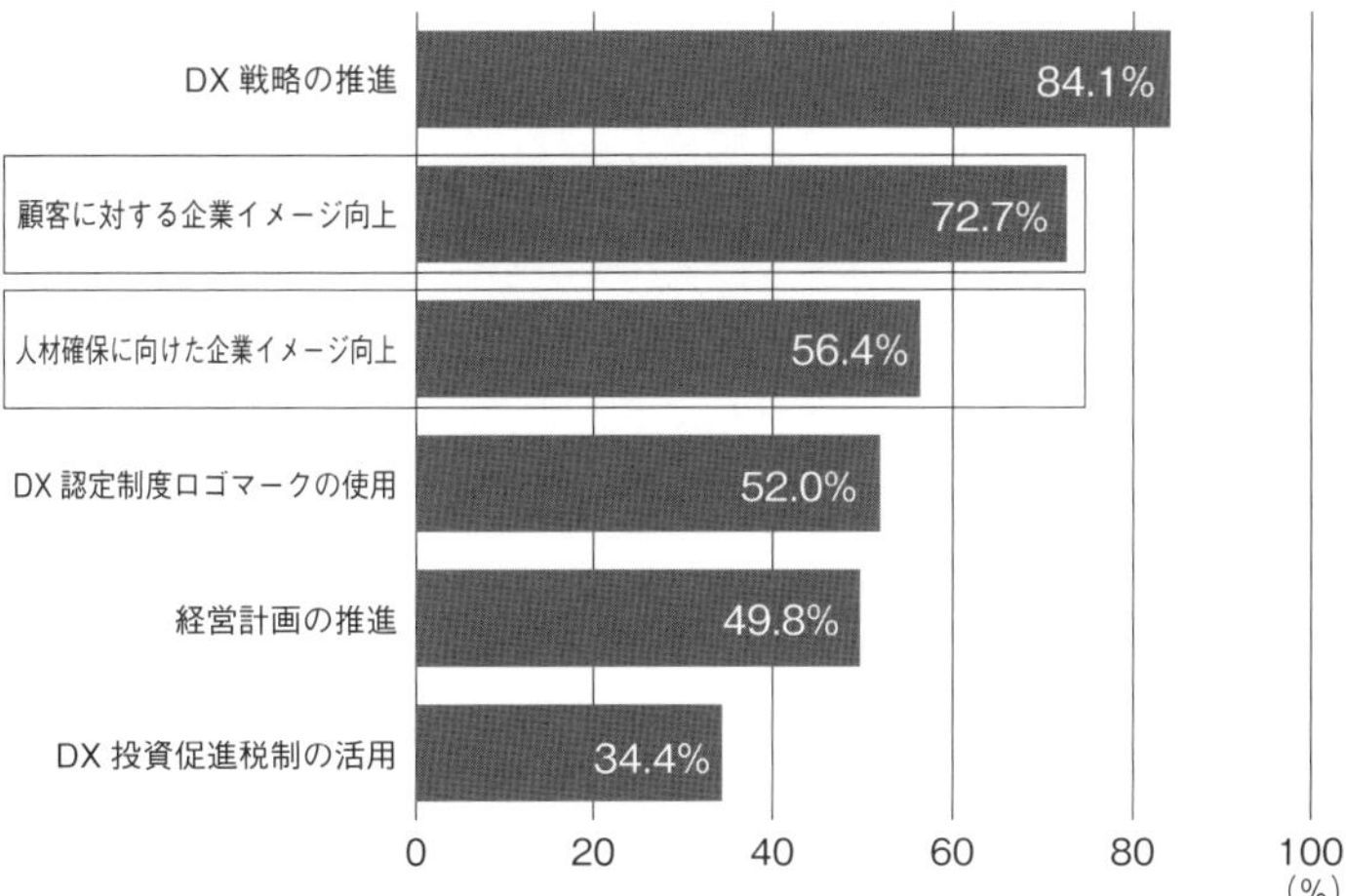

出所：経済産業省「DX 認定制度概要」をもとに TCG 加工・作成

図表 6-5　DX 認定取得に向けたプロセス

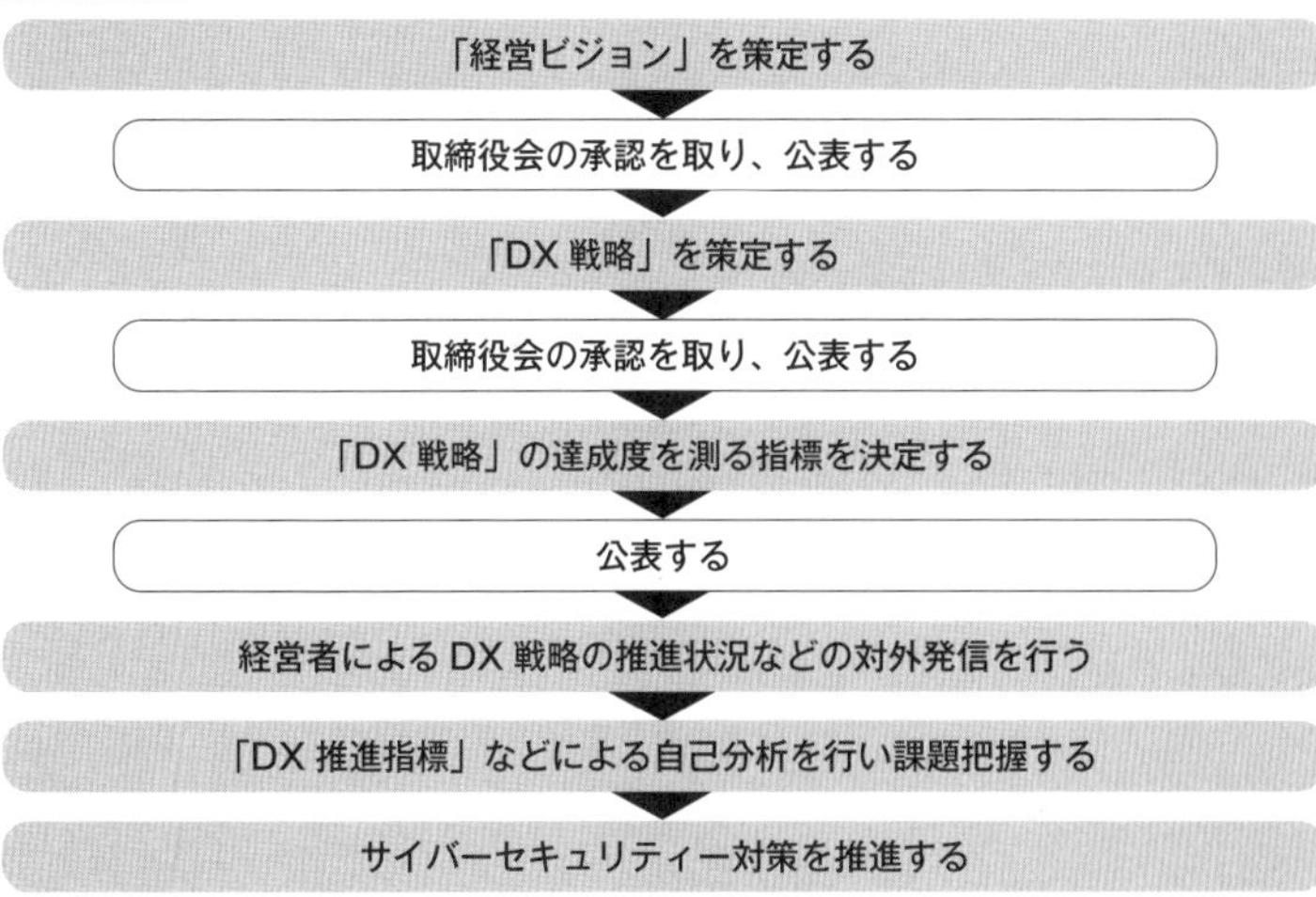

出所：経済産業省「DX 認定制度概要」をもとに TCG 加工・作成

①「経営ビジョン」を策定する

現在の自社のビジネス状況、経営環境について整理を行う。具体的には、デジタル技術の台頭による社会や自社の競争環境への影響を分析し、それを前提に「経営ビジョン」を検討する。さらに、経営ビジョンを実現するために必要となるビジネスモデルの方向性を検討する。その後、取締役会の承認をとり、公表する。

②「DX戦略」を策定する

経営ビジョンに基づくビジネスモデルを実現するための戦略を検討する。戦略立案においては、デジタル技術によるデータ活用を考慮する。次に、戦略推進に必要となる体制・組織案について検討する。必要となる人材の確保・育成、外部組織との関係構築・協業などに関する検討を行う。ITシステム・デジタル技術活用環境の整備に向けた方策や、具体的な推進活動計画を検討し、取締役会の承認をとり、公表する。

③「DX戦略」の達成度を測る指標を決定する

DX戦略の達成度を測るためのKPI、推進状況を管理するための仕組みを検討し、公表する。

（3）実装事例 トプコン／「ＤＸグランプリ」受賞を会社のイメージ訴求に活用

ＤＸブランディングでは、デジタル技術を活用する自社の取り組みを、いかにして社内外に広く深く正しく知ってもらい、認知度、印象度、信頼度を向上させることができるかがポイントである。

その展開方法としては、大きく「アウターブランディング」と「インナーブランディング」の二つがある。アウターブランディングとは、社外向けのブランディング活動である。例えば、ＤＸへの取り組み状況を自社のコーポレートサイトに掲載したり、外部の就職情報会社が運営する就活ポータルサイトで紹介したり、マスメディアに対してプレスリリースを発信したりして、社外のステークホルダーに周知・理解してもらうことが挙げられる。一方、インナーブランディングとは、社内向けのブランディング活動である。自社のブランドビジョンやブランド価値について社員と共有し、理解を深めて共感してもらう。例えば、ＤＸビジョンについて解説した小冊子（ＤＸビジョンブック）を作成したり、社員研修や社内イベントを通じてＤＸビジョンの趣旨や今後の方針を発信したり、社内報でＤＸ活動の成果を報告するといったことが考えられる。

ここではＤＸのアウターブランディングの事例として、二〇二三年に経済産業省と東京証券取引所が選定する「ＤＸグランプリ」に選ばれたトプコン（本社・東京都板橋区）を紹介する。

図表 6-6 トプコンが目指す方向性

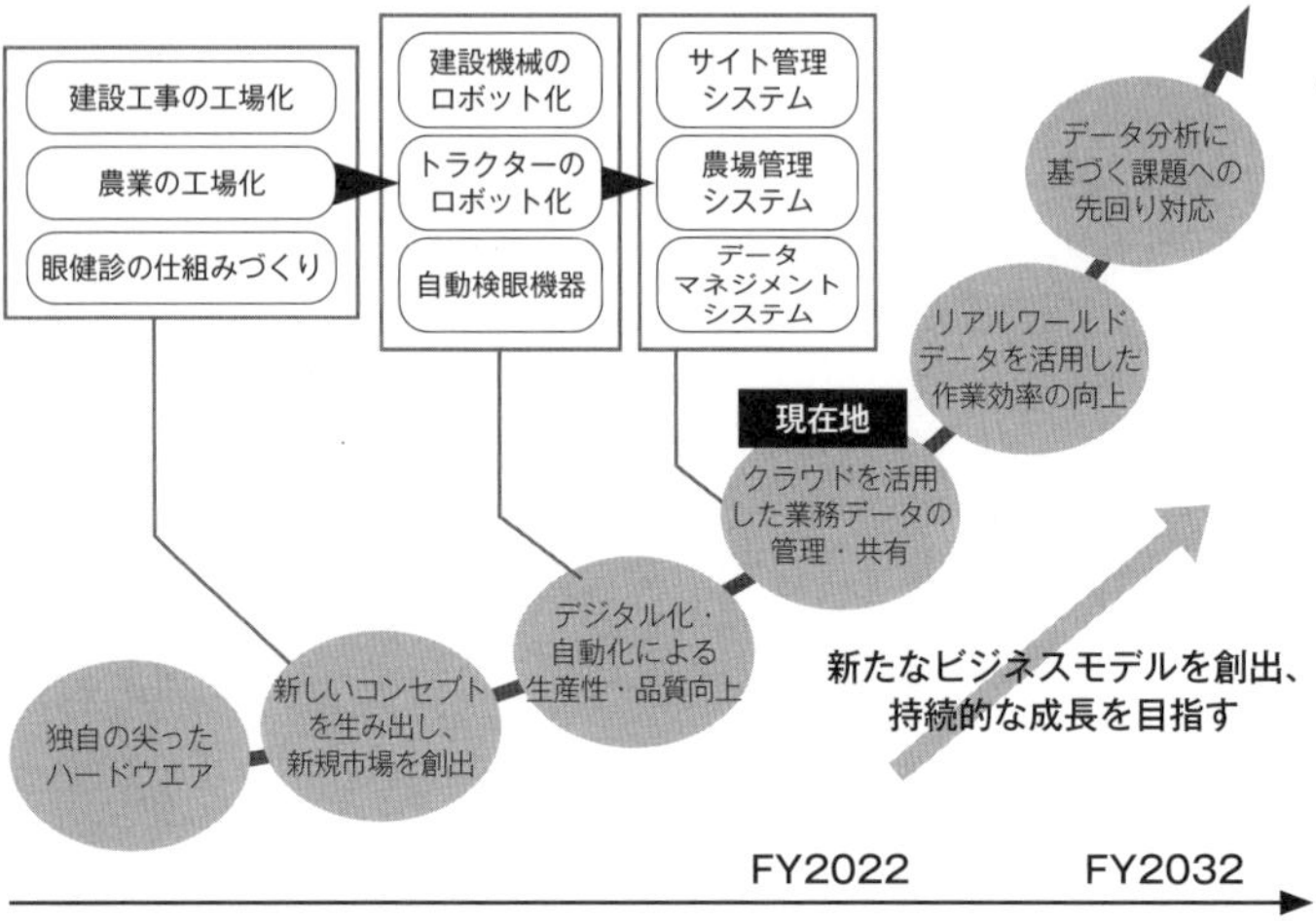

出所：トプコン「中期経営計画 2025」をもとに TCG 加工・作成

トプコンは、一九三二年に創業（旧・東京光学機械）した大手光学機器メーカーである。当時、陸軍省の要請（測量機の国産化）を受けた服部時計店精工舎（現・セイコーグループ）が測量機部門を母体に設立。戦後に眼科医用機器やカメラの製造に着手し、精密光学機器メーカーとして成長した。一九九四年に米ベンチャー企業を買収し、建設機械の自動制御技術を取得。建機の操作を自動化するマシンコントロールシステムを開発し、土木建設市場へ参入した。その後、IT農業、精密GPS（衛星利用測位システム）へ進出し、モノを作って売るハードウエア企業から、ソフトと技術で課題解決を図るソリューション提案企業へ転換した。

現在では、精密光学や衛星測位、三次元計

測、センシング・制御技術をベースに、建設・農業・眼科医療の三事業を展開する。具体的には、IoTと三次元デジタルデータ、ネットワークシステムを駆使して建設工事や農業の〝工場化〟を進めるとともに、眼科用の検査機器をクラウドにつなげて遠隔地の専門医が診断できる眼健診（スクリーニング）システムを構築するなど、医・食・住の社会的課題を最先端のDXソリューションによって解決する事業をグローバル規模で運用している【図表6-6】。同社の売上高の約八割を海外が占めており、社員の約七割は外国人である。

同社は二〇二一年にDX認定を取得し、二〇二二年には「尖ったDXで、世界を丸く。」というキャッチフレーズを策定した。ハート形の地球を配したデザインで、同社の先進技術とDXソリューションで社会課題を解決し、世界を豊かにするという思いを込めている。二〇二三年には経済産業省と東京証券取引所、IPAが共同で選定する「DX銘柄」に四年連続で選ばれたほか、銘柄企業のなかで〝デジタル時代を先導する企業〟として「DXグランプリ」を受賞した。現在、同社は衣・食・住に関連する社会的課題を解決する「DXソリューションプロバイダー」としてブランディングを展開。ブランドサイトの立ち上げや大手紙での全面広告の掲載をはじめ、DX成功企業としてネットメディアでの露出も増えており、同社の企業価値向上を後押ししている。

おわりに

漸次的な成長より「革新的なインパクト」を

本書では、社内における「DX元年」から数年が経過した企業が直面する課題にフォーカスし、DXビジョン、DX戦略、その推進体制の必要性と取り組み方、などについてご紹介してきました。しかし、DXに関するさまざまなソリューションやツール、手段が乱立するなかで、なぜ今、「戦略」をテーマにして筆を執ったのか。その理由の一つは、「時間がない」と感じたためです。事実、筆者が接している企業トップの皆さまは、例外なく現在の取り組みに対して焦りを感じておられます。

今、二一世紀に生をうけた人たちが社会で活躍し始めています。「デジタルネイティブ」と呼ばれるZ世代（一九九五〜二〇〇〇年代生まれ）は日本国内で一七〇〇万〜一八〇〇万人おり、今後一〇年もたたないうちに、企業経営に直接携わる人の割合は増えてくるでしょう。世界に目を転じれば、そのスピードがさらに前倒しされることを想定しなければなりません。

「Digitize or Die（デジタル化するか、死ぬか）」――〝マーケティングの父〟と呼ばれるフィリップ・コトラー教授（米ノースウェスタン大学ケロッグ経営大学院）が、二〇一五年に東京で開催された「ワールド・マーケティング・サミット・ジャパン」で強烈な問題提起をしてから一〇年がたとうとしています。もう時間の猶予はありません。Z世代の社員が経営に参画し始める段階を迎えて「DX戦略が必要だ」と叫んでも、もはやそこに耳を傾ける人はいないのです。「〇・九九」と「一・〇一」。ともに一・〇〇からの距離は同じなのに、相乗すると答えは「〇・九九九九」。つまり〝〇・〇〇〇一〟足りません。筆者は、これを「現状維持は衰退」と表現する際によく使います。もちろん、一〇〇年に一度といわれるような経済インパクトが毎年のように発生する昨今、現状維持を是とする経営者は皆無でしょうから、これからは「進化の程度」による生存競争が始まるともいえます。

だからこそ、漸次的成長ではなく「革新的なインパクトとスピード」が求められるのです。「変革せよ。変革を迫られる前に(Change before you have to.)」。米GEのCEOを務めたジャック・ウェルチ氏が述べた有名な言葉も、デジタルネイティブのシェアが右肩上がりとなる今後数十年の経営環境下では、必須のスローガンといえるでしょう。

DXのX（＝Transformation）は「変容・変形」という意味合いですが、その動詞である「Transform」は「変える、変形させる」という他動詞です。誰かが何かをしなければ「変える、変形させる」ことはできません。そして、その〝誰か〟こそ、未来の業績に責任を担うべき経営者なのです。

最後になりましたが、本書執筆にあたり、多くの方々からご支援をいただきました。ご理解、ご協力をいただきましたすべての方々に、この場を借りて御礼申し上げます。

また、出版にご尽力いただいたダイヤモンド社花岡則夫編集長、松井道直氏、編集にご協力をいただいたクロスロード安藤柾樹氏、装丁をご担当いただいた斉藤よしのぶ氏に心より感謝を申し上げます。そして出版の機会を与えてくださったタナベコンサルティンググループ若松孝彦社長、長尾吉邦副社長。執筆にあたりアドバイスをくださったリーディング・ソリューション中田義将社長、グローウィン・パートナーズ佐野哲哉CEO、ジェイスリー足立功治社長、カーツメディアワークス村上崇社長。本書執筆に直接携わってもらったタナベコンサルティング・デジタルコンサルティング事業部の武政大貴執行役員をはじめ、庄田順一執行役員、木ノ下哲也、山内優和、小谷俊徳、江藤ジョナタン、田崎修平、坂野薫、布施龍人、松永大樹など、本当に多くの方々に支えられ本書を世に送り出すことができました。

あらためて心より感謝申し上げます。

奥村 格

[著者]

タナベコンサルティンググループ
タナベコンサルティング
常務取締役 デジタルコンサルティング事業部長 戦略総合研究所本部長
奥村 格（おくむら・いたる）

2009年タナベ経営（現タナベコンサルティング）入社。「常にクライアントの立場で問題解決を図る」を信条に、中堅企業の事業、組織、マーケティング戦略およびその推進支援コンサルティングに携わる。九州本部副本部長を経て、2019年より戦略総合研究所、2022年より常務取締役デジタルコンサルティング事業部長、戦略総合研究所本部長（現職）。リーディング・ソリューション取締役（非常勤）。

タナベコンサルティンググループ
タナベコンサルティング
執行役員 デジタルコンサルティング事業部マネジメントDX担当
武政 大貴（たけまさ・ひろたか）

中央大学法学部卒業。財務省で金融機関の監督業務などを担当後、企業経営に参画したのち、2009年タナベ経営（現タナベコンサルティング）入社。BPRを中心にコンサルティングを実施し、特にIT構想化、ERP導入支援などデジタルに関するコンサルティングをしながら実行力ある企業づくりにおいて高い評価を得ている。著書に『真の「見える化」が生産性を変える』（ダイヤモンド社）。

[監修]

戦略総合研究所

タナベコンサルティンググループにおける「チームコンサルティング」のナレッジ集約、メソッド開発、調査・マーケティング、およびテクノロジーを活用したDXサービスの研究開発等を行う。国内の大企業、中堅企業を中心に、各種レビュー・コンテンツをメディア発信している。

タナベコンサルティンググループ（TCG）

「日本の経営コンサルティングのパイオニア」と呼ばれる経営コンサルティングファーム。全国に約600名のプロフェッショナル人材を擁し、大企業・中堅企業の戦略策定からマネジメント実装まで一気通貫で支援する経営コンサルティングのバリューチェーンを構築。グループで支援した企業は約１万7000社。「ストラテジー」「DX」「HR」「M&Aファイナンス」「ブランディング」等でチームコンサルティングを提供している。

DX戦略の成功メソッド　取り除くべき障壁は何か

2023年12月12日　第1刷発行

著者――――奥村格／武政大貴
監修――――戦略総合研究所
発行所―――ダイヤモンド社
〒150-8409　東京都渋谷区神宮前6-12-17
https://www.diamond.co.jp/
電話／03･5778･7235（編集）　03･5778･7240（販売）
装丁――――斉藤よしのぶ
編集協力――安藤柾樹（クロスロード）
製作進行――ダイヤモンド・グラフィック社
DTP　―――伏田光宏（F's factory）
印刷――――勇進印刷
製本――――ブックアート
編集担当――松井道直

ISBN 978-4-478-11716-3